前　言

　　电子信息系统是由计算机设备、通信设备、信号处理设备、控制设备及相关配套设备、设施构成的，是按照一定应用目的对信息进行采集、分析、存储、传输等处理的电子系统，涉及电子信息控制和信息处理等多学科理论。本书面向电子信息工程专业以及电子信息领域的学生，以科普形式介绍电子信息系统的基本原理和基本结构，将电路、信息、系统、信息处理等基本思想用浅显易懂的文字表达出来，利于学生了解电子信息系统的一些基本概念和基本原理。

　　刚进入大学的电子信息专业学生，具有一定的数学和物理知识，对物质运动和电子运动的基本规则已经有比较清楚的理解，对信息和信息技术应用有一定经验。但现代高等教育的模块化、分离化教学方式，使学生无法自主建立电子技术系统知识；不能系统地深入理解信息特征和运动规律；也不能建立比较系统的工程概念。通过本课程的学习，读者将建立电子信息系统的基本概念，有助于以后专业知识的学习；有利于知识的自我总结消化，并逐步形成专业知识体系结构。

　　本书以电子信息系统的发展历程为导向，首先介绍电子学基础，简单描述了近 200 年来电子学领域的重要发现和重要技术；然后介绍信息系统的基本概念，以及在电子技术与信息关联之后，信息运动进入的一个崭新阶段；在此基础上，由浅入深、由简到繁地介绍了电子信息系统中的数学模型、组织结构、传感器工作原理、编解码技术以及典型的完整电子信息系统。本书后三章，比拟电子信息系统，还介绍了生物进化和社会发展中的信息运动，以拓展学生的视野。

　　本书由钟洪声主编，汪玲任副主编。

　　由于编者水平和经验有限，书中难免有欠妥和错误之处，恳请读者批评指正。

编　者
2015 年 1 月

工业和信息化普通高等教育
"十二五"规划教材立项项目

钟洪声 主编
汪玲 副主编

21世纪高等院校信息与通信工程规划教材
21st Century University Planned Textbooks of Information and Communication Engineering

电子信息系统导论

The Introduction of Electronic Information Systems

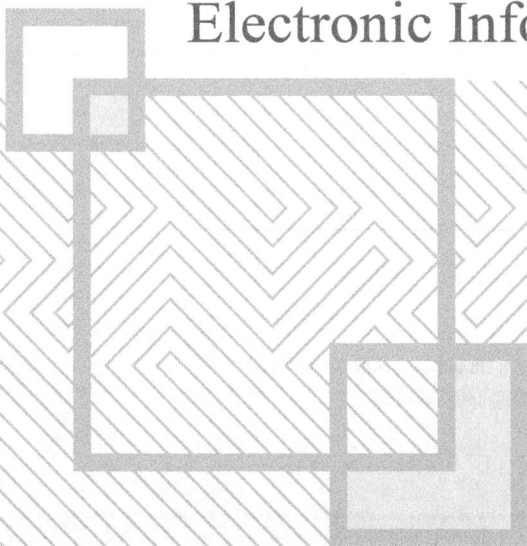

人民邮电出版社
北京

精品系列

图书在版编目（CIP）数据

　　电子信息系统导论 / 钟洪声主编. -- 北京 : 人民
邮电出版社，2015.1（2020.10重印）
　　21世纪高等院校信息与通信工程规划教材
　　ISBN 978-7-115-37490-5

　　Ⅰ．①电… Ⅱ．①钟… Ⅲ．①电子信息－信息系统－
高等学校－教材 Ⅳ．①G203

　　中国版本图书馆CIP数据核字(2015)第004305号

内 容 提 要

　　本书以信息为主线，从电学基本现象开始，介绍电路基本原理和基本特性，介绍人类如何寻求电子运动与信息运动之间的联系，如何借助电子运动来处理信息，将信息运动带入光速时代。同时还从摩尔斯电报到计算机技术，展现了电子信息系统一个又一个划时代的杰作。本书通过对数学模型、核心元器件、基本模块等的说明，以及对各种不同系统实例的介绍，勾画出电子信息系统框架。在此基础上，针对生物系统，推演出信息运动对人类进化以及人类社会发展的重要意义。

　　本书概括地介绍电子信息技术相关知识，浅显易懂适合大学生或者电子技术初学者使用。有助于读者建立电子系统宏观概念，了解课程教学内容间的相互联系，引导读者对电子信息科学领域知识的系统深入学习。

◆ 主　　编　钟洪声
　　副 主 编　汪　玲
　　责任编辑　滑　玉

◆ 人民邮电出版社出版发行　　北京市丰台区成寿寺路 11 号
　　邮编　100164　　电子邮件　315@ptpress.com.cn
　　网址　https://www.ptpress.com.cn
　　北京捷迅佳彩印刷有限公司印刷

◆ 开本：787×1092　1/16
　　印张：13.5　　　　　　　　　　2015 年 1 月第 1 版
　　字数：329 千字　　　　　　　　2020 年 10 月北京第 3 次印刷

定价：35.00 元
读者服务热线：(010)81055256　　印装质量热线：(010)81055316
反盗版热线：(010)81055315
广告经营许可证：京东市监广登字 20170147 号

目 录

人类社会发展到今天，电子信息技术扮演着重要的角色。电子和信息本是两个不同的概念，但这两个东西被人为地组合在一起后，为人类生活带来了巨大的变化。从简单的电报、电话到网络技术，都是电子信息技术的产物。

今天，电子信息技术已经深入到人类活动的各个方面。我们简单描述一天的生活：清晨起床后，打开电视，各种新闻、信息通过视觉、听觉器官进入我们的大脑；到达工作单位，打开电子计算机，各种参数、报表和数据出现在我们面前；通过网络办公、采购电子测试设备；中午通过电话、网络订一份午餐、获取证券交易实时数据，享用快捷服务；下午短信、电话铃声响起，朋友邀约去看一场 3D 电影；晚上回到家里，打开智能冰箱，取出标准配置的食物，放入智能厨具中，十几分钟就可以享用美味食物；接通视频电话，与家乡的父母以及远在国外求学的子女面对面交流，享受家庭三代同堂的快乐。这样的生活方式，离不开电子信息技术的支持。

现代人类已经无法离开电子信息技术。那么电子信息技术为什么能够进入人类社会生活？电子信息技术又是如何改变世界，并且还将如何改变和影响人类的未来发展呢？本书将为读者推开这一扇知识的大门，让读者了解电子信息技术。

1. 电子信息技术的概念

电子信息技术不仅是人类认识客观物理世界的产物，更是人类创造发明活动的产物。借助电子信息技术，人类制造出各种工具、设备，并推广应用到人类活动的各个领域，极大地改变了人类的生活方式。

电子信息技术与其他专业知识一样，是人类长期认识和实践活动的结果。谈到知识，我们先提出一个问题，什么是知识？知识，来自人类群体长期认识和实践活动，是以人类大脑信息处理为基础的。那些符合自然规律的"信息"，逐步被固化成一种理论或者学说。反映这些理论或学说的信息，通过文字、语言、图形、数学公式等形成式保留下来，由人类不断传承和发展。信息不等于知识，但知识需要一定的信息方式表达，人类是通过信息流动的方式获取、存储和处理知识。

电荷运动是自然界的一种普遍现象和规律，人类利用电子运动来传送和处理信息，极大地提高了信息运动的速度。最典型的实例就是电子通信技术和电子计算机技术，电子通信技术利用电荷运动实现信息的快速高效传送；电子计算机利用电荷运动，完成信息的高速高效处理。因此，简单地说，电子信息技术，就是借助电荷运动来实现信息运动的手段和方法。

利用电荷运动规律来为人类服务，利用的手段和方法就是电子技术。其实电子技术不仅用于传送和处理信息，也用于传输能量，称为电力传输。由于本书重点讨论电子信息技术，所以对于电力传输技术不展开讨论。

尽管人类的生存发展都伴随着信息运动，信息处理技术也不一定需要利用电子技术来实现。比如，古代人们利用草绳记事，是一种很简单的信息存储技术；算盘，是利用机械原理，完成数字信息的运算处理；文字，利用符号记录信息。但是，信息必须要载体。当信息离开人脑，进入到各种不同载体中时，需要不同的形式转换和编码。比如，转换为声音信号、文字信号和图像信号。声音信号直接在空气中的传播距离有限；文字和图像信号需要借助物质记录器，如简牍、皮革和纸张等。这些物理形态的载体，在信息记录量、信息传输速度方面，均不是最佳方式。随着电子技术的发展，人类选择利用电荷运动的方式作为信息载体。这就开启了人类现代电子信息技术的新时代。

2．电子信息系统框架及应用

电子信息系统是人类利用电荷运动规律完成信息有序运动的设备或者机构，如通信系统、广播电视系统、自动控制系统等。

电子信息系统是一种通用的描述，其框架如图 0-1 所示，主要包括：信息获取、信息传输、信息处理、信息存储以及信息应用等模块。每一种模块完成特定的功能。信息的获取，需要利用电子信息技术获取收集信息，比如，CT 仪利用电子信息技术，获取人身体或者大脑的断面图像信息。

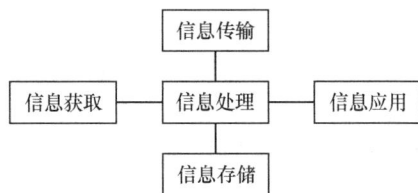

图 0-1　电子信息系统框架图

信息传输，最典型的实例就是我们日常应用的电子通信系统。信息处理，电子计算机本身就是一种典型的信息处理设备。因此，人们在设计电子信息系统时，往往根据具体的应用背景设计其系统结构。

人类创造和发明的工具（或者设备），实际上有一个原则和趋势，那就是模仿人类自身的能力，或者说实现人类控制能力的延伸。比如，显微镜和望远镜，扩展人眼的观察能力和范围，使人类能够获取更多的信息；蒸汽机、内燃机和电动机，具备超强的动力。这种动力能够为人控制，放大了人类的体力，超越所有动物的极限。电子信息系统也不例外。

电子信息系统的关键点在于信息处理在系统中起主要作用。因为所有的人造设备系统，实际上都离不开信息处理和信息应用（或者控制）。比如，自动控制系统对机械系统的运动目标或者运动程序的控制，在一定的条件下，能够自适应完成其运动任务。

电子信息系统涉及的领域很宽，几乎能够涵盖目前所有的智能化、信息化设备。以下我们先简单通过几个电子信息系统典型实例进行介绍。

（1）通信系统

通信系统是人类应用最早，也是应用最广泛的一种电子信息系统，其主要任务是将信息传送到需要的地方。在电子信息系统框架中，通信系统主要属于信息传输部分，由最基本的 5 部分构成：信源、编码、信道、解码和信宿，如图 0-2 所示。

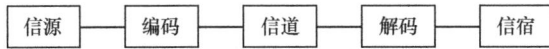

图 0-2 通信系统基本框架

现代通信系统比较复杂，已经建立全球通信网络系统，各种信息数据通过现代通信系统进行处理。通信系统各组成部分的组织形式有多种，比如，信道可分为：无线、光纤或电缆等方式。其中无线信道也可分为：城市中的无线移动方式或卫星的转接方式。我们最熟悉的通信工具——手机，就是连接在通信系统网络上的一个端点。每个手机具有一个独立的编号（手机号），可以通过通信网络与连接在网络上的另一个端点建立通路，声音信号可以通过这条路经传送到对方。移动通信示意图如图 0-3 所示。

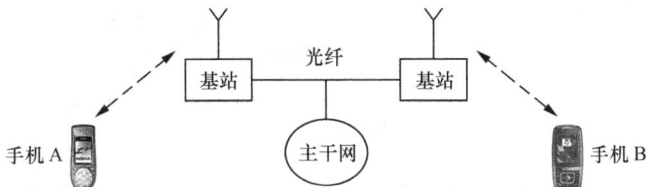

图 0-3 移动通信示意图

现代手机已经不再是简单的通话工具，其具有的功能越来越多，不仅可以传送语音、文本和图像数据，还可以实现摄像、计算、GPS 定位等功能，已经成为人们日常活动不可缺少的工具。

（2）自动驾驶仪

对于电子信息系统而言，自动控制系统主要体现在信息的采集、处理和应用方面，是比较典型的信息处理系统模式。在早期的自动控制系统中，信息处理往往比较简单，相当于是一种条件反射型的应对机构，也称为自适应系统或者反馈控制系统。所谓条件反射型，是指出自动物的简单反应，不需要大脑的思考。比如，当我们肌体接触到高温物体时，会自动跳开，避免受到伤害。

高档自动控制系统的核心是电子计算机，需要进行复杂的信息处理，如图 0-4 所示的飞机自动驾驶仪。当飞机进入飞行航线后，可改由电子计算机自动控制，不再需要人工操作。电子计算机获取各种信息，包括航线位置、高度、气象数据、飞行姿态等，然后对这些数据进行分析处理（按设定程序），再根据信息处理结果控制各发动机、机翼等操控单元，实现飞机平稳地按航线飞行。

（3）机器人

机器人是人类按自身行为模式设计的一个机器，是一个典型的仿造人类功能的电子信息系统，如图 0-5 所示。机器人是自动执行工作的机器装置，一般由执行机构、驱动装置、检测装置、控制系统和复杂机械等组成。它既可以接受人类指挥，又可以运行预先编排的程序，也可以根据人工智能技术制定的原则行动。它是高级整合控制论、机械电子、计算机、材料和仿生学的产物。

尽管现代电子信息技术已经很发达，但是机器人设计技术以及其功能与人类相比，还远不能望其项背。工业领域更多的还是利用机械手臂完成特定的一些任务，以提高生产效率。

（a）飞机轴与操纵机构

（b）系统方框图

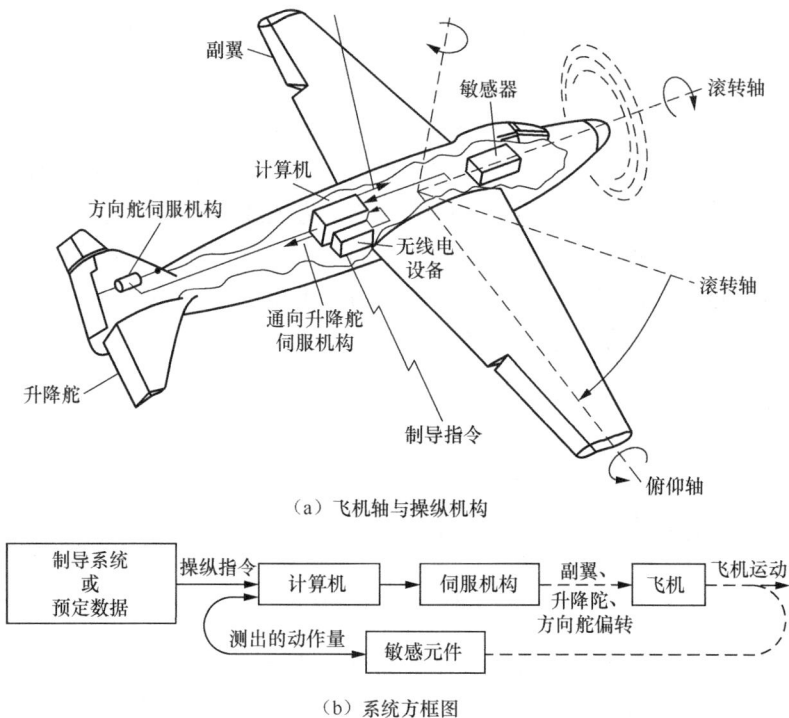

图0-4 飞机自动驾驶示意图

图0-5 仿生机器人

电子信息系统如此神奇，已经广泛融入人类社会，影响人类的生产和生活。它还渗透到社会的各个领域，推动社会的进步。未来电子信息技术还将不断发展，给世界带来更多的变化。

3. 电子信息技术发展概况

人类很早就认识电，主要是自然界中的电，比如雷电。人类利用电，是近200年的事情。下面我们将跟随历史发展的进程，以关键技术的突破为线索，介绍电子信息技术的发展概况。

（1）电池的发明

1790年，45岁的意大利物理学家伏特（见图0-6）发明了伏特电堆（电池），这是历史上的神奇发明之一。为了纪念他，电动势的单位以他的名字命名为"伏特"，以符号V表示。

电池的发明，改变了以前人们只能研究静电物理现象的状况。电池能够提供稳定的电流输出，为电子技术的研究和发展提供了基本条件。比如，欧姆（见图0-7）就是利用电池提供的稳定电流，发现了欧姆定律，揭示了金属导线的导电特性。

1826年4月，37岁的欧姆发表论文，确定欧姆定律的定量表达式，即电路中的电流强度和电势差成正比，而与电阻成反比。为纪念他，电阻的单位以他的名字命名为"欧姆"，以符号Ω表示。

图 0-6　伏特（1745-1827，意大利物理学家）

图 0-7　欧姆（1789-1854，德国物理学家）

今天，电池技术取得巨大进步，我们日常应用的电子产品，很多还依靠电池提供工作能量。比如，手机、平板电脑等。

（2）电报电话

电报的应用分两个阶段：有线电报和无线电报。

1844 年 5 月 24 日，"用电线传递消息"的奇迹发生，35 岁的摩尔斯（见图 0-8）发出了人类历史上的第一份电报："上帝创造了何等奇迹!"。电文通过电线很快传到 60 多千米开外，摩尔斯的助手接到了他传来的电文，并准确无误地把电文译了出来。1844 年 5 月 24 日成了国际公认的电报发明日。

电报技术开创了人类利用电流传递信息的先河。利用一个手动开关控制电流的通断时间，将信息编码加载到电流运动中；利用电流运动的高速快捷，实现远距离信息传送。今天看来这个技术十分简单，但是在 170 年之前，是一个伟大奇迹。自从电报问世，人类的通信方式发生深刻变化，其传输效率远远高于书信邮寄方式。

无线电报是在有线电报之后 51 年问世。讲到无线电报，就不得不讲到电学的运动的重要特性，就是电磁波；也必须提到一位著名科学家麦克斯韦。

1873 年，42 岁的麦克斯韦（见图 0-9）出版《论电和磁》，把电和光统一起来。该书被尊为继牛顿《自然哲学的数学原理》之后的一部最重要的物理学经典著作。科学史上，称牛顿把天上和地上的运动规律统一起来为第一次大综合；麦克斯韦实现了第二次大综合，因此与牛顿齐名。没有电磁学就没有现代电工学，也就不可能有现代文明。

图 0-8　摩尔斯（1791-1872，美国画家和发明家）

图 0-9　麦克斯韦（1831-1879，英国物理学家、数学家）

麦克斯韦本人没有看到电磁波的应用，电磁波的实验证明由另外一位伟大的科学家完成。1888 年，31 岁的赫兹（见图 0-10）首先通过实验证实了电磁波的存在。由于其对电磁学的巨大贡献，频率的单位以他的名字命名为"赫兹"，以符号 Hz 表示。

1895 年，在博洛尼亚大学学习的 21 岁的马可尼（见图 0-11）把赫兹的研究成果付诸实际应用，发明了无线电发射和接收装置，并完成了一次信息传播距离达到了 2.7km 的实验，实现了历史性的突破。马可尼因此被称为"无线电之父"。

图 0-10　赫兹（1857－1894，德国物理学家）　　　图 0-11　马可尼（1874－1937，意大利物著名的物理学家和工程师）

　　自此后，无线电技术被广泛应用于电报系统。由于无线电台设置的灵活性，其应用拓展到了航海、航空等领域，给人类社会的活动带来了很大的改变。

　　电话的出现是在发明有线电报之后。由于电报只能传送文字代码，相当于提高了信件的传送速度，但无法实现与对方实时语言交流。有了电报之后，人类的想象力被激发，希望能够实现远距离通话。

　　以贝尔为代表的发明家们不断努力，几乎在同一时间，发明并设计出了电话。目前，大家公认的电话发明人是贝尔（见图 0-12），他于 1876 年 2 月 14 日在美国专利局申请电话专利权。贝尔发明了世界上第一台可用的电话机，创建了贝尔电话公司，被世界誉为"电话之父"。其实，就在他提出申请两小时之后，一个名叫 E·格雷的人也申请了电话专利权。

　　（3）电子三极管及应用

　　爱迪生发明了电灯，并在实验中发现了"爱迪生效应"：加热碳丝后，会有热电子从碳丝里发射出来，然后，被阳极电极收集而形成电流。德福雷斯特（见图 0-13）注意到这一现象，并潜心研究。1904 年，31 岁的德福雷斯特利用"爱迪生效应"发明了世界上第一支真空电子三极管（见图 0-14）。

图 0-12　贝尔（1847-1942，　　　图 0-13　德福雷斯特　　　图 0-14　电子三极管
美国发明家和企业家）　　　（1873-1961，美国发明家）

　　电子三极管的问世，开启了电子技术新时代。电磁波经过远距离传输，接收端收到的感应信号十分微弱，这样的弱电信号很难被有效利用。而利用电子三极管设计的放大器，可以将微弱的电信号放大，实现远距离电信号传输。直至今日，我们很多信号参数的放大还依靠电信号放大方式解决。比如，扩音器先将声音信号转换为电信号，利用放大器将其放大，再

利用扬声器还原声音信号，从而实现声音的放大。

电子三极管的出现，推动了广播电视系统的发展。1906 年，加拿大发明家费森登首度利用无线电台发射出"声音"，就此开始了无线电广播。

收音机（见图 0-15）很快进入家庭，人的声音从一个小箱子中传出，再度启发人们的好奇：既然能够听到播音员的声音，更希望能够看见活动的图像。在这种好奇心驱使下，电视机出现了。1925 年 10 月 2 日，英国科学家贝尔德（见图 0-16）制造出了第一台能传输图像的机械式电视机，这就是电视的雏形，如图 0-17 所示。

图 0-15 收音机及内部结构

图 0-16 贝尔德（1888-1946，英国科学家）

图 0-17 机械式电视机

（4）半导体与集成电路

电子管需要灯丝才能工作，工作时温度高、同时体积又大；利用电子管设计的电路系统体积也大。能否对其进行改进？人们总是不断探索新思路和新方法。终于人们利用半导体材料设计制造出与电子三极管相同作用的器件，称为半导体（晶体）管。半导体管无灯丝，体积小，重量轻。

1945 年下半年，贝尔电话实验室成立了以肖克利（见图 0-18）为组长，以肖克利、巴丁、布拉顿为核心的固体物理学研究小组，开展半导体基础研究。1947 年 12 月 23 日发明点接触晶体管。1949 年肖克利提出结型晶体管理论。肖克利、巴丁、布拉顿共同获得 1956 年度诺贝尔物理学奖。

图 0-18 肖克利（1910-1989，美国物理学家）

半导体管的出现，结束了几十年的电子管时代，开启了半导体硅时代。很快出现了半导体收音机、电视机等电子产品。凡是用电子管的电子产品，绝大部分都可以利用半导体管替代。

随着半导体材料的应用，晶体管、MOS 管相继出现。其工作原理类似，能够实现对电信号的有效控制。到上世纪 50 年代，一个重要的工艺改变了人类社会，这就是集成电路工艺。

1958 年，35 岁的美国物理学家基尔比（见图 0-19）宣布制作完成第一块集成电路。集成电路是经过氧化、光刻、扩散、外延、蒸铝等半导体制造工艺，把构成具有一定功能的电路所需的半导体、电阻、电容等元件及它们之间的连接导线全部集成在一小块硅片上，然后焊接封装在一个管壳内的电子器件。自从集成电路工艺问世以来，摩尔定律预言，每 18 个月，电子芯片的集成度提高 1 倍，其成本下降 50%。几十年来，这个预测与实际发展吻合。

图 0-19　基尔比（1923-2005，美国物理学家）

（5）电子计算机

计算工具并不是只有通过电信号的控制与处理才能实现。电子计算机产生之前，人类利用各种机械材料设计了信息处理工具，比如，算盘、计算尺、机械式计算器等。然而，电信号的光速特性，决定了利用电信号实现计算和处理最为有效。

1944 年，美国工程师莫奇利（见图 0-20）和埃克特（见图 0-21）合作，创建了一家电子数学计算设备设计制造公司，于 1946 年生产出第一台实用的电子数学积分数字计算机——"埃尼亚克"（见图 0-22）。这台计算机是个庞然大物，占地 170 平方米，重 30 吨，功率为 174 千瓦。但它的计算速度却是手工的 20 万倍，它是当时的一项伟大发明。

图 0-20　莫奇利（1907-1980，美国工程师）　　图 0-21　埃克特（1919-1995，美国工程师）　　图 0-22　第一台数字计算机埃尼亚克

最早的计算机是由电子管组成的，体积笨重、高耗能、速度慢。随着半导体（晶体）管的问世，计算机设计很快得到改进。而集成电路的出现，才使得电子计算机进入到寻常百姓家中。

奠定现代电子计算机系统结构的人是"现代电子计算机之父"——冯·诺依曼（见图 0-23），他是电子计算机（EDVAC，世界上第一台现代意义的通用计算机）的发明者。EDVAC 首次使用二进制而不是十进制进行编程计算，它由 5 个基本部分组成：运算器、控制器、存储器、输入装置、输出装

图 0-23　冯·诺依曼（1903-1957，美籍匈牙利人，物理学家、数学家、发明家）

置。这种体系结构一直延续至今，现在使用的计算机，其基本工作原理仍然是存储程序和程

序控制，所以现在计算机一般被称为冯·诺依曼结构计算机。

电子计算机的问世，不仅在一定程度上解放了人类脑力劳动，还为电子信息系统提供了一个典型框架，直接推动数字化的发展。其基本思路是：各种模拟信号可以先转换为数字信号，然后利用电子计算机的快速处理能力处理数字信号。所以，不同的信息，理论上都可以用电子计算机来处理。现在很多电子信息系统，大到通信系统、网络系统，小到微波炉、洗衣机，均依靠电子计算机芯片进行数据处理。

（6）计算机网络

随着电子计算机的普及，计算机与计算机之间的信息交流需求又被提出。人们将地理位置不同的具有独立功能的多台计算机及其外部设备，通过通信线路连接起来，在特定操作系统、管理软件及通信协议的管理和协调下，实现资源共享和信息传递的计算机系统定义为计算机网络。

根据信息交流的范围，计算机网络类型通常划分为：局域网、城域网和广域网。

局域网（LAN）是我们最常见的、应用最广的一种网络，其连接范围窄、用户数少、配置容易、信息传输速率高。目前主要的 LAN 有：以太网（Ethernet）、令牌环网（Token Ring）、光纤分布式接口网络（FDDI）、异步传输模式网（ATM）以及无线局域网（WLAN）。其中数据传输速率最快的是 10Gbit/s 以太网。

城域网（MAN）一般来说是在一个城市内、但不在同一地理小区范围内的计算机互联。MAN 与 LAN 相比，信息传播距离更大，连接的计算机数量更多；在地理范围上，可以说 MAN 是 LAN 网络的延伸，一个 MAN 网络通常连接着多个 LAN 网。城域网多采用 ATM 技术做骨干网。

广域网（WAN）也称为远程网，所覆盖的范围比 MAN 更广。它一般是在不同城市之间的 LAN 或者 MAN 网络互联，地理范围可从几百公里到几千公里。因为距离较远，信息衰减比较严重，所以这种网络一般是要租用专线，通过接口信息处理协议和线路连接起来。WAN 因为所连接的用户多，总出口带宽有限，所以用户的终端连接速率一般较低。

另外，按照传输介质划分，计算机网络可分为：有线网、光纤网和无线网；按通信方式划分，又可分为：广播式传输网络和点对点式传输网络等。计算机网络技术的迅猛发展，使得我们能够很容易地与地球上任何地方的人交流，全球各种数据信息能够轻松实现共享。

4. 电子信息系统理论基础"三论"

广泛的实际工程应用，不断推动电子信息技术的发展。而理论的更新，为电子信息技术的发展奠定基础。20 世纪 60～70 年代，著名的"三论"更新了人类的认识模式，对电子信息技术的发展起到了重要作用。"三论"即"信息论"、"系统论"、"控制论"。

（1）信息论

信息论是一门用数理统计方法来研究信息的度量、传递和变换规律的科学。它主要是研究通信和控制系统中普遍存在着信息传递的共同规律以及研究最佳解决信息的获取、度量、变换、储存和传递等问题的基础理论。

香农（见图 0-24）被称为"信息论之父"。人们通常将香农于 1948 年 10 月发表在《贝尔系统技术学报》上的论文《A Mathematical Theory of Communication》（通信的数学理论）作为现代信息论研究的开端。在该文中，香农给出了信息熵的定义。

（2）系统论

系统论的基本思想是把所研究和处理的对象，当作一个系统，分析系统的结构和功能，研究系统、要素、环境三者的相互关系和变化的规律性，并优化系统。世界上任何事物都可以看成是一个系统，系统是普遍存在的。

系统思想源远流长，但作为一门科学的系统论，人们公认是美籍奥地利理论生物学家贝塔朗菲（见图 0-25）创立的。他在 1932 年发表了《抗体系统论》论文，提出了系统论的思想。1937 年提出了一般系统论原理，奠定了这门科学的理论基础。确立这门科学学术地位的是 1968 年贝塔朗菲发表的专著：《一般系统理论基础、发展和应用》。该书被公认为是这门学科的代表作。

图 0-24　香农（1916-2001，美国科学家）

图 0-25　贝塔朗菲（1901-1972，美籍奥地利生物学家）

（3）控制论

在控制论中，"控制"的定义是：为了"改善"某个或某些受控对象的功能或发展趋势，需要获得一定的信息并作用于该对象上，这个过程就叫做控制。由此可见，控制的基础是信息，一切信息传递都是为了控制，进而任何控制又都依赖于信息反馈来实现。

图 0-26　诺伯特·维纳（1894-1964，美国应用数学家）

自从 1948 年美国应用数学家诺伯特·维纳（见图 0-26）出版了著名的《控制论——关于在动物和机器中控制和通讯的科学》一书以来，控制论的思想和方法已经渗透到了几乎所有的自然科学和社会科学领域。维纳把控制论看作是一门研究机器、生命体、社会生活中控制和通信的一般规律的科学，是研究动态系统在变化环境条件下如何保持平衡状态或稳定状态的科学。他特意创造了"Cybernetics"这个英语新词来命名这门科学。它揭示了机器中的通信和控制机能与人的神经、感觉机能的共同规律；为现代科学技术研究提供了崭新的科学方法；它从多方面突破了传统思想的束缚，有力地促进了现代科学思维方式和当代哲学观念的一系列变革。

"三论"的出现，从理论上改变了人们对世界的看法。人们对客观世界的认识，从局部的领域扩展到系统的思想。信息概念的出现，使其脱离物质世界，形成新的信息观念。信息流与信息对系统控制的作用，不仅推动了电子信息系统的发展，也反映了社会管理系统领域的一门艺术。

5. 电子信息技术深刻影响人类社会发展

为什么电子信息技术能够深刻影响人类社会发展？这个问题，先得从信息谈起。

信息论作者维纳说：信息不是物质，信息不是能量。我们设想，如果宇宙没有生命，信息可能存在，但是谁来感知物理世界的各种信息？当然更谈不上信息的利用。再观察生命的运动，生命运动是物质、能量、信息三大运动的有机组合。也就是说，自从生命诞生，信息运动就伴随其成长。生命体是有形的物质体，生物需要获得更多的能量才能满足自身发展的需要。生物竞争中，充满力量和智慧的较量。可以总结出一个原则：信息应用水平直接反映生物进化的水平。

人类本身就是一个最复杂、最精细、最完美的电子信息系统。人类大脑是世界上最复杂的"信息处理中心"，产生意识，负责处理各种信息，存储知识，管理身体各部分。人体也是最复杂的机械结构，由206根骨骼和640条肌肉组成，可以完成复杂精细的机械动作。人的一些简单的动作，需要多条肌肉组合运动。肌肉的运动与电动机不同，它会收缩和放松。控制肌肉收缩的信号是电信号。这些电信号是大脑发出的，经过人体中复杂的神经网络，十分精准地控制各条肌肉。比如，人大笑这样一个十分简单的动作，据说需要面部15条肌肉参加运动，机器人很难模仿。人两足行走，需要复杂的动态控制保持稳定性。人们在设计机器人时发现，两足机器人比四足机器人需要更复杂的精准的控制程序。

其实，人类社会的发展也类似，信息的利用水平也反映了人类社会发展的水平。人类设计制造了大量的电子信息系统。这些系统实际上是人类大脑功能的延伸，拓宽人类控制的空间。电子信息系统按人类设计的程序，完成信息处理，其结果再送回人类大脑处理，最终的决策权一般来说还是人，电子计算机只是一个工具。人类依靠信息处理或者智慧能力进化，取得动物界的绝对优势。电子信息技术的发展，又进一步推动人类智慧的发展。这就回答了为什么电子信息技术深刻影响人类社会发展的问题。

以上几点，作为引子，简单介绍电子信息系统概念，并不能全面表述电子信息系统理论体系和基本工作模式。

本书的内容将首先从电子运动基本规律、信息的基本概念、电路基本模块、数学基本表达描述，到基本电路、电路与信息的结合、信息是如何利用电荷运动作为载体，再到常用的电子信息系统，包括通信系统、探测系统等，最后拓展到生物和社会学领域的信息技术、电子信息技术发展、影响和促进人类社会的发展与变化；从小到大，从单元电路到电子信息系统，从电子信息系统到人类社会系统，全面地展开介绍。

第 **1** 章 **电学基础**

电是自然界的一种普遍现象，电的属性普遍存在于物质世界中。物质的基本组成单元是原子，原子是由原子核和电子构成。一般情况下，原子核带正电荷，也称为离子。电子带负电荷，由于正负电荷抵消，物质对外不显示出电的特性。但是，当电子离开原子核的电场力约束，成为自由电子时，就显示出电的特性。带电荷的离子或带负电的电子，一般称为带电粒子。

带电粒子的运动，可分为无序运动和有序运动。比如随机振动为无序运动；电场力驱使下所形成的电流为有序运动。电流的有序运动，很容易被人为控制，形成比较稳定的运动形式，从而具有实际应用价值。

电流的运动是一种能量的流动，也称电能。实际上，电能并不是一种能源形式，而是一种能量的传输过程，是带电粒子以各种形式做功的能力。电流的运动除了传输能量之外，更重要的应用是传递信息。带电粒子传递能量的速度是光速，同样，信息的传递速度也是光速，从而获得比以往其他任何形式都高效的信息传递方式。当今，人类应用的通信技术、网络技术等电子信息技术，无一例外都是带电粒子有序运动的结果。

本章从带电粒子的物理特性出发，介绍电子学基本原理和特性。

1.1 物质的构成

物质世界千姿百态，但基本单元都由原子构成。有的物质由单一原子构成，有的物质由多种原子组合构成化合物。不同的原子结构具有不同的特性，有的原子稳定，有的原子不稳定，其稳定性能与原子核和电子的数目有关。

1. 原子结构

原子结构如图 1-1 所示，原子核带正电，电子带负电，电子围绕原子核旋转。原子核又由质子和中子构成，质子带正电，中

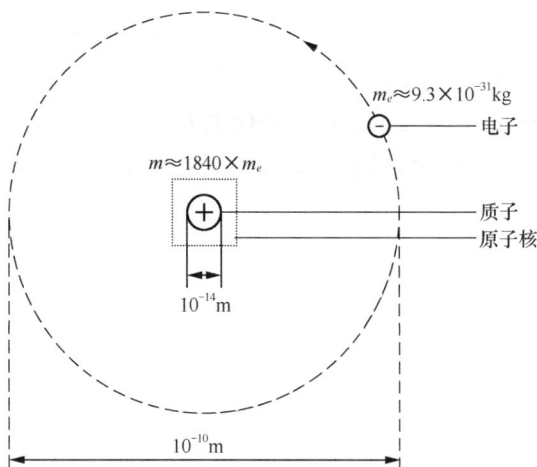

图 1-1 氢元素的原子结构示意图

子不带电。原子质量主要集中在原子核。电子质量很小，质子质量是电子质量的1840倍，中子质量与质子质量相当。1个电子的静止质量约为9.3×10^{-31}kg，1个质子的质量约为1.67×10^{-27}kg。

原子核占据的空间很小，集中在原子的中心部分，原子核的线度（直径）为10^{-14}m。电子围绕原子核旋转的轨道半径相对于原子核的线度很大，其直径约为10^{-10}m。

2．电荷间的作用力与引力

1个电子或质子的电荷量约为1.6×10^{-19}库仑（单位符号为C）。

1785年，库仑通过实验总结出点电荷之间相互作用的基本规律——库仑定律：在真空中，两个点电荷之间的相互作用力大小，与两个点电荷的带电量乘积成正比，与这两个点电荷之间的距离的平方成反比，方向在两个点电荷的连线上，两个异性点电荷相互吸引，同性点电荷相互排斥。

同时，1687年牛顿发表的万有引力定律指出：任意两个质点通过连心线方向上的力相互吸引。该引力的大小与它们的质量的乘积成正比，与它们的距离平方成反比。

由上述两个定律可以计算得到氢原子中，质子与电子间的电荷作用力约为：-9.2×10^{-8}牛顿，质子与电子间的万有引力约为：4.2×10^{-47}牛顿，地球对地面上的原子的引力约为：1.07×10^{-25}牛顿。即原子内，质子与电子间的电荷作用力，约为地球对地面上原子引力的8.6×10^{17}倍。正是因为这个原因，地球上的物质不会被压缩到一个点上，从而支撑我们今天的这个丰富多彩的立体世界。

1.2　电荷运动的基本特性

电荷决定了带电粒子在电磁方面的物理行为。由库仑定律可知，电荷间存在相互作用力。静止电荷在周围空间产生静电场，运动电荷除产生电场外还产生磁场。因此，静止或运动的电荷都会受到电场力的作用，但只有运动电荷才能产生磁场并受磁场力的作用。法拉第在研究电与磁的作用时，提出了场的概念，用电场和磁场描述电磁效应的相关规律。

1．电场

电场是存在于电荷周围能传递电荷与电荷之间相互作用的物理场。在电荷周围总有电场存在；同时电场对场中其他电荷发生力的作用。电场是一个矢量场，其方向为正电荷所受电场力方向，与负电荷所受电场力方向相反，如图1-2所示。电场的力的性质用电场强度来描述。场外某一点的场强度与点电荷量成正比，与距离的平方成反比，其场强的方向为点电荷到该点的连线上。

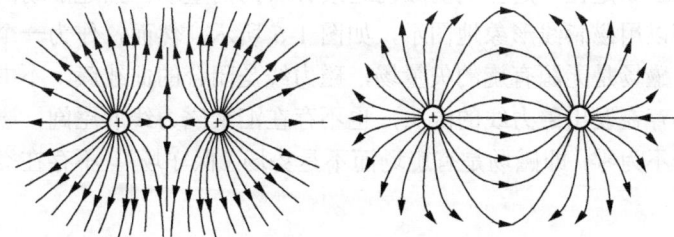

图1-2　点电荷的电场分布

根据电场理论，在静电场中，沿任何闭合路径电场强度的积分恒等于 0，即：将一个单位正电荷沿静电场的任何一个闭合路径移动一周，电场力不做功。

若电荷不是点电荷，其电场的分布则不能按点电荷的方式推导，电荷的分布可以按多个点电荷的叠加而形成。电容是一个比较典型的电荷叠加例子：由两个平行极板构成的平板电容，在其极板上均匀分布电荷，形成一个均匀的电场，如图 1-3 所示。

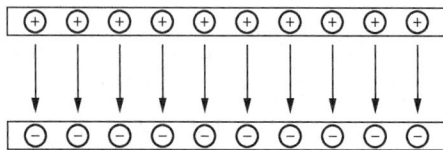

图 1-3 电容中电场的分布

同一个电场空间中的电面强度存在一定的梯度，在其空间中不同位置的两点的电场强度有差异。电荷在这两个不同点处受到的电场力大小不同，形成一个差值，称为电位差，也称为电压，如图 1-4 所示。电压的大小等于单位正电荷因受电场力作用从 a 点移动到 b 点所作的功。电压的方向规定为从高电位指向低电位的方向。电压的国际单位制为伏特（V）。

在电场力的作用下，处于电场内的电荷发生定向移动，形成了电流，如图 1-5 所示。电流的大小称为电流强度（简称电流），是指单位时间内通过导线某一截面的电荷量。物理上规定电流的方向是正电荷定向移动的方向，电流运动方向与电子运动方向相反。电流的国际单位制为安培（A）。

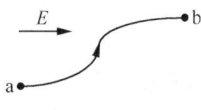

图 1-4 电场分布空间的电位差

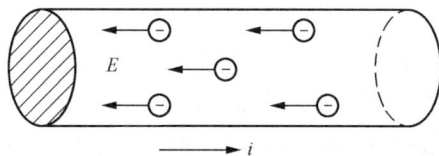

图 1-5 电荷的流动形成电流

2．磁场

电荷的运动形成电流，电流的运动又会产生一种现象——磁场。磁场是一种看不见，而又摸不着的特殊物质，是由运动电荷或变化的电场产生的，对放入其中的小磁针有磁力的作用。磁场的基本特征是能对运动的电荷施加作用力，即通电导体在磁场中会受到磁场的作用力。

与电场类似，磁场是在一定空间区域内连续分布的向量场，描述磁场的基本物理量是磁感应强度 B，也可以用磁感线形象地图示，如图 1-6 所示。然而，作为一个矢量场，磁场的性质与电场不同。磁场是无源有旋的矢量场，磁力线是闭合的曲线簇，不中断，不交叉。换言之，在磁场中不存在发出磁力线的源头，也不存在汇聚磁力线的尾闾，磁力线闭合表明沿磁力线的环路积分不为零，即磁场是有旋场而不是势场（保守场），不存在类似于电势那样的标量函数。

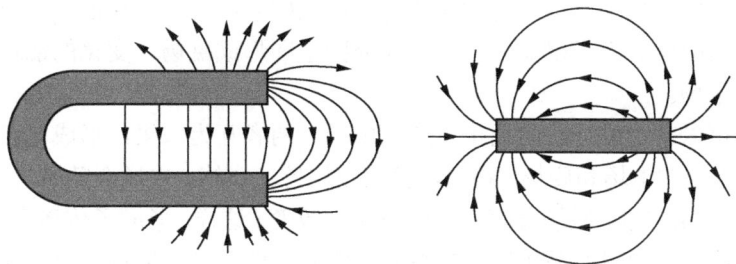

图 1-6 磁力线

在导体中，电流所产生的磁场的极性和电流的流动方向有关，它服从右手法则，如图 1-7 所示。长线电流附近的空间某点的磁感应强度 B 满足毕奥-萨伐尔定律：电流元（单位长度导线上的电流）在空间某点 P 处产生的磁感应强度的大小与电流元的大小成正比，与电流元所在处 P 点的位置矢量和电流元之间的夹角的正弦成正比，而与电流元到 P 点的距离的平方成反比。这个定律表明，长直载流导线对磁极的作用力是横向力。磁感应强度的国际单位制用特斯拉（T）或韦伯/米^2（Wb/m^2）表示。

利用电流产生磁场的特性，可以设计电磁铁；利用导线设计一组线圈，并辅助于导磁材料，可获得很大的磁场。永磁体也是电流运动的结果。在永磁材料中，原子排列整齐，原子中电子按同一方向有规则地旋转，形成一个个小磁场环，从整体上表现出同一方向的磁场环路，叠加形成永磁材料特性。

我们知道，地球也有磁场，分南北极，如图 1-8 所示。那么地球的磁场又是如何产生的呢？据推测，地球表面和内部都带自由电荷，随着地球的自转，这些带电粒子也产生运动，并形成电流。这种旋转的运动与线圈中的电流一样产生磁场。

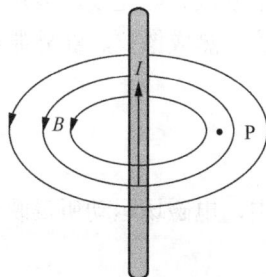

图 1-7 长线电流形成的磁场

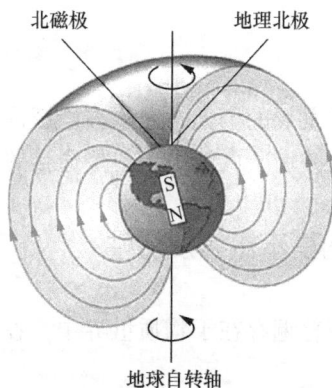

图 1-8 地球磁场的分布图

现代科学技术和人类生活中，磁场已经被广泛应用。如发电机、电动机、变压器、电报、电话、收音机以至加速器、热核聚变装置、电磁测量仪表等无不与磁现象有关。发电机和电动机的运作就是依赖于磁铁转动切割磁力而产生电流。

3. 电磁效应

电磁效应又称电磁感应，描述电场和磁场相互作用、能量相互转换的现象，其定义为：

由于变化的磁通量而产生感应电动势的现象。根据电磁效应，只要穿过闭合电路的磁通量发生变化，闭合电路中就会产生电流；电流又在周围空间形成磁场，变化的磁场可以形成感生电动势，即形成电场。

因此，电场可以产生磁场，磁场也可产生电场，两者互为因果，形成电磁场，并以光速向外传播。对于耦合的电场和磁场，根据法拉第电磁感应定律，电场会随着含时磁场而改变；又根据麦克斯韦-安培方程，磁场会随着含时电场而改变。这样，形成了传播于空间的电磁波。

电磁波（又称电磁辐射）是由同相振荡且互相垂直的电场与磁场组成，在空间中以波的形式移动，其传播方向垂直于电场与磁场构成的平面，有效地传递能量和动量，如图 1-9 所示。电磁波可以按照频率分类，从低频率到高频率，包括有无线电波、微波、红外线、可见光、紫外线、X 射线和伽马射线等。人眼可接收到的电磁波，波长在 380～780 纳米之间，称为可见光。只要是本身温度大于绝对零度的物体，都可以发射电磁辐射，人们周边所有的物体时刻都在进行电磁辐射。电磁波不需要依靠介质传播，各种电磁波在真空中传播的速度为光速。

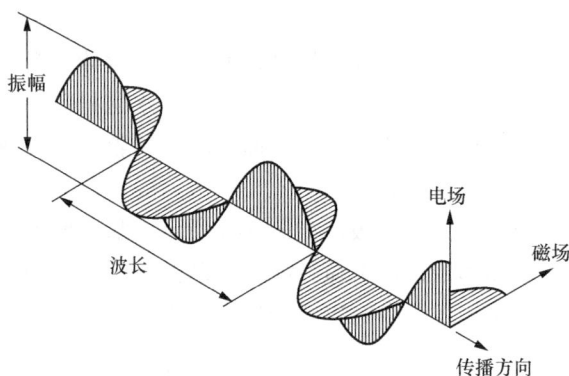

图 1-9　电磁波的传播

现代科技发展的今天，电磁波广泛应用于人类社会各个领域。如无线电波用于通信、广播电视等；微波用于微波炉、卫星通信等；红外线用于遥控、热成像仪、红外制导导弹等。

1.3　电路的基本概念及特性

电磁效应普遍存在于物质世界中，在不同的物质材料中，电磁场运动所反映出来的特性不同。

不同的物质材料，具有不同的外层电子数，外层电子数量达到一定数值是稳定结构（一级 2 个；二级为 8 个）。假如只有一个电子在外层轨道，则属于不稳定结构。金属材料的外围电子不稳定，很容易脱离原子核的束缚成为自由电子。在外加电场作用下，由于金属物质中存在大量的自由电子，很容易形成电流，表现出良好的导电性。

在两点间外加电场，如果两点之间材料不同，电场作用下运动的电子数量不同，那么产生的电流大小也会不同。一条金属导线，由于周边的空气是绝缘体，金属是导电体，两者的导电特性相差很大，可达 10^{20} 倍，电流几乎被约束在导线内运动，金属导线之外的空气中几乎没有电流，这就形成了电路。

同样的道理，磁场在不同的材料中表现出来的磁场特性也是不同的，如铁、钢有较好的导磁率，可达真空的 10^4 倍；铜的导磁率很低，与真空差不多。在同样的磁场条件下，磁场感应强度集中表现在强磁性材料中，形成磁路。

通常，电路对能量的集中特性比磁路对能量的集中特性好。本书主要介绍电路特性。

1．导电性能

物质导电的性能通常用导电率表示。导电率越大则导电性能越强，反之越小。金属的导电率高，绝缘体导电率低，半导体的导电率介于两者之间。导电率通常也用其倒数表达，即电阻。常用材料的电阻率如表 1-1 所示。

表 1-1　　　　　　　　　　　　　常见材料的电阻率

材　　料	电阻率/（Ω·cm）	属　　性
银	$1.64×10^{-8}$	金属
铜	$1.72×10^{-8}$	金属
铝	$2.80×10^{-8}$	金属
碳	$4.00×10^{-5}$	半导体
硅	$6.40×10^{2}$	半导体
纸	$1.00×10^{10}$	绝缘体
玻璃	$1.00×10^{12}$	绝缘体

从表中可以看到，金属与绝缘体之间的导电性能相差很大。因此，由金属导线连接而构成的线路，在一定条件下，满足"路"的特性。正因为这个特性，路的理论和原理可以在一定条件下成立。

2．电路的集总假设

电荷在电场的作用下产生运动，这一运动形成电流。那么电流的速度是多少？这个结论我们都知道——是光速。这里需要说明，电子运动的速度并不是光速，而是电场运动的速度是光速。电子在金属导线中处处存在，当电场作用时，电子做平行的移动，就是前浪推后浪式的波动。换句话说，作用电子（粒子）本身的运动不是光速，而电场推动电子（粒子）形成的波浪是光速。每个电子就像大海里的一滴水，海浪运动的速度，并不是单个水滴运动的速度。

电流在金属导线中运动，携带能量也集中在金属导线中，电路中能量运动的速度也是光速。电子群的这种运动，会与金属导线物质内原子发生碰撞，将电能转换为热能。

电流运动受电场作用的影响，当电场方向发生变化时，电流的方向也随之发生变化。如果电流方向按一定频率呈周期性有规律的变化，则称为交流电，其电流的波长为光速与频率的比值。根据麦克斯韦方程，变化的电场形成变化的磁场，反之变化的磁场形成变化的电场，也就产生电磁场。当电路的长度，与电流波长相近时，电磁场正好形成一定的共振效应，并产生电磁场辐射。这时，能量不再集中在金属导线中。因此，"路"的理论就不满足。

为了明确电路的条件，需要假设电路满足集总假设条件：电流的波长远远大于电路的尺寸。当满足这个条件时，电路中辐射损失掉的能量可以忽略不计，这时电场运动约束在"路"

的范围之内。可以用"路"的计算方法准确分析电路。

在实际工程应用中，这个条件很容易满足。比如电力系统，其电流的工作频率是50Hz，则其波长为 6 000km。对于一个城市来说，其长度也远小于 6 000km，所以辐射能量可以忽略不计。电力系统满足"路"的条件。

3．电路的结构特性

电路是电流绝大部分能量集中运动的路径。在实际工程中，电路由金属导线连接元器件构成，金属导线的电阻很低，可以近似为零。这样，整个电路中电压与电流的关系由电路的拓扑结构约束；一条路径上的主要电压与电流关系由元器件关系约束。由这两类约束，可以建立相对简化的数学关系分析电路的功能特性。

在集总假设条件下，电路的拓扑结构约束由基尔霍夫定律描述，分为基尔霍夫电流定律和基尔霍夫电压定律。基尔霍夫电流定律（KCL）：对于一个电路中任一节点，在任一时刻流入（或流出）节点的电流代数和为零。基尔霍夫电压定律（KVL）：对于一个电路中任一回路，在任一时刻，沿该回路所有支路电压代数和为零。基尔霍夫电流定律本质上是电路中电荷守恒的体现，即在电路中的任一节点上没有电荷的驻留；基尔霍夫电压定律本质上是电路能量守恒的体现，即电荷在一闭合路径中运动所做的功为零。

在集总假设条件下，元器件上的电压与电流约束关系（VCR）由元件本身特性确定，与电路的连接方式无关。以电阻为例：线性电阻两端的电流与电压满足欧姆定律。

将元件用导线连接起来，形成电路，由以上两类约束（KCL、KVL 和 VCR）条件，可以建立电路中所有线路上的电压和电流关系表达，从而分析电路的功能特性。由这两类约束，构成了电路分析基础理论。相关内容将在《电路分析基础》课程中详细介绍。

4．电路的参数特性

前面已经介绍，电荷运动形成电流。电流在电路中流动，必然形成能量的流动，能量的流动就必然有能量势能的梯度，不同位置点之间存在电位差，这就是电压。电流和电压是电路中最常见的两个物理量，电路的特性也通常由这两个参数描述。

电流在物质中流动，在不同处密度可能不同，需要由电流密度表达。在电路中，特别是在金属导线中，一般假定金属导线电阻为零，电流密度均匀分布，所以表达电路中某一支路电流，可以直接用电流强度（单位：安培）描述。1A（安培）是每秒流过单位截面积1库仑的电荷量。

被约束在金属导线中运动形成的电流，其电学特性如下。

（1）电流运动速度是光速，前面已经介绍，实际上是电场运动的速度；其能量传递的速度也是光速；

（2）在电路中，电流运动的方向是沿着金属导线的长度和路径运动；

（3）在电路中，电流运动随电场而变化，可以形成各种规律的波形；这些电流波形传递的速度也是光速。

以上特征给电路带来了很大的实际应用价值。首先，由于电路以光速传递能量，这就是我们今天广泛应用的电力系统，习惯称为电能。电力系统，与其他能量系统比较，具有十分明显的优点：效率高、清洁卫生、安装方便等。我们现在常用的家电设备，几乎都利用电力作为能量供应系统。其次，电路中电流波形也是以光速传送的，利用这个特性，很容易实现信号的高速传输。将信息以信号的形式载入到电流波形上，就可以实现信息的高速流动。我们今天广泛使用的电话、通信、广播系统等，无一例外均利用电的这一特性。

当然，电力系统也有缺点：电力很难存储。其主要功能是能量的传送。电力产生后，必须立即被消耗掉，不能够像煤和气一样方便地存储。电能的存储，需要转换为其他形式的能量，如电池，将电能转换为化学能进行存储。

电压是电路中另一个重要物理变量，只要电路中的两点形成势能差，就存在电压。1 伏特是对 1 库仑的电荷做了 1 焦耳的功。

电压的电学特性与电流类似。以电压波形为信号，可以作为信息的载体，信息和信号模型直接与电压信号对应。如图 1-10 所示，输入信息用一定形式的电压波形进行表示，其经过传输或变换成 T 后得到输出电压波形，通过对输出电压波形的分析，可以得到输入信息，从而实现信息的传输。由于电压更容易检测，在工程实践中，更多地采用电压为信号，通常所说的电信号就是指电压信号。

5．电路中电流的控制

电流沿金属导线运动，由于这种电路的特性十分明显，当切断金属导线时，电流也几乎被完全切断。这就是开关的原理。利用开关，可以十分方便地控制电路中的电流。在电路中串入一个开关，开关导通时，电流沿着电路运动；开关断开时，电流被切断，电路也被切断。开关也可以被描述为：导通时，开关电阻为 0；关断时，开关电阻为无穷大。

开关是一种常用的控制方式，通常采用控制其处于开、关两种状态。而在实际应用中，还会有很多种状态，甚至连续工作模型的控制，因此，可以采用连续的控制方法，或者分段的切换方法等，如图 1-11 所示。在以后的学习中，我们再详细介绍各类控制方法。

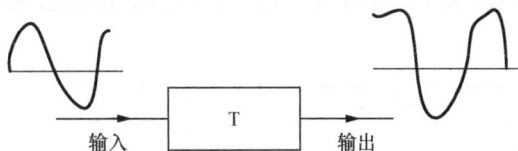

图 1-10　输入、输出电压信号　　　　　　　　图 1-11　开关的作用

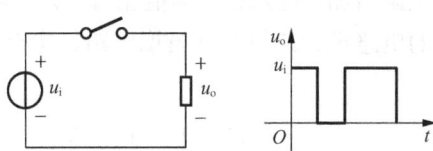

1.4　电源

金属导线和元器件构成的电路为电流运动提供路径，但电流的运动需要驱动力，这种驱动力就是电场力。实际电路往往需要一定的稳定电能，以维持正常工作。这种提供必要电能的设备，就是电源。电源功率的大小，电流和电压是否稳定，将直接影响电路的工作性能和使用寿命。

电源通常分为直流电源和交流电源，用以表示电压或电流的形式。例如，我们常用的市电是交流电，电压 220V，工作频率 50Hz，用 AC 表示；而常为电子设备提供的电源是直流电源，比如电压 5V，频率为零，用 DC 表示。

根据电源特性的不同，也分电压源和电流源两种。电压源，其输出电压稳定或基本上是稳定的，输出电流不确定，随负载波动而变化；而电流源相反，输出电流稳定或基本稳定，输出电压不确定，随负载而变化。在实际应用中，主要使用电压源，电流源在比较特殊的场合应用。电源的存在形式也有多种，如把化学能转换为电能的电池、把机械能转换为电能的发电机等。

1．电池

电池，在额定功率范围内，输出电压基本稳定，电流与负载相关。电池是利用化学原理，当构成回路时，电流能够从阳极到阴极循环流动，形成比较稳定电压。

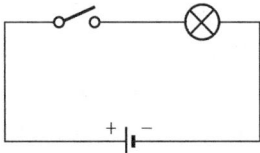

图1-12　电池符号及简单应用电路

1799年，意大利的物理学家伏特用铜片、浸盐水的纸片、锌片依次重叠起来，创制了最早的获得连续电流的伏特电堆，发明了电池。电池的发明为电子技术的研究和发展发挥了巨大的作用，已经广泛应用在我们的日常生活中，如图1-12所示。电池的种类很多，除化学型之外，还有温差型、燃料型电池等；按照使用次数区分，有一次型和可反复充电型。

2．稳压电源

在实际应用中，由于电池容量小，需要更换或充电，使用不方便。因此，一般电路中都设计了稳压电源。稳压电源本身也是一种电路设计和应用，可以不间断利用220V/50Hz的市电，将其转换为直流稳压电源，基本原理如图1-13所示。交流电源经过变压器降压、整流、滤波后成为稳定的直流电压。图中其余部分是起电压调节作用，实现稳压的控制部分。电源接上负载后，通过采样电路获得输出电压，将此输出电压和基准电压进行比较。如果输出电压小于基准电压，则将误差值经过放大电路放大后送入调节器的输入端，通过调节器调节使输出电压增加，直到和基准值相等；如果输出电压大于基准电压，则通过调节器使输出减小。详细的电路设计，将在《模拟电路》中介绍。

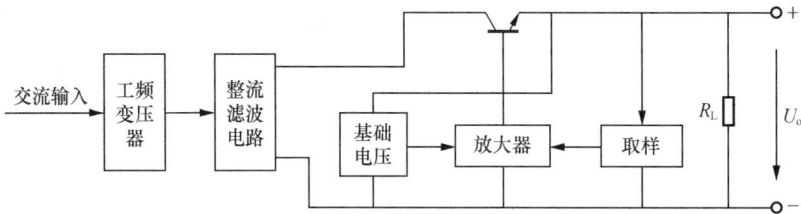

图1-13　稳压电源原理

3．发电机

我们能够不间断利用的电能形式——市电，是由发电机生产得到的。在一般情况下，人们不会自己单独发电获得电能，而是利用市电。在某些特殊场合，比如汽车、飞机和轮船这些运动平台，本身无法利用市电，需要自己发电满足自身设备的需要。大型飞机上发电机设备输出电力一般为115V/60Hz；小型飞机发电是28V/DC。在各种交通运输系统中，不仅动力采用电力，大量的电子设备也需要电力维持其正常工作。

发电机的原理通常是将机械能转换为电能，机械能主要包括：水力、蒸汽、内燃、风力等。交通运输设备中，一般直接利用其发动机的动力系统，如汽车的内燃机，产生机械能，取机械能的一部分带动发电机产生电能。但无论发电机的形式如何，其工作原理都基于电磁感应定律和电磁力定律，用适当的导磁和导电材料构成互相进行电磁感应的磁路和电路，以产生电磁功率，达到能量转换的目的，如图 1-14 所示。

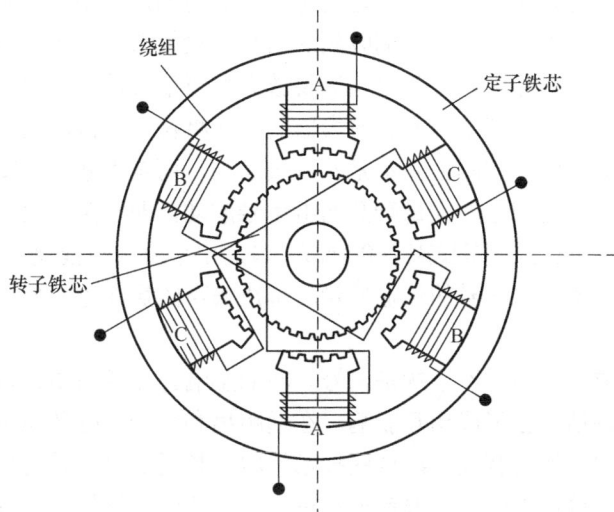

图 1-14　发电机原理图

随着科学技术的发展，新型的发电技术也不断出现。如太阳能电池，利用半导体 PN 结，将光能直接转换为电能，工作原理如图 1-15 所示。太阳光照在半导体 PN 结上，形成新的空穴-电子对，在 PN 结电场的作用下，光生空穴流向 P 区，光生电子流向 N 区，接通电路后就形成电流。

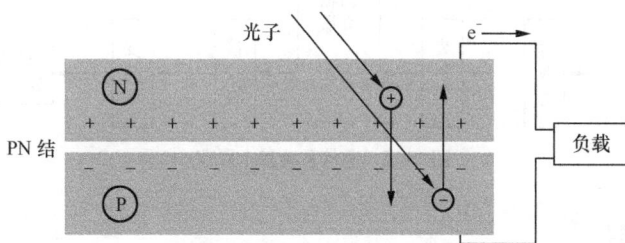

图 1-15　太阳能电池工作原理

1.5　电信号及其特性

信号是信息的表现形式，例如工业控制中的温度、压力、流量，自然界的声音信号等。由于非电的物理量可以通过各种传感器很容易地转换成电信号，而电信号又容易传送和控制，所以其成为应用最广的信号。由于直流电很难表达信息特征，因此，人们通常用随机变化的交流信号表达信息。在电路的测试中，也需要输入一定形式的电信号，通过对输入和输出信号的测试和测量，评估电路的性能和技术指标。

电信号是指随着时间而变化的电压或电流，因此在数学描述上可将它表示为时间的函数，并可画出其波形。信息可以通过电信号进行快速的传送、交换、存储、提取等。例如声音信号，人发出的声音经过话筒被转换为电信号，其幅度和频率与声波信号一致。声音信号转换为电信号后，其运动特性就符合电信号的运动规律，可以以光的速度传输。该电信号在电路中运动，可以按电路设计的要求进行处理，如放大、滤波和转换等。

电信号的传输速度是光速，很快，这是其优点。而传输过程中，随着路径的增加，能量会逐步衰减。如果传输距离很远，接收端收到的信号一般很微弱，对于信号处理来说，这是一个缺点。因此，在工程实际中，接收电路需要放大器将信号放大。电信号的放大是一项伟大的发明，是电路技术的一个基本内容。放大器的设计将在《模拟电路》中专门介绍。

电流在电路中运动，电子实际上并不是作直线运动，而是不断地振动。这种振动会与路径上的原子发生碰撞。曲此产生的大量杂乱的电信号波动，即噪声。路径越长，产生的噪声越大，电信号随之不断地衰减，而噪声不会衰减，最后电信号有可能淹没在噪声之中。因此，在工程实际中，噪声会影响电信号的传输质量。解决噪声的影响也是电子通信系统的主要任务之一。

噪声是电路与信道产生的，而干扰是信号之间的影响。在通信中，可能几个系统同时工作，就像几个人同时讲话，会形成相互影响。在远距离和复杂电磁环境下，电信号的传输和处理质量必然受到影响。如何有效解决这些技术问题，是通信电路系统设计的重要任务。

因此，电信号在传输过程中，一般都要经过放大、滤波和转换等过程。以电话通信系统为例，基本原理框架如图 1-16 所示。信号源模块先将甲方说话的声音转换为电信号，电信号经变换器的滤波、放大等处理，通过发射机发射，经传输介质传输到遥远的乙方；乙方通过接收机收到的电信号十分微弱，需要经过变换器进行放大和滤波处理，消除传输中带来的干扰，然后经终端处理器将电信号还原为声音信号，乙方才能听到甲方发出的声音。

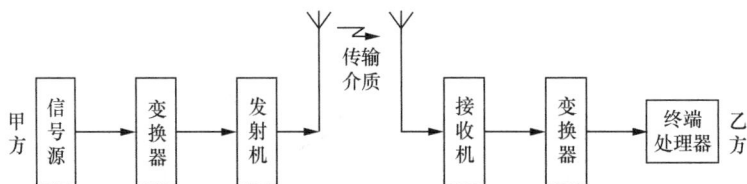

图 1-16　通信系统基本原理

1.6　电信号的观察

电信号的运动，我们无法直接观察到。如何获得和了解电信号的运动呢？必须应用相关测试设备。电信号可以是电流和电压，但最容易观察和测量的是电压信号。测试电压时，可以将测试表笔直接并接在测试的两端点，不需要改动原电路的连接；而测试电流，一般需要断开原连线，串入测量表笔。因此，在实际应用中，电流波形是通过电压波形推测的。

电信号，不论是电压信号还是电流信号，都可以通过仪器显示出数值、波形或者频率分布，可以直接观察到信号的运动变化规律，这为电路设计提供了有利的测试和验证工具。

由于实际信号一般是随机的，不容易反映电路特性。因此，为了更准确地测试电路的特性，通常需要人为产生一组稳定的信号，以便于观察和获取技术指标，所以信号源也广泛地应用于电路设计和检测中。

以下介绍几种常用的测量仪器。

1. 万用表

万用表是一种最常用的测试工具。常用的万用表有两种类型：模拟式或数字式，如图 1-17 所示。万用表是电子测量技术领域中最早出现的一种仪表。早期以测量直流电压、电流、电阻三大参量为主，也称三用表。随着测量技术的发展，万用表的功能也得到扩展，还可以对交流电压和电流、电容、电感及半导体三极管的穿透电流和直流电流放大倍数等许多电参量进行直接测量。

图 1-17 MF500B、DT890D 和 UT58C 万用表的面板示意图

模拟式万用表的测量过程是先将被测模拟电量经测量电路转换成电流信号，再由电流信号去驱动表头的指针偏转，在刻度盘上即指示出被测量的大小，如图 1-18（a）所示。数字式万用表是先由模/数转换器将被测模拟量变换成数字量，然后通过电子计数器计数，最后把测量结果用数字直接显示在显示器上，如图 1-18（b）所示。

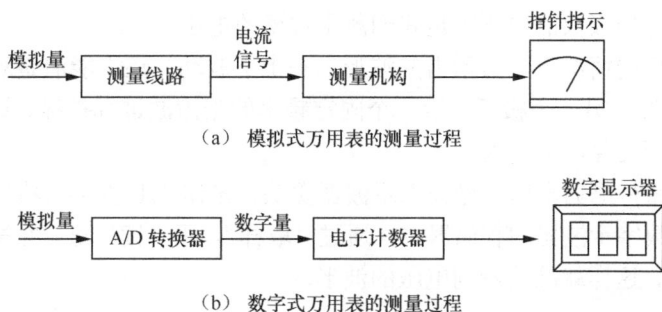

（a） 模拟式万用表的测量过程

（b） 数字式万用表的测量过程

图 1-18 万用表的测量过程

2. 示波器

示波器能够将人们无法直接看到的电信号转换成可观察的图像波形，从而可以对电信号进行分析，并测量其参数的大小。常用示波器如图 1-19 所示。

示波器的种类型号繁多，根据目前示波器的发展现状，可分为以下几类。

通用示波器：它们应用基本显示原理，可对电信号进行定性和定量的观测。

取样示波器：采用取样技术将高频信号转换成模拟的低频信号，再应用通用示波器的基本显示原理显示观测信号。取样示波器一般用于观测频率高、速度快的脉冲信号。

数字存储示波器：具有存储信息功能，能对单次瞬变过程、非周期现象、低重复频率信号进行观测。

数字智能化示波器：带有微处理器的示波器。

示波器的种类和功能还在不断增多，今后的发展方向是扩展频带、提高灵敏度、增加使用功能，做到多用化、数字化和程序化，以实现测试的自动化。

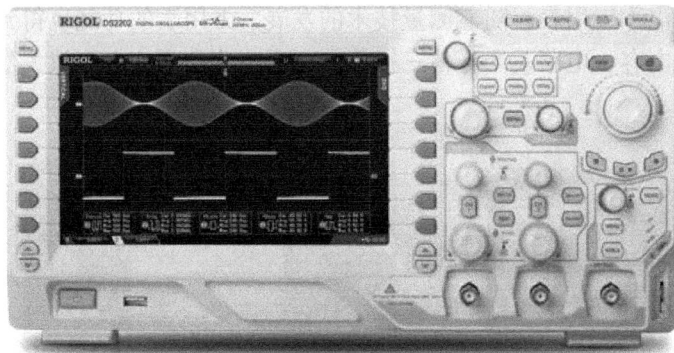

图 1-19 VP-5220D 示波器面板

关于示波器的具体工作原理，将在《电子测量》课程中详细介绍。在此只简单说明。

通用示波器：检测头接收稳定的交流电压波形，将该电压按一定比例放大，并控制一个电场极板；设电场极板为 X 方向，有一电子束（也称电子枪）穿过 X 极板，电子带负电，电场极板的电压必然引起电子束的偏转，电场越大，偏转越大；电子束投射到一块荧光屏上，留下一条光影，就像一支画笔快速地在荧光屏上画出线条，线条的变化规律就是电场极板电压的变化规律，而电场极板的电压正是我们测量观察的电压。

在没有时间坐标的情况下，显示出的波形只是上下波动，还不能清楚观察电压波形。因此，需要在 Y 方向设计另一个极板，给一个固定频率的锯齿波进行扫描。这样，就可以看见一个十分清晰随时间变化的电压波形。

数字示波器：将待测的电压信号输入示波器探头，先作 A/D 变换，将模拟信号转换为数字信号，并存储在数字示波器的存储器中，通过"取样"，再"读"出，并按其时间顺序排列输出到二维坐标上。这样就准确看到电压的波形。

3. 电源

前面已经介绍了电源及其作用，而在电路设计和调试中，不同的电路可能需要不同的电源电压。因此，实验室需要有通用的电源，一般技术要求如下。

输入电压：220V/50Hz。

输出电压形式：直流。

输出电压幅度：0～30V（可调）。

输出最大电流：1A。

一般稳压电源如图 1-20 所示，其工作原理如图 1-21 所示。

图 1-20 稳压电源

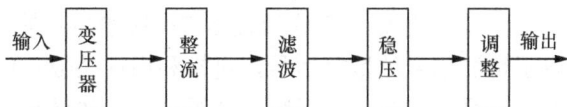

图 1-21 电源工作原理图

变压器：将 220V/50Hz 的交流电变为低压交流电。电压一般分多挡，每挡的电压调整范围至少 5V。

整流电路：将交流电转换为直流电。

滤波：将整流后的直流电滤波。

稳压：利用线性稳压电源的原理，得到稳定的输出电压。

调整：调整稳压电源的基准电压，调整输出电压。

4. 信号源

信号源常用于测试电路特性，如图 1-22 所示。信号源作为标准稳定的信号形式，激励电路工作；通过测量或观测电路参数，可以获得电路性能的相关指标，从而衡量电路的特性。

信号源通常也称函数信号发生器，如图 1-23 所示。函数信号发生器可以产生多种波形的信号，包括正弦波、方波、三角波、锯齿波及脉冲波等；同时它能产生重复频率很低的信号，目前最低频率可做到几 Hz，但频率上限不大，一般在 20MHz 以下。有的函数信号发生器还具有调制的功能，可以进行调幅、调频、调相及脉宽调制等。在实验教学中它是一种不可缺少的设备。

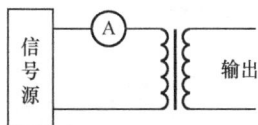

图 1-22 简单的电路测试方法

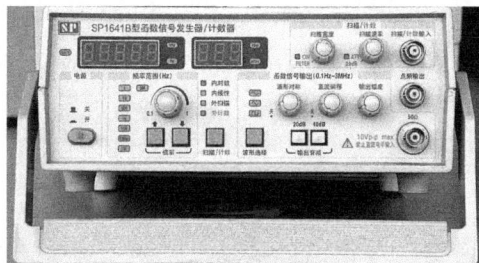

图 1-23 SP1641 函数发生器

5. 频率谱仪

在信号的时域分析中，示波器是一种极为重要且有效的测量仪器，它能直接显示信号波幅、频率、周期、波形与相位的相应变化。而频谱分析仪则可同时将一含有许多频率成分的信号用频域方式来显示，以呈现该信号在频域里的特性。就高频信号领域来说，频谱分析仪是电子工程技术人员不可或缺的设备，对频谱分析仪工作原理的了解将有助于信号测量系统的建立及充分扩展其应用范畴。

频谱分析仪的基本工作原理：任何稳定的周期信号，都可以利用傅里叶级数展开，也就是说一个周期信号可以由 N 个不同频率的信号叠加。从这个概念进一步推广，任何一个有限信号（函数）都可以利用傅氏变换，将信号从时间域转换到频率域，用频谱来表达，也称为频域信号。频谱是分析物理变量和信号的一个重要参数。

常用频谱仪如图 1-24 所示。有些数字存储示波器带有频谱显示的功能，因为数字示波器本身是通过取样已经获取了待测信号的数字信号，直接利用这些数字信号，可以通过数字示波器内部的计算机完成数字信号的转换，获得频谱分析结果，并显示出来。

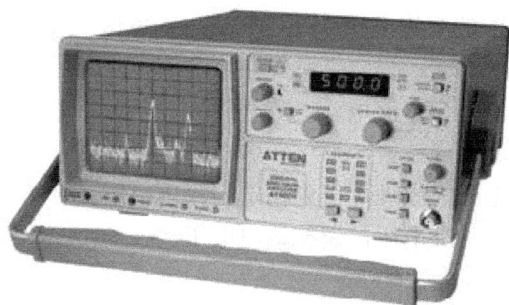

图 1-24　频谱仪

第2章 信息与信息科学

人类认识信息的历史并不长，20 世纪 60 年代，随着电子技术的发展，"三论"（信息论、系统论、控制论）等一些新概念提出，更新了人们的认识角度和水平，并以新的观念看待人类发展。信息运动伴随着生物进化、人类社会发展的全过程，信息不仅是生物进化的链接，也是人类社会沟通和发展的纽带。信息运动的水平，揭示和促进了人类社会发展的水平。

2.1 信息

今天，信息一词被人们广泛应用。但是信息是什么？却很难有人能说清楚。因为，从不同的层面和视角，信息可以有不同的含义和理解。

在日常社会生活中，信息一般被理解为"消息"、"新闻"等之类的概念；在通信系统中，信息是不确定信号的概率；在生物学领域，遗传信息利用核糖核酸 DNA 作为载体，传递的信息由一代又一代的生物体表达出来，如图 2-1 所示。关于信息的众多定义，的确像"盲人摸象"，每个领域有自己的认识范围和观察角度，有不同的约束条件，因此也有不同的定义和理解。

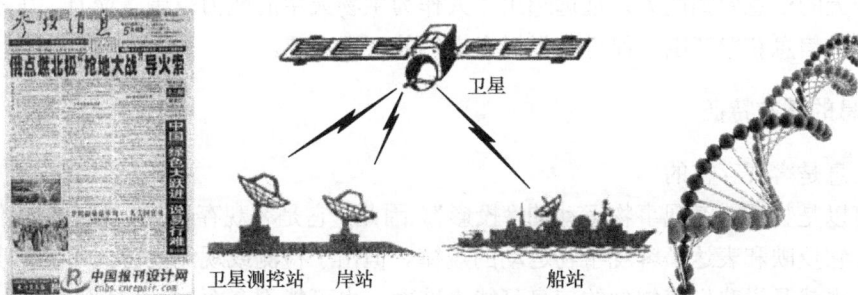

卫星测控站　岸站　　　　　　　船站

图 2-1　信息的各种不同定义

从哲学概念来说，信息又是什么呢？很难从正面回答这个问题。因此，很多人试图从反面来回答这个问题。美国数学家、控制论奠基人维纳在 1948 年出版的《控制论：动物与机器中的通信与控制问题》一书中指出：信息就是信息，不是物质，也不是能量。这种采用排它法的方式回答信息，其实仍然没有正面回答，只是将信息与物质和能量排在一起，说明"信息、物质、能量"是在一个同样重要的层面。

1．信息的基本定义

从哲学层面来定义：信息是物质运动的像及其各种映射。物质运动，包括自然物质运动、社会发展、人类思维活动等；像是物质运动的投影；映射是像投射到各种不同空间的变换。

上述定义可能比较难以理解。我们举例来说明，比如运动员比赛，是实际物质运动，这种运动可以被摄影下来，就是信息的一种表现；摄下的影像不是运动员，所以信息不是物质本身；摄影数据可以被存储和反复播放，也可以用于分析、提取运动员的运动数据，可以被映射转换为不同的表达形式，表达形式可以离开物质运动而独立存在。

人的感官系统，如眼、耳、触觉等五官，可以接收客观物质运动的映射，这些映射可以以不同的形式记录、存储、传送和加工处理。人可以用语言、文字等手段，描述他们感受到的客观物质运动的规律；同时，其他人可以通过语言、文字的表达交流，间接感受到他人所接收的客观物质运动的规律。物质运动是物质世界的基础，物质运动伴随着能量运动，信息运动离不开物质运动，也离不开能量运动。物质运动带来的能量运动被生物世界感知，这种感知可以伴随着物质和能量运动存在。因此，人类及人类社会由物质、能量和信息三大运动有机构成。

2．信息的感知

在长期的生存进化过程中，生物都进化出自己的信息感知能力。人自身的"传感器"就是"五官"，人天生具有获取信息的能力。例如，通过眼睛能够接受一定范围的光信号；通过耳朵可以接受一定范围的声音信号。但是，人类的信息感知能力并不能说最优，很多动物的信息感知能力超过人类。例如，鹰的视力很高，狗的嗅觉能力很强，蝙蝠可以接收超声波。

由于人类大脑的进化水平最高，其信息处理能力最强。因此，人类通过工具，大幅度延伸自己的信息感知能力。比如，设计制造了显微镜，大幅度提高视力分辨率；设计制造了望远镜，大幅度拓展人眼的观察距离；设计制造红外线探测器，又拓展了人眼观察的光波范围；设计制造了天线，可以探测电磁波。

人类今天的信息感知能力，远远超出了人作为生物天生的能力范围。而且，人类还在不断拓展自己的信息获取范围，促进人类探索未知的客观世界。

3．信息的基本特征

（1）信息是客观存在的

信息可以是物质或客观事物运动的"投影"。因此，它是客观存在的，并不是我们主观意志产生的，它反映和表达了客观事物运动的规律。但由于检测或观测的方式不同，其准确性可能不同。也就是说我们感知到的信息可能不准确，也可能不全面。

例如，一架飞机运行的速度、高度等信息，可以真实地反映飞机的状态。随着飞机运动过程的改变，信息也随之变化，信息与客观事物及运动规律是对应的关系。又如，一个人的身高和体重信息，可以被测试并记录。随着时间的变化，其身高、体重可能变化，但原有的信息记录却不会变化，不能全面反映客观事实。

（2）信息具有主观性

虽然信息可以是客观的映射，但是信息依附载体运动，不同的载体对信息的表达方式和表达内容可能不同。信息是客观事物的映射，但又不等同于客观事物。它可以变形，带有一定的主观性。因此信息也可以是精神产物，或者是大脑认识的产物。

例如，同一句话："我们三个人一组"，不同的人可以有不同的理解：可以理解为"我们/三个人一组"，也可以理解为"我们三个人/一组"。同样，我们看见一幅图片，对于看不见的部分，可以由我们的大脑想象和推测出来，主观补充增加这部分的信息。

（3）信息依附于载体

信息可以是客观事物运动的投影。因此，它不是客观事物本身，当客观事物运动消失，或者运动时间变化，其投影可以以信息的方式被记录下来，并不会因为事物的消失而消失。即信息需要依附于载体，信息的流动是载体携带其流动；信息可以离开客观事物而独立运动，可以被传输、存储、处理和应用。

例如，一个陶瓷品，其制作工艺和材料信息被文字记录；当它消失后，记录被保留，人们还可以通过记录的信息，将其还原复制出来。其中陶瓷的制作工艺是信息，文字是载体。再如，植物的生长过程，被记录在人们的大脑中，人们知道春种秋收，认识其生长的一般规律。其中植物的生长规律是信息，人类大脑是载体。

由于信息依附于载体，因此可以被复制。各种不同类型的载体如图 2-2 所示，声音、文字和图像等信息可以负载在电磁波上直接在空气中传播，也可以通过一定的刻录技术将信息记录在光盘上长期保存。信息的流动依靠载体，载体的运动是物质和能量运动，可能受限制和干扰，因此信息也可能发生变化和衰减。同样的事物，可以被不同的信息载体表达，如图像、文字或数字等形式描述。因此，信息的载体丰富多样。而且不同的感受方式，可能获得的信息量不同，一般认为一个客观事物的信息是无限的。

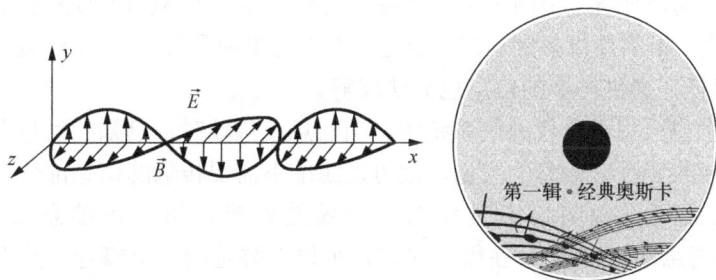

图 2-2　不同类型的信息载体

（4）信息可以被转化为知识

信息能够存储在人类大脑中，可以通过语言、文字等形式记录下来。大量的信息被分类、归纳、整理成为不同的类别和体系。由于客观事物本身具有一定的规律性，其对应的信息是它的投影，也满足相应的规律。自然规律被人类不断地总结，形成共识，这就是知识。

知识也是信息，是某些事物或物质运动规律的系统化描述；知识也可以以文字、图片等形式保存和传播。知识是由信息构成的，但它不是信息的简单堆积。组成知识的信息，有自己的规律性，可以被推理、归纳、演绎构成一个体系，能够被人类的大脑理解。人类的大量知识，并不是直接来源于自己的实践感受，而是通过学习，接收已有的信息，并固化为自己的知识。因此，知识是人类社会发展到一定阶段后，由人类社会共同创造的文化财富。也可以说，知识是人类无数大脑的有价值信息的集合，可以通过教育、学习等方式在人类社会传播和传承。

（5）信息反演事物的运动规律

当信息汇集为一个系统，转化为知识，它可能揭示了某一事物的客观运动规律，或者在一定程度上描述了事物的客观运动规律。人类大脑将各种不同的知识体系连接起来，又可以反演其内在的规律。比如，电路的一些规律和流体力学的一些规律可以用相同的数学语言描述，这样我们抽象出数学。因此，将不同的学科体系接连在一起，又可以演化出新方法和技术。

人类的很多创造发明，就是先有思想再有实践的，这里的思想实际上就是大脑的信息处理活动。脑力活动的创新发明，必要条件是大脑存储一定知识，充分条件是人类主动促使信息在大脑中有序地流动，产生新的思想，并用信息的方式表达出来。因此，信息不只是客观事物运动的投影，也可以被人类的大脑反演出来，产生新的思想，这种符合一定规律的思想，也可以理解为新的信息。在人类对客观事物运动规律认识的基础上，经过分析，也就是信息处理，能够成功地预测某些事物发展的规律。

（6）信息的度量

由于信息可以存储，大量的信息存储在人类大脑或各种载体中，一些信息被系统化，转化为知识。如果大脑收到的新信息与之重叠，等于没有信息增量，只有新增的信息是有价值的。因此，信息量是客观事物投影量与主观空间存储量的差值。相同的信息对不同的接收者而言，提供的信息量可能不同。

学习知识越多的人，对于事物的理解越清楚快捷。这是因为其大脑存储的信息量多，接收到少量信息就可以理解事物的原理。而大脑存储知识（信息）少的人，即使获得大量的信息，也不能在短时间内理解。中国古语有"高山流水"：交流的双方知识结构同类，很容易沟通，信息接受度高，不需要很多的信息；反之，有"对牛弹琴"：反映交流双方没有"共同语言"，信息接受度低，提供再多的信息也无法理解。

信息量的概念也应用于现代通信系统中。当信息被传输时，已知的信息会被删除掉。因为这些信息对于接收者没有信息的增量，故可以压缩不需要传输的信息部分。

在此，我们还可以说明信息是什么？一般的解释，可以说信息就是消息。信息（information）和消息（message）在很多时候，可以理解是同一个概念。然而，由于信息的度量是随着接收者不同而变化的，而消息是一个固定的量。因此，从这一点我们可以将信息和消息区分开。

总之，信息有自己的特征，信息不是物质，也不是能量。信息来自于客观事物或物质的客观运动，但是信息又不依赖客观物质的运动的流动。信息的流动依靠一定的载体，载体的形式很多，所以信息的运动规律也很多，它主要由载体的运动形式决定，比如语言、电流、电波、光信号等。信息的最终接收端是人类大脑，信息的处理、加工、再处理、甚至变异的信息是依靠大脑，因此，信息也有可能由人类大脑产生。知识的创造、更新是人类大脑的一种高级活动，这种高级活动也是一种信息在人类大脑内的运动。

人类大脑要管理的领域，不仅是人自身，还包含社会的政治、经济、文化等各个领域。管理范围的扩展，需要大脑具备更高的能力。尽管我们借助电脑的帮助，但是，人类大脑的主导作用不可能缺失。可以认为，现代社会的人，每人都用十多年的时间接受教育，目的很简单，就是向其大脑中"注入""有用的信息"，形成系统的知识。高等教育，是让受教育者接收更系统的专业知识，并触发大脑更具有"活力"。什么是提高素质？就是大脑具备更高的思维能力、信息交流能力、创新能力和动手实践能力等。

2.2　信息处理与信号

前面已经提到，信息依附在载体上，不同的载体物理表达形式不同。信息的运动也依附于载体的运动，其运动速度由载体的运动速度确定。但信息的运动又不是单纯的物质运动。自从生物世界诞生，信息运动就表达了生物运动的主要特征，生物天生具备信息处理功能。含有信息运动的载体，又被称为信号。

1．信息与信号

信息载体的形式很多，我们能够理解的原始载体是生物体，生物可以感受外界的一些信息。生物世界的生存基础是获取能量。长期的竞争和进化，生物进化出信息感知能力，植物接受阳光，获取能量，当阳光充足时，光合作用将光能转换为生物能。动物进化更先进，可以自由移动寻找能量，食草动物从植物获取能量，食肉动物从其他动物获取能量，形成一个生物链。动物的竞争除了力量的竞争之外，还需要智力的较量，而智力的较量，需要进化出高度发达的大脑。大脑是动物的信息处理中心，包括自身机械运动控制以及各种环境信息的获取、分析和处理。大脑的运动满足生物化学运动规律。

人类的出现，将信息处理能力高度进化。人类对于信息的控制与交流已经不再满足自身的范围，而是延伸到周围空间，能够借助外界的物质运动来实现信息运动。例如，借助空气中声音信号的运动，发明语言，实现了信息的传递和交流；借助形体的变化，通过舞蹈表达想要输出的信息，实现信息交流；借助人造的符号，发明文字，表达和交流信息。

随着人类活动空间的不断扩大，信息运动的空间也不断地扩展。在人们认识到电荷运动现象后，利用其规律，控制其运动，充分满足人类社会的活动。电荷的运动表现为电流或者电压，其运动模式可以被人为控制，如果再被人为定义其"含义"，用专业术语表示就是编码，则可以将信息"内容"加载到电流或电压上。比如，用高电平代表"1"，用低电平代表"0"。理论上，所有信息均可以通过一定的约定编码，这种约定在通信的双方事先已经知道，因此，在通信时，信息发送方发送已编码电流或电压；当接收方接收到电流或电压后，可以通过已知约定的解码方式获得发送信息的"内容"。这样的电流或电压，就是电信号。

电子技术的基础就是利用电信号作为一种信息载体，通过对电信号的处理，获得我们需要的信息。随着电子技术的发展，电信号成为信息运动速度最快的一种方式，大大改变了人类社会的生活方式。由于电信号运动速度是光速，大幅度缩短了人类信息交流的距离，人类可以利用电信号实现远程通信，如图 2-3 所示。随着信息高速路、网络世界的建立和应用，人类正在走向"地球村"社会模式。

其实，当我们回头看人类自身，才发现我们自身也利用电信号作为信息载体。我们肌肉的机械运动，就是由大脑发出的电信号控制的；大脑对信息处理过程也有大量的电信号参与。人体没有专门的电池，电信号依靠化学能转换。

客观事物运动的信息是客观存在的，人类可以感受到。然而，很多客观事物运动的信息尽管也存在，但人类无法直接感受，这样的信息对人类来说也是暂时没有价值的。例如，人类肉眼可见光的波长大致在 700nm～300nm 之间，长于 700nm 为红外线，人类肉眼无法直接获取该光的信息。但是，随着科学技术的发展，人类发明设计了红外线设备，可以通过设备或技术获得相关信息。红外线可以表达物质的某些状态的信息，一旦人类认识了解了这些规律，就可以利用红外线来传输和表达人们附载给它的信息。

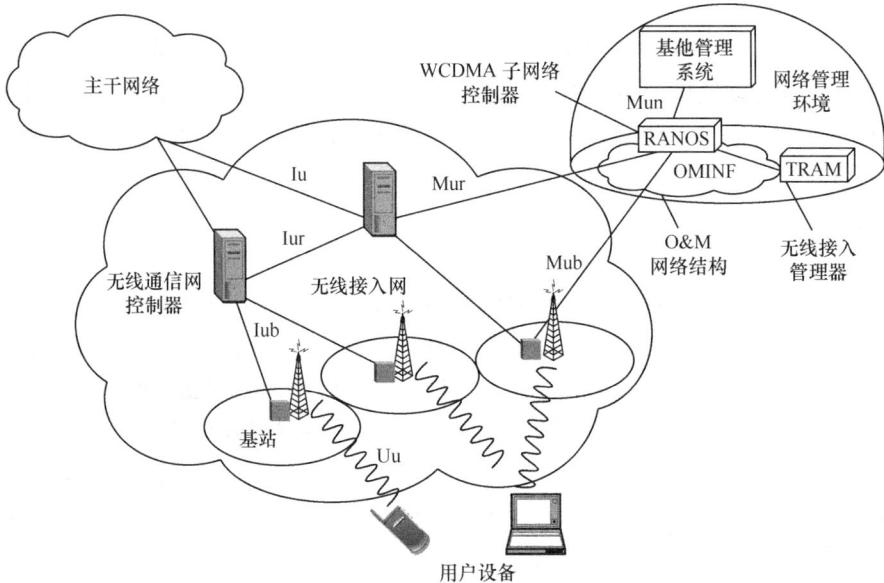

图 2-3　人类利用电信号实现远程通信

因此，载体本身是一种物质运动，其表达的信息是物质运动的规律。当载体被附载上人为设计的信息后，我们就将它重新定义为信号。该信号是信息的载体，信号运动也就表达了信息运动，其运动符合物质运动的规律，同时也约束了信息运动的规律和模式。这种人为控制的物质运动，也反映物质运动的信息，我们人类已经不再关心物质运动的信息内容，而是关心物质运动所携带的信息运动的规律和表达的含义。

2．信息与信号的编译

我们前面提到，需要对电信号进行编码和解码才能将信息传输，这个过程在电子信息系统里称为编译。不同的载体和不同的系统有不同的编译表达方式，只有在事先约定的编译规则下，才能实现信息的交流。

编译的方式和方法在信息通信和交流中被广泛应用，不同的应用环境和领域均有自己的编译规则。为了实现信息的交流，往往需要在不同的编译方式间进行转换，需要完成信息和信号之间不同信号载体的转换工作。例如光纤通信系统，首先将声音信号转换为电信号，并把电信号从模拟方式转换为数字方式；然后将电信号转换为光信号进行传输；接收端再将光信号转换为电信号，并最终还原为声音信号。

其实，编译也可以用来表达广义的信息与载体信号的对应关系，各种类型的编译方式广泛存在与人类社会生活中。语言就是一种编译过程。例如，对于树这种植物，中文编译用"树"这个符号表达，英文则用"tree"这种符号表达。在信息交流的群体中，只有事先约定了编译体系的群体，信息才可以相互交流理解；而群体之外的信息就不容易理解。所以不同语系之间的交流需要翻译，需要信号载体的转换。

3．信息处理

信息依附于载体而运动。信息处理，实际上就是按照人类的需求，控制载体物质运动的走向，满足信息运动的需要，在一定编译规则下实现信息有序流动。由于信号是信息的载体，对信息的处理总是通过对信号的处理来实现。所以，信息处理往往和信号处理具有类同的含义。

信息处理就是对信息的接收、存储、转化、传送和发布等。信息的接收包括信息的感知、信息的测量、信息的识别、信息的获取以及信息的输入等；信息的存储就是把接收到的信息或转换、传送或发布的信息通过存储设备进行缓冲、保存、备份等处理；信息转化就是把信息根据人们的特定需要进行分类、计算、分析、检索、管理和综合等处理；信息的传送把信息通过计算机内部的指令或计算机之间构成的网络从一地传送到另外一地；信息的发布就是把信息通过各种表示形式展示出来。

生物天生具有信息的处理能力，人类将信息处理能力高度进化。人类大脑是神经细胞以网络方式连接构成的，尽管也有电信号存在，但电信号主要是控制肌肉收缩做出机械动作，信息在大脑中以生物电化学反应为主。由于化学反应速度相对较慢，人类不断开发新的工具来满足人类社会发展的需求。比如，具有计算功能的算盘，如图 2-4 所示。算盘可以认为是人设计的一种信息处理器，其主要功能是完成一定的数学运算。这种运算也必须先约定：上珠代表"5"；下珠代表"1"；加减乘除运算规则，通过"口诀"完成。

图 2-4　算盘实物

又比如电子计算机，如图 2-5 所示，是人类最伟大的发明。能够利用电子设备，编写控制程序，快速地完成复杂的信息处理任务。

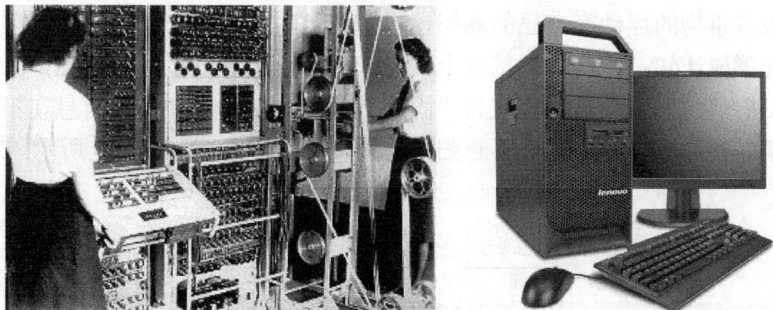

图 2-5　电子计算机

信息处理必须按照载体的运动规律设计。例如电路系统的设计，必须满足电荷运动的规律和路径；电荷运动有自己需要遵守的规则，不能违背这些规则。同时，电荷运动可以被定义为某种信息代码，使信息按照电荷运动规则运动。例如，用"1"代表高电平+5V，用"0"代表低电平 0V，利用简单的门电路就可以设计出一个"加法器"，如图 2-6 所示。

复杂系统是由很多这样简单的电路组成，复杂的信息处理可以通过这些简单的推演综合处理和表达。信息处理过程包括信息的获取、传输、存储、表达和应用等环节，每个环节都可以设计相应的"机器"来完成。这些"机器"运行时，表达的"变量"被定义为信号，可以是机械信号，也可以是电子信号。"机器"控制这些信号的有序运动，按人类已经了解的知识体系运行，通过对这些环节的控制和操作，完成信号和信息处理任务。

例如，温度采集电路，首先利用温度传感器将温度信息（信号）转换为电信号；然后将电信号转换为数字信号模式（习惯用"二进制"），并存储到存储器中；再通过中央处理器操作，读出温度信号，送到显示器中，按人类熟悉的"十进制"方式显示出来。温度采集系统框图如图 2-7 所示。通过人为设计，完成对环境温度信息的提取。

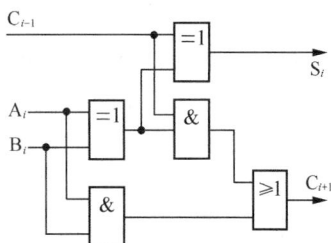

图 2-6　加法器

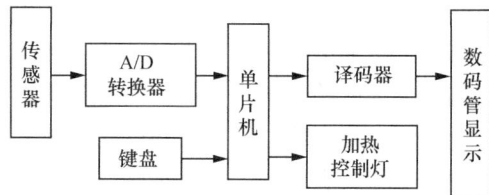

图 2-7　温度采集系统框图

2.3　信息科学与技术

人类通过自己的观察，并借助人类设计制造的工具，获取大自然和人类社会的信息。通过对信息的反复观察、分析、处理和总结规律，不断提高对物质世界的认识水平，并进一步利用信息改造物质世界，改善人类生活。如此往复，便形成各类专业知识体系，即科学。信息科学就是以信息为主要研究对象，以信息的运动规律和应用方法为主要研究内容，以电子信息技术为主要研究工具，以扩展人类的信息功能为主要目标的一门新兴的综合性学科。

1. 知识与知识体系

物质世界很多事物的运动有自己的规律，人类通过对其运动信息的分析处理，总结其运动发展规律，便形成认知；在认知的基础上，经过对信息的进一步分析处理，上升到理论水平，探究事物发展的内在因素，并建立其"固化"模式，便形成知识。信息在不同大脑的交流过程中，不断完善和流传，知识被不断归纳总结。知识的形成如图 2-8 所示。

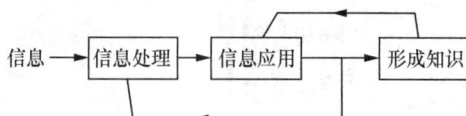

图 2-8　信息固化形成知识

为了知识的流传和理解，人类对知识进行分类和整理，建立数学模型，通过逻辑推理建立规则、定律、定理，逐步建立一套理论体系，用以解释、理解和表达知识。这就形成了系统化的知识，也就是知识体系。

知识和知识体系，本身是信息运动的结果，知识的交流与传播也必须依靠信息运动。今天，人类的知识越来越宽广，需要学习的知识越来越多，专业领域划分也越来越细，人类社会对知识和信息的需求越来越强。电子技术的发展，加速了信息的交流速度；电子计算机的发明，再次加速了信息的处理速度；当今社会，正在进入信息化时代。

2．知识的交流与传播

试想，某些聪明的动物具备天才的智商，获得了一种超级能力，如某种工具的设计和制造能力。但是，由于动物还没有语言和文字体系，虽然它个体的知识已经形成，但是随着个体的死亡，它的这种知识和能力也随之消失。

人类则不同。如果人发现或发明了某种特殊的技能，可以将经验归纳、总结形成知识；通过语言、文字等形式交流信息，将这种技能和知识传递给其他个体；并不断总结经验，不断实践验证，不断修正，一代又一代传承下去。这就形成了人类文明社会。人类文明社会发展，信息交流是基础。可以这样说，信息交流的度量，反映了人类社会发展的水平。反观动物为什么没有进化到人类文明的高度，就是其信息交流的能力没有进化到人类的高度，限制了种群知识的积累。

知识的交流与传播，本质还是信息的交流与处理。随着现代科学技术的发展，信息交流的路径丰富多彩，信息处理和工具也不断出现。尽管最终的信息处理还是需要依靠我们人类大脑，但是随着电子计算机和相关智能设备的出现，人类在信息处理和智能化道路上越走越宽广。

3. 信息科学与技术

信息科学是信息时代的必然产物。信息科学是人类了解自然、感知自然、利用自然、控制自然，了解社会和信息沟通的一门综合性科学；信息科学是研究信息运动规律和应用方法的科学，是由信息论、控制论、计算机理论、人工智能理论和系统论相互渗透、相互结合而成的一门新兴综合性科学。其支柱为信息论、系统论和控制论。

信息科学的研究内容包括：阐明信息的概念和本质（哲学信息论）；探讨信息的度量和变换（基本信息论）；研究信息的提取方法（识别信息论）；澄清信息的传递规律（通信理论）；探明信息的处理机制（智能理论）；探究信息的再生理论（决策理论）；阐明信息的调节原则（控制理论）；完善信息的组织理论（系统理论）。

信息技术是人类实现信息化的手段和方法。由于信息依附于载体，载体的表现形式可以是语言、文字、数据或图像。因此，在一定程度上，信息技术就是关于语言、文字、数据和图像的处理技术。人类的信息技术随着科学技术的发展而不断进步，电子信息技术的发展极大地丰富了人类的信息化手段和方法，延伸人类的信息处理能力，深化了人类对自然界事物运动变化规律的了解。

现代信息技术包括通信技术、计算机技术、多媒体技术、自动控制技术、视频技术、遥感技术等。通信技术是现代信息技术的一个重要组成部分。通信技术的数字化、宽带化、高速化和智能化是现代通信技术的发展趋势。计算机技术是信息技术的另一个重要组成部分。计算机从其诞生起就不停地为人们处理着大量的信息，而且随着计算机的不断发展，它处理信息的能力也在不断地加强。计算机已经渗入到人们的社会生活的每一方面。现代信息技术一刻也离不开计算机技术。多媒体技术把文字、数据、图形、语言等信息通过计算机综合处理，使人们得到更完善、更直观的综合信息。在未来多媒体技术将扮演非常重要的角色。信息科学与技术是一门新兴的学科，尽管信息一直存在，但是作为一门学科研究还是近几十年的事情。信息科学与技术的内容和范畴还在不断的发展。

第 **3** 章 电子信息系统与数学模型

人类在长期的认识活动过程中，将各种事物的规律总结抽象出来，也可以认为是将不同事物运动的信息编译、归类，并提取出抽象的数量关系，用特殊的符号、公式描述，便形成了数学。不同的物理系统，都可以用数学语言抽象描述。

数学描述实际上也是信息的一种表达形式。像语言一样，它描述事物"群"运动的规律，根据数量的等量关系，以及最基本的"公理"，逐步推导出一系列数学公式和原理，并由实践证明这些数学描述的正确性。因此，数学作为一门基础学科，广泛地应用在科学研究、系统设计应用之中。数学模型就是为了某种目的，用字母、数字及其他数学符号，建立起来的等式或不等式以及图表、图像、框图等，描述客观事物的特征及其内在联系的数学结构表达式。

系统论创始人贝塔朗菲将系统定义为：系统是相互联系相互作用的诸元素的综合体。这个定义强调元素间的相互作用以及系统对元素的整合作用。从抽象的意义来说，系统和信号都可以看作是信息序列。但是，系统是加工信号的机构，人们研究系统和设计系统，利用系统加工信号、服务人类。

3.1 数学模型与系统

数学研究数值问题，某些不确定的数值"群"，也称为变量。变量与变量之间，变量群与变量群之间，具有一定对应关系，就称为函数。

变量只表达数值量，函数描述自变量与因变量之间关系，变量本身没有明确的物质对应，这就是数学。当变量与物理量之间有明确的对应关系时，这个变量描述的就是物理变量的变化和运动规律。由于物理变量与数学变量之间并不是完全对应的，而是有条件的对应，所以，物理变量运动的主要规律符合数学表达。这就是数学模型。

数学模型是近些年发展起来的新学科，是数学理论与实际问题相结合的一门科学。它将现实问题归结为相应的数学问题，并在此基础上利用数学的概念、方法和理论进行深入的分析和研究，从而从定性或定量的角度来刻画实际问题，并为解决现实问题提供精确的数据或可靠的指导。因此，数学方法被广泛应用于各个领域，数学成为科技工作人员的分析设计工具，也成为物理信息交流的学术语言。

1. 数学模型

数学模型的历史可以追溯到人类开始使用数字的时代。随着人类使用数字，就不断地建立各种数学模型，以解决各种各样的实际问题。例如，在一定条件下，物体运动规律可以由牛顿定律准确描述为

$$F = ma \tag{3-1}$$

同样，在一定的条件下，流过线性电阻元件的电流 i 和其两端电压 u 满足欧姆定律

$$u = Ri \tag{3-2}$$

以上两个数学公式，虽然符号不同，描述表达的物理关系及运动规律的含义不同，但是数值关系是相似的。

构成物质世界的很多因素间总是存在一定的关系，这种关系通常都能够用数学函数来描述和表达。将物理运动规律及变量的关系抽象为数学模型，这就是数学建模，所建立的数学关系就称为数学模型。数学建模是科学研究工作的一个重要环节。凡是比较精细的定量分析，都需要利用数学工具，数学也是电子信息科学与技术领域的重要基础。

2. 系统

尽管系统一词频繁出现在社会生活和学术领域中，但不同的人在不同的场合往往赋予它不同的含义，如消化系统、教育系统等。一般地，人们将系统定义为：系统是由一些相互联系、相互制约的若干组成部分结合而成的、具有特定功能的一个有机整体（集合）。

我们可以从三个方面理解系统的概念。

（1）系统是由若干要素（部分）组成的。这些要素可能是一些个体、元件、零件，也可能其本身就是一个系统（或称之为子系统）。如运算器、控制器、存储器、输入/输出设备组成了计算机的硬件系统，而硬件系统又是计算机系统的一个子系统。

（2）系统有一定的结构。一个系统是其构成要素的集合，这些要素相互联系、相互制约。系统内部各要素之间相对稳定的联系方式、组织秩序及失控关系的内在表现形式，就是系统的结构。例如钟表是由齿轮、发条、指针等零部件按一定的方式装配而成的，但一堆齿轮、发条、指针随意放在一起却不能构成钟表。

（3）系统有一定的功能，或者说系统要有一定的目的性。系统的功能是指系统与外部环境相互联系和相互作用中表现出来的性质、能力和功能。例如工业信息系统的功能是进行信息的收集、传递、储存、加工、维护和使用，辅助决策者进行决策，帮助企业实现目标。

系统是由许多相互关联、相互作用的部分所组成的不可分割的整体，较复杂的系统可进一步划分成更小、更简单的子系统，许多系统又可组织成更复杂的超系统。系统在实际应用中总是以特定的功能或对象出现，如生物系统。本书将重点探讨电子信息系统的功能和构成，因此，在后续讨论中，如不加特别说明，"系统"是指电子信息系统。

3. 电路与系统模型

什么是电路？什么是电子信息系统？其实很难有明确的定义和区分。通常所说的电路，是为了与电场区分，是指由金属导线、电气元件以及电子部件组成的导电回路。该导电回路满足集总假设条件，外加电场存在于闭环金属路径中，能量几乎都集中在金属导线和所连接

的元件内。在工程上，电路也指完成某种功能的单元，例如滤波电路、放大电路等。而系统，例如通信系统、广播电视系统、雷达系统等，大系统由多个小系统构成，小到一定程度就称电路，再小就称元件了。因此，电路与系统并没有严格的划分规则。

在电路与系统的分析和设计中，人们通常不是直接面对电路实物，而是通过对元件特性和系统结构的抽象，建立数学模型，从而分析其内在联系。数学模型从元件开始，首先描述元件变量之间的简单数学关系；然后通过电路的连接关系建立数学方程；再由不同的部分构建系统的数学描述。

由于电路与系统主要研究的是信号流及物理模型，所以可以用一种框图的方式表达信号流的变化，如图 3-1 和 3-2 所示，这样的表达简洁、物理因果关系明确。

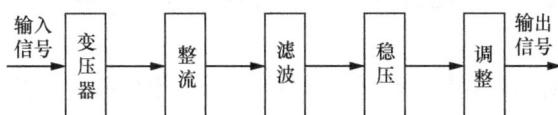

图 3-1　电路描述框图

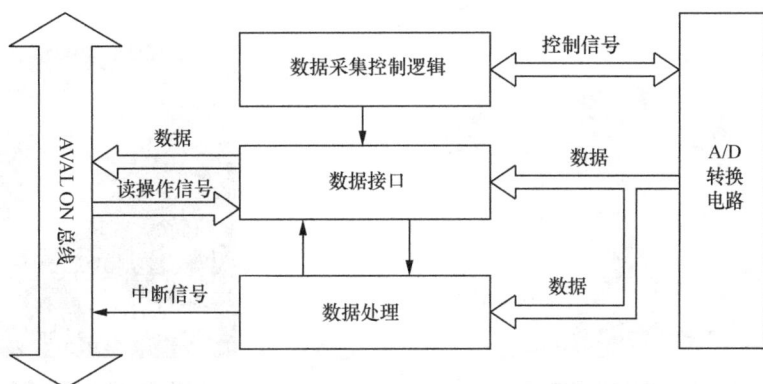

图 3-2　系统由多个电路有序组合构成

通常，一个具有 N 个变量的物理系统或者其他系统，变量间满足一定约束条件，可以用数学函数抽象为

$$F(x_1, x_2, \cdots, x_N) = 0 \tag{3-3}$$

对于具有输入和输出的电路与系统模型，则可以表达为

$$y = F(x_1, x_2, \cdots, x_N)f \tag{3-4}$$

其中，f 为输入信号，y 为输出信号，x 为元件参数。系统由多个电路构成，前一级电路的输出信号，根据连接关系，可能成为下一级电路的输入信号。

4. 变量与信号

函数表示系统输入与输出间的一种对应关系，通过数学表达式描述变量之间的物理关系。变量在数学符号表达中一般为时间函数，对应的物理参数也是随时间变化的函数。电路中的变量通常是电流和电压，不论是电流还是电压，在数学模型中都只是一个变量符号。如果我们给变量符号不同的物理特性，它就反映不同的物理系统。

例如，如果利用电压和电流完成电能的传输，电压和电流的数值反映电能的大小，这个物理系统，就是一个电力系统。在电力系统的定量分析以及系统设计中，电压和电流变量的变化直接反映能量的变化。如果我们用不同的电压和电流数值，表示不同的信息，这就是电信号，这个物理系统就成为信号处理系统。由于变量是电信号，所以习惯上也统称"电子信息系统"。

电路与系统中，电信号的运行规律满足电路与物理系统的运行规律。由于是人为将信息附在电信号上，在电路与系统的设计中，又人为设计满足信息运动的规律和特性。因此，电子信息系统是利用电子物理系统的运行，来实现信息的有序运动，完成人为设计的任务和功能，其价值也就体现出来了。因为电子运行的快速性，大幅度地提高了信息流动的速度，提高了信息处理的效率。

例如，相比较于如图 3-3 和图 3-4 所示的书信、烽火通信模式，图 3-5 所示的电报通信系统具有极大的优势。

图 3-3　书信通信模式

图 3-4　烽火台通信系统

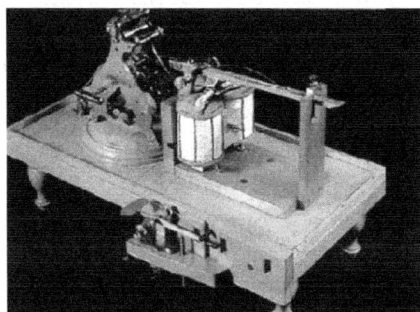

图 3-5　电报通信系统

又如，对声音信号的处理，通过传感器可以直接将声音信号转换为电信号，其原理如图 3-6 所示。变换成的电信号变量与原声音信号变量工作频率一致，振荡幅度一致或按一定比例变化，信号所携带的信息不变。但电信号的物理特性满足电压或电流的特性，变量的处理和变换满足电信号的规律。如其传输速度是光速，从而大大提高了声音的传播距离和效率。

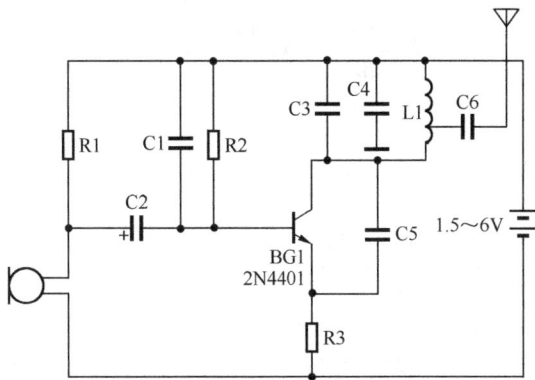

图 3-6 声音信号转换为电信号

电信号变量的变换规律符合电学的运动规律，当我们将电信号运动只是看成变量时，可以抽象成为一个数学意义上的变量，建立数学模型。在电路理论分析中，我们更习惯称其为电路模型。所以，电路模型实际上就是数学模型，是专门针对电信号运动规律而设计的，其分析表达更清晰，更容易理解。信号流图就是常用的一种电路信号的数学表达方式，如图 3-7 所示。

5．数学分析工具

大多数物理系统的运动规律，都能够利用数学方法抽象出物理变量间的相互作用关系，并且很多不同的物理系统，抽象出来的数学模型具有很大的相似性。例如，图 3-8 所示的钟摆，可以由一个二阶微分方程描述，自由钟摆的运动方程为

$$m\frac{\mathrm{d}^2 s}{\mathrm{d}t^2} + mg\frac{s}{l} = 0 \tag{3-5}$$

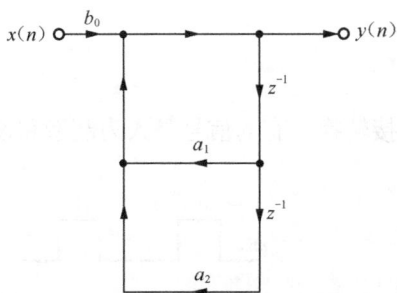

图 3-7 信号流图表达方式

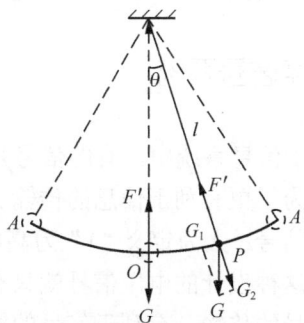

图 3-8 钟摆

同样，图 3-9 所示的为一个二阶电路，二阶电路中电容上的电压，也可由二阶微分方程表示为

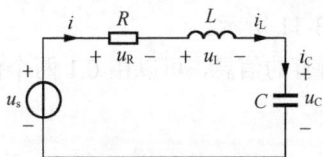

图 3-9 二阶电路

$$LC\frac{\mathrm{d}^2u_c}{\mathrm{d}t^2} + RC\frac{\mathrm{d}u_c}{\mathrm{d}t} + u_c = 0$$

当 $R=0$ 时，方程为

$$LC\frac{\mathrm{d}^2u_c}{\mathrm{d}t^2} + u_c = 0 \qquad\qquad (3\text{-}6)$$

式（3-5）和式（3-6）的解具有相似性，都是一个周期性正弦函数，反映出两个系统模型的物理变化规律类似。但是，两个系统的物理参数不同，钟摆是机械能、动能与势能之间的周期转换；二阶电路描述的是电场能与磁场能之间的周期转换。

数学是抽象的，变量符号反映变量之间的某种函数关系。由于数学自身的发展是建立在公理、严密的逻辑推导、完整的理论基础之上，是一门严谨的学科，数学的描述反映了物理或其他事物的运动规律。因此，数学成为研究物理学科的重要工具。数学、电子技术的发展与融合，推动了计算机的诞生。反过来，计算机技术的进步，又推动了数学的发展和应用，同时也推动了电子信息技术的发展和应用。数学的分析和设计，是电子信息系统的重要环节。但最终还需要实践验证，电子信息系统的工程性很强，工程应用体现电子信息科学与技术的价值和意义。

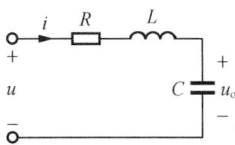

图 3-10 所示为电路模型，其中的电流与电压变量间的关系，通过数学分析可以得出结果。在低频情况下，分析结果与实际电路所测量的结果是很吻合的，其误差一般可以控制在 1% 之内。但在高频时，由于元器件的高频模型发生变化，导致数学模型不准，会导致数学分析结果与实际测量结果之间产生比较大的误差。这并不是数学工具的问题，而是应用过程中，数学模型只提取了物质参数的主要因素，忽略了部分因子；当外界条件发生变化，忽略掉的因子会增大作用，从而引入一定的误差。

图 3-10　电路中的电流变量与信号

3.2　数字信号系统

在电子信息系统中，有的信号是物理信号的直接转换；有的信号是人为制造和设计的，其目的是为了更有利于信息的传输、存储或处理。例如数字信号：人为定义"1"为高电平，"0"为低电平。这种设计的电压信号就只有两种电平，有利于信号的传输，有利于信号的检测，也利于信号的存储，电路也变得十分简洁，其数学运算也得到简化。数字信号利用二进制的方式计数，二进制的计算也变得十分简单，对于电路的设计更有价值。二进制编码方式如图 3-11 所示。

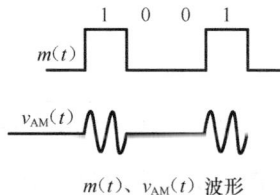

$m(t)$、$v_{AM}(t)$ 波形

图 3-11　二进制编码信号

不要小看二进制信号，几乎所有的信息，可以由 0，1 两个值来表达和描述，如表 3-1 和 3-2 所示。

表 3-1	二进制表达数 0～9
数　　字	二进制 **BCD** 码
0	0000
1	0001
2	0010
3	0011
4	0100
5	0101
6	0110
7	0111
8	1000
9	1001

表 3-2	部分符号与二进制对应
符　　号	二进制码
!	0010 0001
#	0010 0011
$	0010 0100
%	0010 0101
&	0010 0110
+	0010 1011
—	0010 1101
/	0010 1111
>	0011 1110
<	0011 1100

数字信号变量与模拟信号变量之间也是可以转换的，目前已经被广泛地应用。例如，我们的声音信号是模拟信号，可以转换为数字信号，然后进入数字信号系统，按照数字信号的处理方式和规律进行处理。模拟信号到数字信号的转换器——A/D 转换器如图 3-12 所示。相比较与模拟系统，数字系统具有体积小、功耗低、精度高、可靠性高、灵活性大、易于大规模集成、可进行二维与多维处理等优点。随着大规模集成电路以及数字计算机的飞速发展，以及数字信号处理理论和技术的成熟和完善，数字信号处理已逐渐取代模拟信号处理。随着信息时代、数字世界的到来，数字信号处理已成为一门极其重要的学科和技术领域。

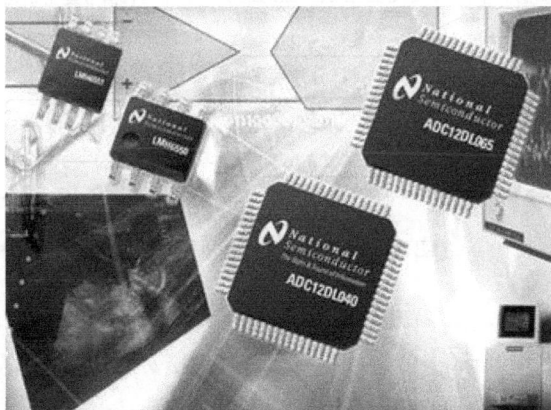

图 3-12　A/D 转换芯片

一个典型的数字信号系统如图 3-13 所示，由输入/输出接口、CPU、存储器等构成。其信息数据处理程序，可以按数学模式编写，将数学模型与电路与系统的设计紧密连接起来。很多电路与系统的设计工作，由过去的单纯硬件设计，改变为现在硬件与软件的设计大大增加了系统的灵活性。数字程控交换机的原理如图 3-14 所示，某个模块的功能的实现包含硬件及软件功能的实现。

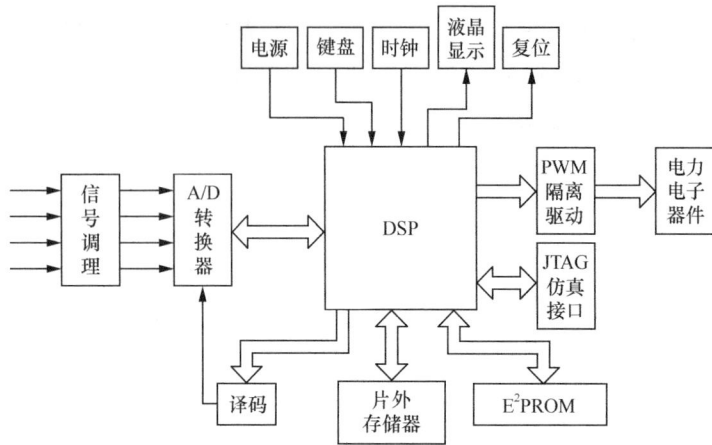

图 3-13 数字信号系统

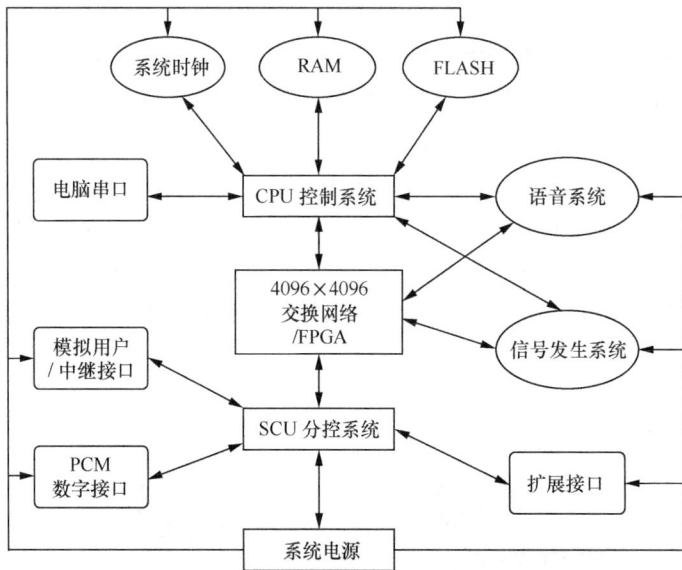

图 3-14 数字程控交换机原理图

3.3 自适应系统

　　一般电路系统的输入和输出保持一定的关系，按输入和输出的技术条件设计其本身的功能，这种功能只满足在约定的条件下的输入与输出信号关系。当外加条件发生变化后，电路系统不再满足设计技术指标。因此，电路的适应范围和应变能力比较差，在实际应用中可能不能满足需要。如果在设计电路系统时，充分考虑它的适应范围和能力，对于不同的外加条件，系统可以自动调整电路参数适应其变化，就称为自适应系统。

1. 反馈控制

　　稳定性是系统工作一个重要指标，体现稳定性的核心观察点是输入信号与输出信号的对应关系。一般情况下，输入信号发生变化或元件的参数受外界环境影响时，如温度变化，可能直接影响输出信号。因此，用于控制和维护系统稳定工作的一种重要方式，是从输出提取信号，并将其返回至输入端，与输入信息进行比较，并利用二者的偏差进行控制，这就是反馈控制。如图 3-15 所示的自动增益控制电路和图 3-16 所示的空气温度调节系统，都是具有反馈控制的系统结构。

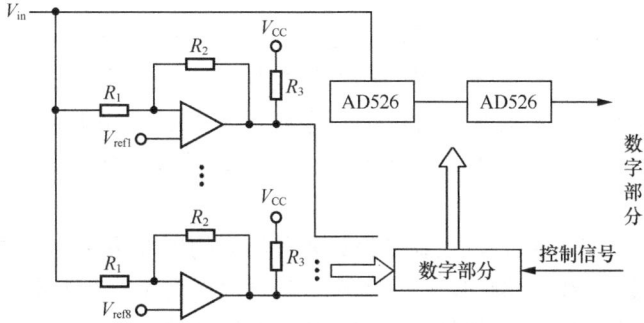

图 3-15　自动增益控制电路

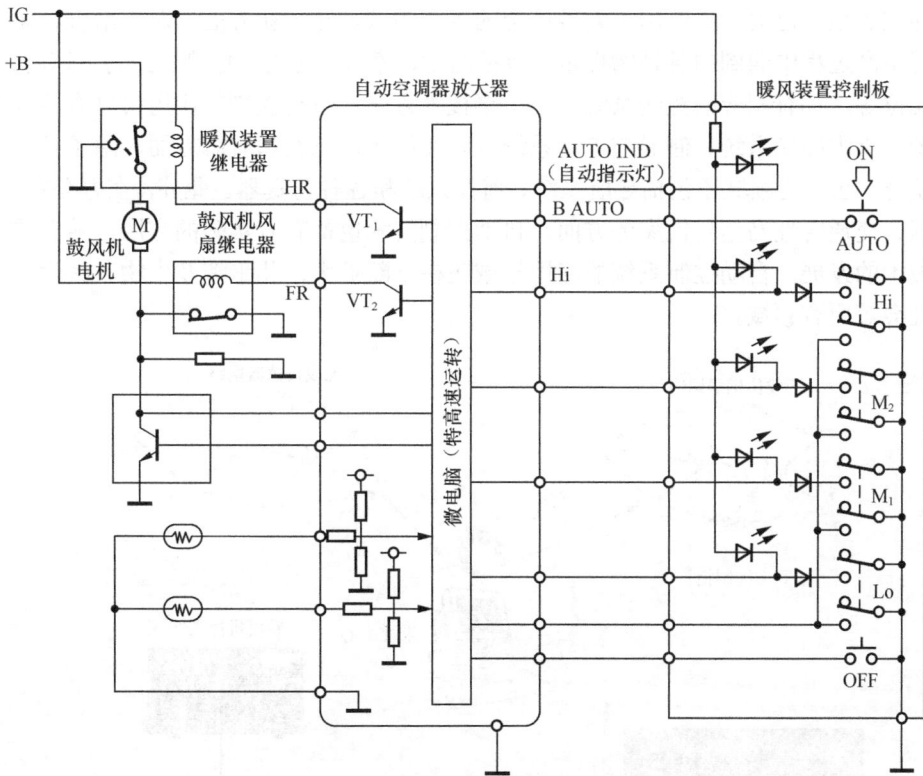

图 3-16　空气温度调节控制系统

在控制系统中，如果返回的信息的作用是抵消输入信息的，则称为负反馈，负反馈可以使系统趋于稳定；若其作用是增强输入信息的，则称为正反馈，正反馈可以使信号得到加强。如果信号沿前向通道（或称前向通路）和反馈通道进行闭路传递，形成一个闭合回路，则称为闭环控制系统。闭环控制系统都是负反馈控制系统。

2. 自动控制基本原理

反馈控制系统一般是目标函数单一的系统。例如反馈放大电路，可以通过输出信号的反馈，改善电路放大器的性能。对于比较复杂的系统，面对比较多的参数，以及比较多的技术要求，这就需要比较复杂的控制方法和策略。

自动控制电路和系统的工作，实际上是设计了很宽的状态适应范围。事先考虑多种信号变化情况，包括输入信号的范围、温度的变换、目标参数的变化等。在实际工作过程中，当环境或外界条件发生变化时，电路系统可以通过电路的反馈信号，或者其他传感器感知到这些变化，从而改变电路系统自身的参数以适应外界的变化，以实现电路系统的稳定工作。

传统的自动控制电路与系统，主要是设计各种不同的硬件路径，完成各种不同的功能要求以及实现相关的技术指标。例如，一个温室，通过温度传感器获得室内不同位置的温度数据，并将温度数据传送到中心数据处理电路，通过分析计算，决策应该通风散热还是通电加温。系统结构如图3-17所示。

自动控制系统已被广泛应用于人类社会的各个领域。在工业方面，对于冶金、化工、机械制造等生产过程中遇到的各种物理量，包括温度、流量、压力、厚度、张力、速度、位置、频率、相位等，都有相应的控制系统。在军事技术方面，自动控制的应用实例有各种类型的伺服系统、火力控制系统、制导与控制系统等。在航天、航空和航海方面，除了各种形式的控制系统外，应用的领域还包括导航系统、遥控系统和各种仿真器。此外，在办公室自动化、图书管理、交通管理乃至日常家务方面，自动控制技术也都有着实际的应用。随着控制理论和控制技术的发展，自动控制系统的应用领域还在不断扩大，几乎涉及生物、医学、生态、经济、社会等所有领域。

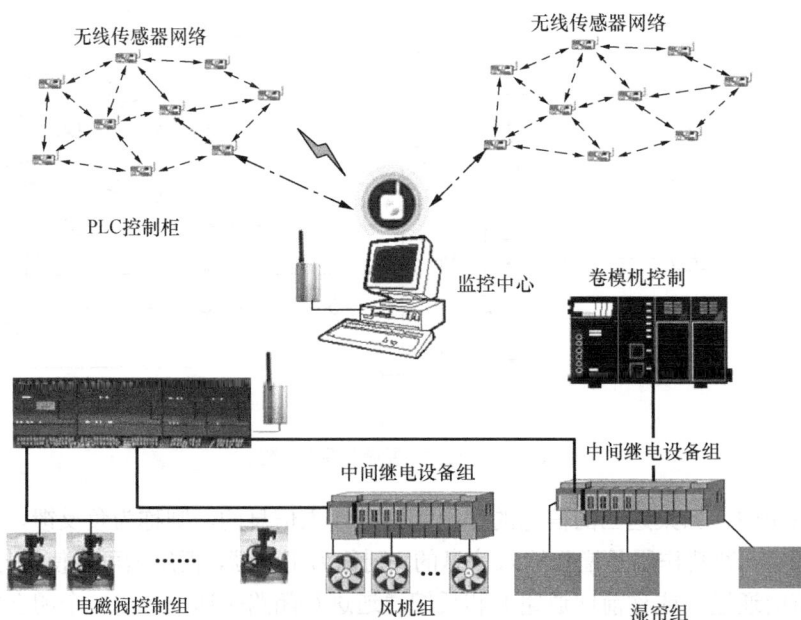

图 3-17　温室控制调节系统

3.　控制模式

自动电路控制系统分为多种模式:"半自动"或"全自动"。所谓"半自动"一般指需要人干预;"全自动"基本上不需要人干预,特别是在系统运行过程中,不需要人干预。例如,普通的汽车运动,如图 3-18 所示,车的操控由人完成。人通过观察获得车行进的相关参数。车辆行驶时,如果车辆偏离车道,人可控制汽车回到车道中心位置,不断地反馈调整,确保车行驶在安全的车道上。这是一个半自动过程。

全自动过程如现代飞机的自动驾驶系统,如图 3-19 所示。飞机由计算机控制,可以获取飞行中的多种物理参数,包括速度、高度、航线、飞行姿态等。一般除了在起飞和降落时需要人工操作之外,正常航行过程可以由计算机完成自动驾驶的功能。

随着电子计算机的应用,自动控制系统,不论是电路系统还是其他综合系统,其智能处理和控制中心都是由计算机完成;小到一个简单的鼠标器,大到复杂的航天器,均由不同级别的电子计算机完成操作控制功能。

图 3-18　由人操作的汽车

图 3-19　飞机自动驾驶系统

3.4　工程系统

电子信息科学与技术很重要的价值在于其广泛的工程应用,这个学科的发展,来源于市场需求的巨大推动力。所以,在介绍电子信息技术时,离不开工程应用。目前电子信息技术的发展，在各个主要研究领域取得突破，推动了学科与工程应用的发展。以下简单介绍几个人类重大突破的核心技术。

1. 集成电路技术

20 世纪 50 年代，基尔比在半导体晶体管技术的基础上，利用制版工艺，将晶体管、电阻等元件设计集成在一块基片上，开创了集成电路工艺（为此，基尔比获得 2000 年诺贝尔奖）。这种技术改变了电路技术的形态，信号处理设备的体积大幅度减小，而处理能力大幅度提高。

集成电路具有体积小，重量轻，引出线和焊接点少，寿命长，可靠性高，性能好等优点，同时成本低，便于大规模生产。它不仅在工业、民用电子设备如收录机、电视机、计算机等方面得到广泛的应用，同时在军事、通讯、遥控等方面也得到广泛的应用。用集成电路来装配电子设备，其装配密度比晶体管可提高几十倍至几千倍，设备的稳定工作时间也可大大提高。如图 3-20 所示的智能化手机电路板，电子系统的功能越来越强大，而体积却越来越微型化。

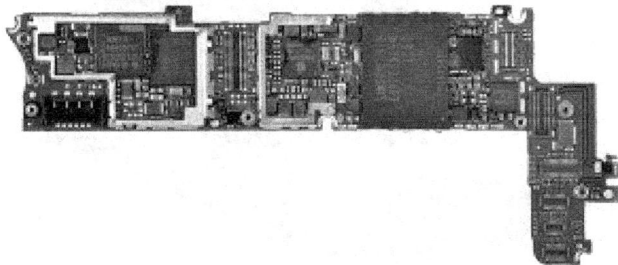

图 3-20　iPhone 4 手机电路板

2. 计算机技术

计算机技术具有明显的综合特性，它与电子工程、应用物理、机械工程、现代通信技术和数学等紧密结合，发展速度很快。

第一台通用电子计算机 ENIAC 就是以当时雷达脉冲技术、核物理电子计数技术、通信技术等为基础的。电子技术，特别是微电子技术的发展，对计算机技术产生重大影响，二者相互渗透，密切结合。应用物理方面的成就，为计算机技术的发展提供了条件：真空电子技术、磁记录技术、光学和激光技术、超导技术、光导纤维技术、热敏和光敏技术等，均在计算机中得到广泛应用。机械工程技术，尤其是精密机械及其工艺和计量技术，是计算机外部设备的技术支柱。随着计算机技术和通信技术各自的进步，以及社会对于将计算机结成网络以实现资源共享的要求日益增长，计算机技术与通信技术也已紧密地结合起来，将成为社会的强大物质技术基础。离散数学、算法论、语言理论、控制论、信息论、自动机论等，为计算机技术的发展提供了重要的理论基础。

计算机技术在许多学科和工业技术的基础上产生和发展，又在几乎所有科学技术和国民经济领域中得到广泛应用，催生了信息化时代的出现。如图 3-21 所示的智能监控系统，包含了电路系统的信号处理、家用电器的控制、交通运输工具的控制、办公自动化、金融系统的现代化、文学艺术的电子化等。

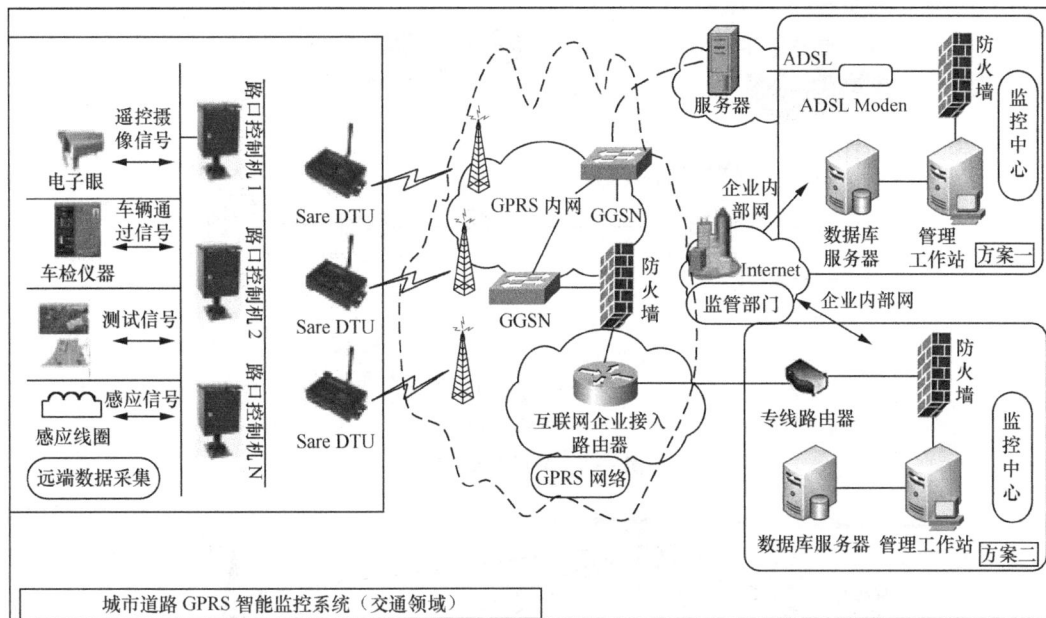

图 3-21　计算机技术的应用

3. 光纤技术

　　光纤传感技术是以光电子学、机械学、材料学及计算机信息处理等为基础的一门新兴技术。光纤是光波导的一种，具有损耗低、频带宽、线径细、可挠性好、抗电磁干扰、耐化学腐蚀、原料丰富、制造过程能耗少、节约大量有色金属等突出优点，引起了人们的高度重视。随着光纤制造工艺的不断发展、完善以及光电器件性能的不断提高，光纤的应用由最初的传像、医疗诊断到通信网络，从长距离光纤通信到光纤传感，广泛应用于医疗、运输、通信、服务、军事、能源、教育等各种领域，为信息世界的发展提供了一个有效的媒介。光纤技术应用如图 3-22 所示。

　　尽管光信号已经得到广泛应用，光路与电路比较具有很多优势，但是光子计算机还没有出现。由于电路更成熟，电子计算机已经广泛应用，因此在工程应用中，信息处理核心技术主要还是利用电路技术，特别是电子计算机相关技术。

　　由于在目前的信息流中，信号模式，也就是载体，通常需要频繁转换。如图 3-23 所示的电视广播系统，需要将电信号转换为光信号，将光信号转换为电信号。所以，转换与接口电路也得到广泛应用，特别是在工程实际应用中，各种转换电路以及接口标准被广泛设计和应用。

　　工程应用系统不仅是电信号的运动，还需要其他物理参数的参加，以形成完整的系统。如图 3-24 所示的无人飞行器，需要控制机械运动；桥梁应力参数的测试和监控，需要力学参数；高炉温度的控制，需要传感器物理参数等。因此，一个工程系统，通常需要从整体出发合理开发、设计、实施和运用系统科学的工程技术。它根据总体协调的需要，综合应用自然科学和社会科学中有关的思想、理论和方法，利用电子计算机作为工具，对系统的结构、要素、信息和反馈等进行分析，以达到最优规划、最优设计、最优管理和最优控制的目的。

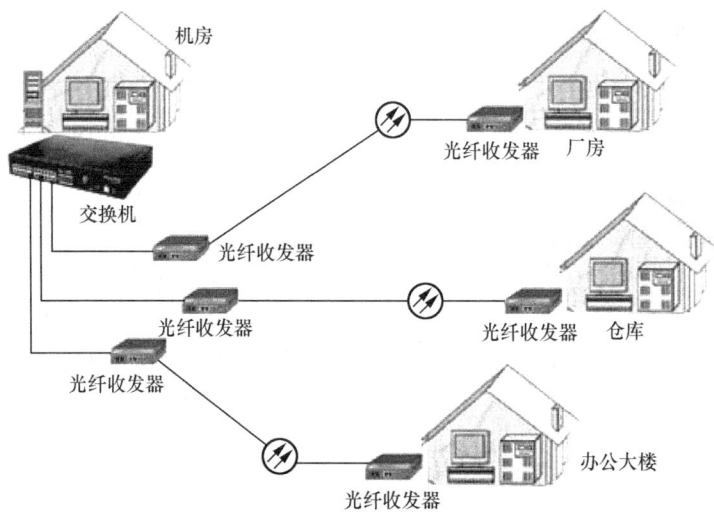

图 3-22　光纤技术应用

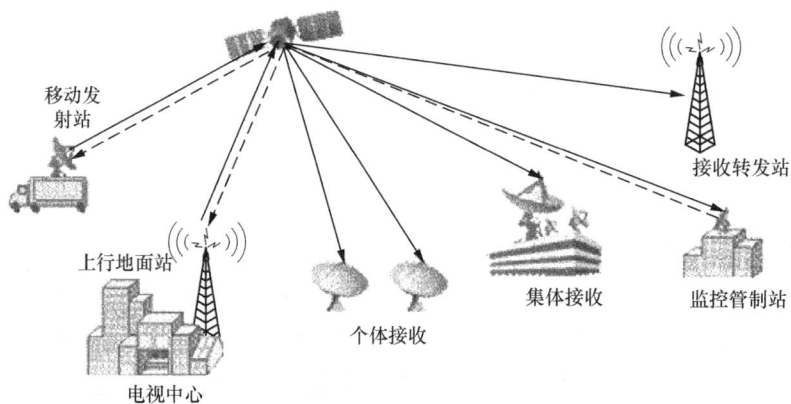

图 3-23　电视广播系统

图 3-24　无人飞行器

第 **4** 章 电路系统

由导体和元器件构成的路径及网络，为电流运动提供了一个约束的空间或路径。将在这个路径定义为电路，将在电路上运动的电流定义为信号。复杂的电路也称为电路网络，具有一定功能的电路，习惯上也称为电路系统。

自然界本身也存在电路，但是我们这里主要讨论人工设计的电路。人工设计的电路，带有明确的目的性：电流在电路中运动，形成能量流动，电能可以以光速传递能量。电子信息系统，主要功能不是借助电流传递能量，而是将电流形态人为定义为某种"信息"，也就是电信号。电信号以光速运动，实现信息的快速运动，实现信息传输、信息处理、信息存储和信息的应用。

随着电子信息技术的发展，电路系统已经被广泛应用。电路系统是人为设计制造的，因此，电路系统具有很强的实际工程应用价值。

4.1 电路系统的基本结构

电路通常由电源、信号源、负载、连接导线和辅助设备五大部分组成，图 4-1 所示为放大电路。其中，电源是提供电能的设备，能把非电能转变成电能。例如，电池是把化学能转变成电能；发电机是把机械能转变成电能。信号源是提供信息的设备，可以是信号发生器，也可以是自然信息，例如，通过话筒，可以将语音转换为带有信息的电信号。电源和信号源是电路中的激励，推动电路工作。负载把电能转变为其他形式能，或者说是将电信号以其他形式进行表现出来。例如，放大系统中的扬声器，就是将电信号又还原为声音信号。扬声器就可以看作为一个负载。导线是用来把电源、负载和其他辅助设备连接成一个闭合回路，起着传输电能的作用。在建立数学模型时，通常近似认为导线电阻为 0，所以其长短就没有意义，可以任意延伸。辅助设备是用来实现对电路的控制、分配、保护及测量等作用的。例如，图 4-1 中的放大器，可以实现对电信号的放大、滤波等作用。组成电路各功能部件的基本单元又统称为元件，因此，电路是由元件和导线构成的闭合路径。

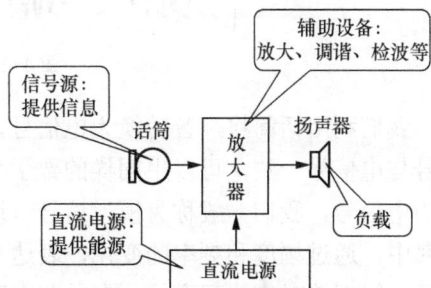

图 4-1　放大电路结构图

1. 电信号的表示

电源或信号源是电路中的动力源，一般有两种形态，一种是电压源，另一种是电流源。实际工程中常用电压源，例如我们常用的电池、稳压电源，基本上都是电压源形态。除了形态之外，电源还有不同的输出形式，如直流或交流的形式。一般直流源的主要作用是为电路提供电能；而用交流形式的信号源表示某种"信息"，其幅度、频率和相位都可能对应一定的信息。

自然界大多数物理变量，都呈现一定的周期性，比如：一年四季、一天 24 小时、声音信号、潮起潮落等。因此，用正弦波等周期信号表示物理变量的变化规律具有普遍意义。一个典型的信号发生器如图 4-2 所示，其交流信号源的输出电压可用数学表达式表示为：

$$u_s(t) = U_m \sin(\omega t + \varphi)$$

其中，幅度 U_m，角频率 ω，初始相位 φ 都可以表示一定的信息特征。

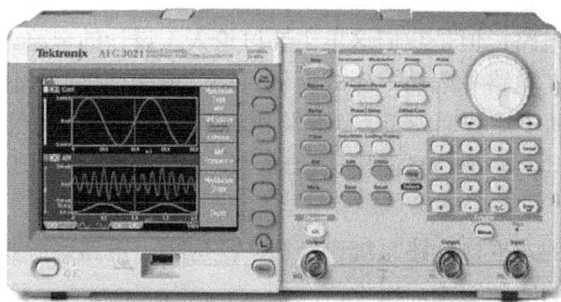

图 4-2　信号发生器

随机信号无法用确定表达式描述，通常用一个数学符号表达。模拟信号是时间的一个连续函数，也可以用信号波形来描述，图 4-3 所示为各种连续信号波形。

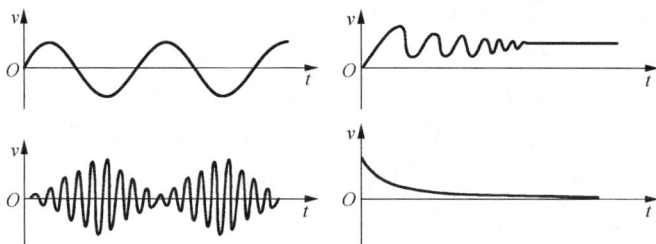

图 4-3　模拟信号是连续函数

我们利用话筒将声音转换为电信号，就将声音信号表达的信息加载到了电信号上。声音信号与电信号一致，可以用同样的数学变量表达，可以通过示波器观察声音信号的波形。这样的电信号，我们一般称为模拟信号，通常用交流信号表示。信息包含在交流信号的幅度和频率中，通过幅度和频率的变化，表达不同的声音及语言信息，可以被人类直接理解。模拟信号一般直接对应物理变量。在某些电路中，也采用压缩变换的方式传递信息，如对数变换等。话筒及其内部电路如图 4-4 所示。

图 4-4　话筒及内部电路图

随着数字信号的发明与应用，信号按一定的编码方式表达，不再直接与物理变量对应，但是可以通过同样的解码过程恢复出原始信息。数字信号是离散信号，可以按时间的顺序排列，由一个数组来表达 $u(n)$，如图 4-5 所示。数组可以存储在存储器中，也可以按需要读取出来。

信号表达形式的确立，是为了方便电路对信号的处理，并不一定是最好的信息表达和描述方式。如果要人能够直接理解，需要将电信号表达为人可以直接接收的信息。例

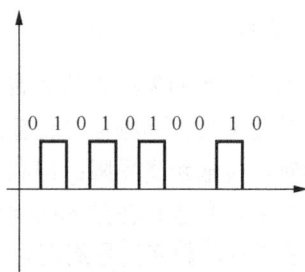

图 4-5　数组及表达

如，图 4-6 所示的收音机，其电信号经电路处理后，最终需要转换还原为声音，由人耳接收，才能被人类大脑理解。又如，图 4-7 所示的电视机，经电路处理完成的各种电信号，还需要通过显示器转换还原为图像，被人眼接收，才能被人类大脑理解。

数字信号的应用，也给电路带来了巨大变化。数字电路与系统，具有更广泛的应用价值。

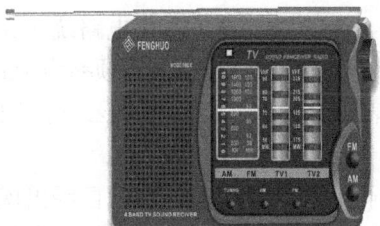

图 4-6　收音机

图 4-7　电视机

2. 电信号分类

① 从电信号的形式上分类，可分为模拟信号和数字信号。

② 从电信号的工作频率上分类，可分为低频信号和高频信号。

电信号不仅在电路中运动，也可以通过无线电波在空中运行。广播电台就是利用不同频率发送信号。常用频段划分如表 4-1 所示。

表 4-1　　　　　　　　　　　电台频段的划分

频率（Hz）	名　称	符　号	用　途
3k	甚低频	VLF	海岸潜艇通信；远距离通信

频率（Hz）	名　　称	符　　号	用　　途
30k	低频	LF	地下岩通信；远距离导航
300k	中频	MF	业余无线电通信；移动通信；中距离导航
3M	高频	HF	国际定点通信
30M	甚高频	VHF	人造电离层通信；对空间飞行体通信
300M	超高频	UHF	对流层散射通信；中容量微波通信
3G	特高频	SHF	卫星通信；国际海事卫星通信
30G	极高频	EHF	再入大气层通信；波导通信

不同频率的无线电信号有其自身的特点：低频信号传输距离远，但携带的信息量少，习惯称带宽不足；高频信号传输距离会受到限制，主要是高频信号几乎直线传输，受地球曲率的影响，传输距离受限；但高频信号带宽大，携带信息量更大。

数字信号也存在频率的问题，数字信号表现在电路中，就是脉冲信号，形状似方波，如图 4-8 所示。数字信号周期短，对应频率高，信息流动密度就高。

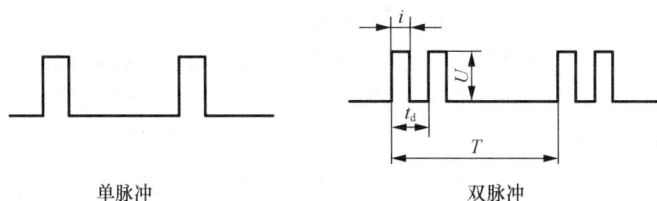

单脉冲　　　　　　　　　双脉冲

图 4-8　脉冲信号

数字信号的处理方式是按时钟的节拍进行，每一个时钟周期，数字电路统一完成一步运动。所以时钟的快慢决定数字电路速度。目前，常见计算机的 CPU 工作频率为 1GHz，内存 1GB。这两个指标表达了不同的含义：CPU/1GHz 表示时钟速率每秒 1GHz；内存 1G 表示动态存储空间为 1GB 的存储量。

频率为 1GHz 的时钟速率已经是很高了，很难再有突破。因此，目前已经出现多核的计算机系统。多核是指一台电脑中，有多个 CPU 共存并同时工作，形成了一种并行的数字信号处理方式，大幅度提高数字信号的处理速度。

③ 从实际物理变量的变化速度分类，分为快变信号和缓变信号。例如，温度变化的速度比较慢，可以认为是缓变信号；而雷达回波信号快速变化，属于快速变化信号。快变信号要求电路处理速度快。

④ 按信号的强弱分类，分为强信号和微弱信号。一般强信号容易接收和处理；微弱信号是指信号完全淹没在噪声中，很难提取。例如，我们人类大脑的脑电波信号就属于微弱信号。

3．元器件

电路由元件与金属导线构成，电路的底层元素是元件。常用的基本元件有：电阻、电容、电感、二极管、三极管、开关等，如图 4-9 所示。每个元件，都有自己的特性，其电压和电流之间满足自己的关系，一般不受外界环境的影响，这种特性被称为第二类约束。

将各种不同的元件连接在一起，构成电路。其电路各支路的电压和电流又满足拓扑结构的约束，这种约束又称为第一类约束。利用这两类约束，可以建立电路的数学方程，对电路特性进行分析。

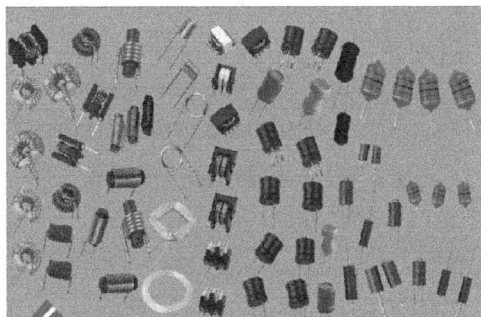

图 4-9　电子元器件

4．单元电路

单个电子元件功能简单，很难独立完成一定功能的信号处理任务。如果将各类元件组合，设计电信号的运行规则，满足信号运动的功能，就形成完成某种功能的电路或系统。例如放大电路，也称放大器，输入小信号，通过电路可以输出同样的信号，但是幅度和功率都高出输入信号。放大电路原理图如图 4-10 所示。又例如滤波电路，也称滤波器，可以根据设计要求，滤掉不需要的信号，得到需要的输出信号。一个简单的二阶高通滤波电路原理如图 4-11所示。

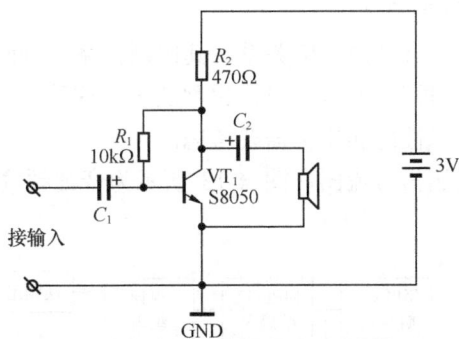

图 4-10　放大电路原理图

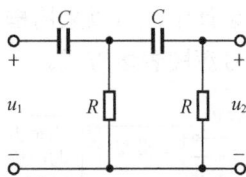

图 4-11　滤波器

5．单元系统

通过电路设计，将单元电路组合成一个可以满足一定功能的单元系统，并控制信号的有效流动。所以，电路中常见的结构，是一个一个单元的电路按其一定规律连接起来，每个单元电路完成一个简单任务，然后，将信号传递到下一个电路，完成另一个任务。这样组合连接在一起，就形成一个比较完整的电路系统。如图 4-12 所示，一个带数码显示的声光报警系统，就包含了多个单元电路。

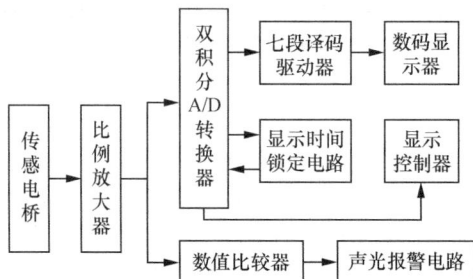

图 4-12　声光报警系统的框图结构

4.2　电路系统的基本任务

电路系统的基本任务是完成信号的处理。电路本身只是一个较好的信息载体,如果没有信号,电路本身则没有任何价值。因此,电路系统必须与信号紧密关联,组成一个整体;从另外一个角度说,也表达为信号系统。当我们将电路参数抽象为数学参数时,电信号就成为信号流图。反之,如果按信号流动的规律,提出电路设计参数的要求,这也是一种电路设计的重要思路。

1. 电信号处理

电信号处理有多种方式,从数学模型来看,基本的运算包括:比例、微分、积分、延时、加法、乘法、滤波等。例如,比例运算可表示为

$$y(t) = kx(t)$$

$x(t)$为输入信号,$y(t)$为输出信号,输出与输入信号是比例关系。其比例关系也分两种情况:一种是减小,$k<1$,也称为衰减或分压;另一种是增加,$k>1$,也称放大。这种运算数学上表达比较简单,而实际电路设计,却有很多技术性能和指标需要考虑。

在分析设计中,可以采用框图的方式表达信号流图,图 4-13 所示为音视频输入/输出系统框图和信号流图表达方式。

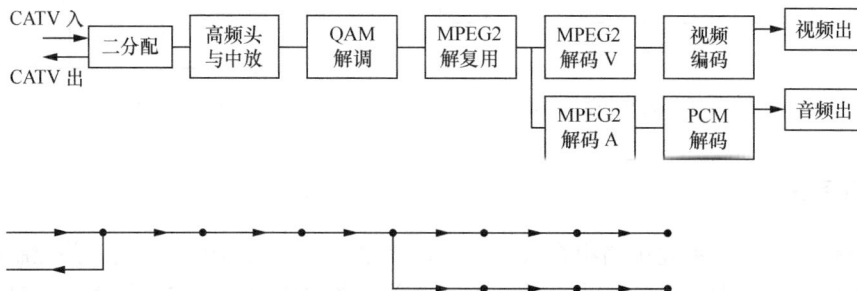

图 4-13　系统框图和信号流图表达方式

2. 非电信号转换为电信号

由于电信号处理手段比较先进,很多其他物理信息的处理需要借助电路处理。因此,首

先必须解决的问题是将非电学物理变量或信号转换成电信号。这种转换电路，习惯上称为传感器。例如话筒，就是一种将声音信号转换为电信号的传感器。

传感器电路的设计，一般是基于元件对某些物理参数的敏感性。例如温敏电阻：随着环境温度的变化，电阻的参数随之发生变化。这种变化很容易被电路检测出来，从而设计出温度传感器电路，如图 4-14 所示。

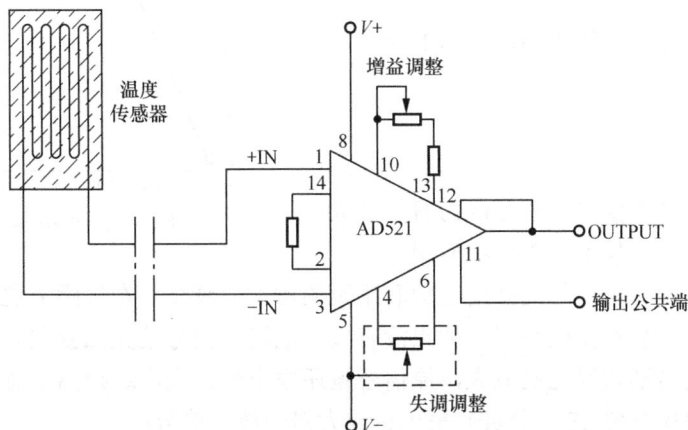

图 4-14　温度传感器电路原理

传感器的种类很多，包括光电转换器、天线、压力传感器和流量传感器等。光电转换器原理如图 4-15 所示。

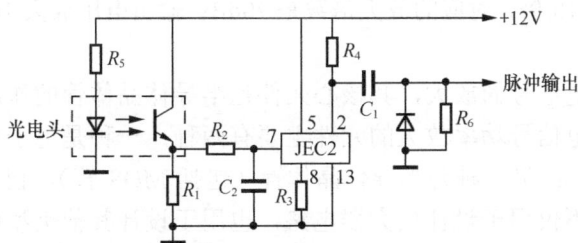

图 4-15　光电转换器

3．电信号滤波

滤波器是一种基本电路，广泛地应用在各种电路中。从数学上讲，主要是利用了元件的微分特性，如电容和电感的电压和电流关系满足如下微积分关系。

电容：

$$i(t) = C \frac{\mathrm{d}u(t)}{\mathrm{d}t} \tag{4-1}$$

电感：

$$u(t) = L \frac{\mathrm{d}i(t)}{\mathrm{d}t} \tag{4-2}$$

简单来说，微分与时间有关系，信号的频率越高，随时间变化率就越高。因此，电容或电感的电流和电压的关系,对于不同频率的信号,具有不同的特性,习惯称为阻抗特性不同。不同频率的信号,经过电路后衰减量不同,这种特性可以用来选择不同频率的信号,这就是滤波电路,或称滤波器。一个带通滤波器的选频特性曲线如图 4-16 所示。

滤波器有很多种不同的类型,具体的原理和设计方法将在相关课程中介绍。

图 4-16 滤波器的选频作用

4．电信号放大

放大器是一种经典电路,正是因为有了放大电路,才使得现代电子技术得到广泛应用。

在信号的传输中,电信号的强度会随着距离的增加而衰减。在远距离通信中,接收到的信号已经很微弱,一般在微伏量级。如果没有放大电路,信号就无法获取。正是因为有放大器,将很微弱的信号形状等比例放大,原信号被还原出来,完成远距离信息传输。

在工程上习惯用单位 dB(分贝)来表达放大器的放大倍数:

$$H = \frac{u_o}{u_i} \tag{4-3}$$

H 一般定义为输出电压与输入电压之比,称为放大倍数。工程上常用对数表达放大倍数,如:$20\lg H$。输出电压放大 10 倍,对应的放大倍数是 20dB;输出电压放大 100 倍,对应的放大倍数是 40dB。

放大器能够实现电信号的放大,其核心元件是半导体晶体管的作用。从电子技术的发展历史看,能够完成电信号功率放大的元件主要有两种:一种是电子管,由于体积大,已经很少应用在电路中了;另一种是半导体晶体管(包括 MOS 管),已经成为目前广泛应用的元件。晶体管本身不仅用于设计放大器电路,也用于设计其他类型的电路,如检波、整流、开关、稳压、信号调制等。尽管目前放大器的设计已经很成熟,大多采用运算放大器来实现功能,但运算放大器本身是利用晶体管或 MOS 管设计完成的一个单元电路,是集成电路模块。因此,至今为止,真正意义上的第 3 种用于电信号放大电路的元件还没有发明出来。

放大器通常是指功率放大电路,将输入/输出的电流、电压都得到放大,如图 4-17 所示。某些电路可以增加电压的幅度,但是不一定属于放大器。如变压器,可以通过设计匝比,得到输出电压高于输入电压,但是它的电流同比例减小,功率没有增加。因此,并不算是真的放大器。

人能够接收的信息方式,也就是信号的最终表达形式。因此,电路系统的主要任务就是完成信息处理。而信息处理的任务可以分很多类型,包括提取信息、分析归纳信号的含义、利用分析处理的信息解决人类面临的具体问题。

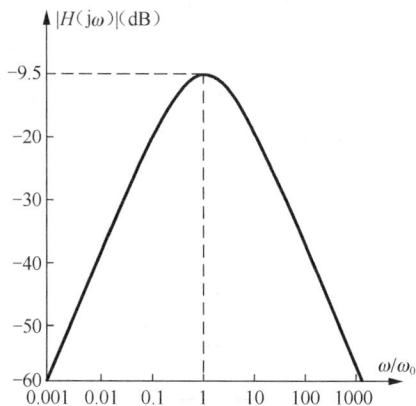

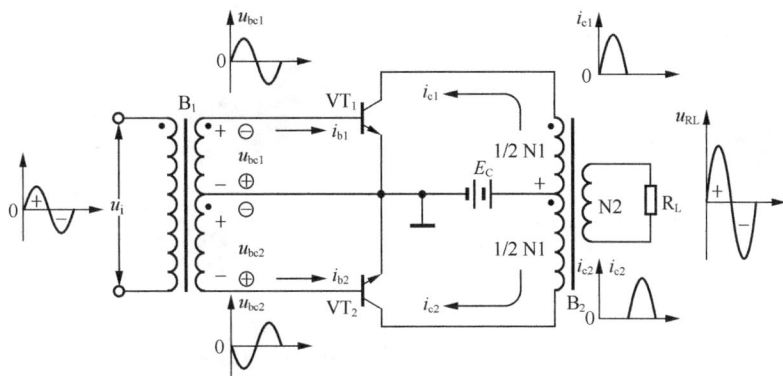

图 4-17 推挽式功率放大器电路

4.3 模块化和标准化设计

随着电子技术的广泛应用，各种电子产品层出不穷。生产社会化，分工比较细，各单位生产的部件，如果没有统一的标准，就难以集成化。因此，标准化设计成为工程设计中一个很重要的规则。

1．电路模块

在社会化生产过程中，人们已经将常用的电路进行了标准化设计。这样，在电路系统的设计中，不再需要每次都从底层的元件开始，而只需要选择已经生产的成熟电路。例如电源模块，一般按标准输出电压设计。常见的输出电压（低压系列）包括±5V、±12V、±15V、±3.3V、±2V 等，市场上不会出现非标准的产品。因此，我们在设计电路的时候，选择标准的电源电压，就可以从市场上很容易采购到。如果设计非标准的电路模块，工程实现会碰到困难。

又例如运算放大器，也是一种标准的电路，目前已经将运算放大器这种模块视为了一个元件，也称其为有源器件。另外还有各种门电路，也是利用集成工艺完成的标准模块电路，被称芯片。目前大部分电子设备，都引入了数字电路技术，设备的设计中广泛应用模块电路，分离元件的应用越来越少，并实现了不同程度的集成化。

2．电路系统的标准化设计

由于广泛使用模块电路以及集成电路芯片，相同功能的电路，不仅体积越来越小，而且越来越标准化。标准化促使设计简化，工程性强。对于电子信息技术领域的工程师而言，了解和学会标准化的设计思想很重要。在电子信息领域工业界，已经制订了大量相关电路的标准。

实际上，从单个元件、电路模块，到电路芯片都有型号和封装形式的标准，如图 4-18 所示。

封装形成	名称	封装形成	名称
	CLOC		SOJ 32L
	CNR Communication and Networking Riser Specification Revision 1.2		SOJ
	CPGA Ceramic Pin Grid Array		SOP EIAJ TYPE II 14L
	DIP Dual Inline Package		SOT220
	DIP-tab Dual Inline Package with Metal Heatsink		SSOP 16L
	FBGA		SSOP
	FDIP		

图 4-18　元件的规格与封装形式

3．接口的标准化

在电路系统设计中，大量的信号数据需要传输、转换。例如，在计算机网络通信中，某系统中的信号需要传输到另一系统中，必须经过数据交换。交换的数据格式必须符合事先约定的方式（即接口标准），才能够顺利进行，否则无法连接。接口标准在通信工程术语中也称"握手"。计算机系统保留了很多接口，如图 4-19 所示的 USB 接口和 RS-232 接口等。

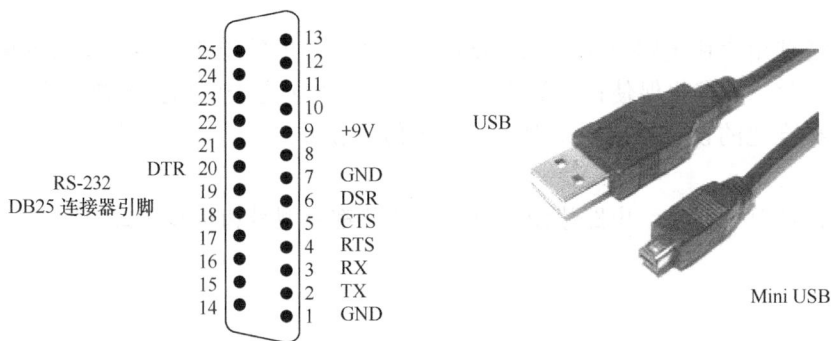

图 4-19　标准接口

电路板上的数据，需要传输到另外的电路板上，也需要连接线。这些连接线也按统一的标准的接插件来设计，如图 4-20 所示。

图 4-20　标准接插件

无线传输信息，也需要设计标准模式。如蓝牙，制定有专门的标准，工作频率为 2.4GHz，传输距离 10m，码率 1Mbit/s。又如 Zigbee，满足标准 IEEE 802.15.4 协议，工作频率 2.4～2.485GHz，码率 250kbit/s，室外通信距离可达 100m 左右。无线上网的数据流，就是利用这类标准的无线通信接口，完成数据传输与交换，实现无线的接入方式。

4．程序的标准化

用于电路设计的软件也进入标准化设计。有些专门的应用程序，采用了标准化设计模式，不仅有利于电路的设计，还有利于推广应用和移植。

对于数字电路，其软件应用程序是数据处理的重要部分。在实际工程设计和应用中，大量的软件应用程序已经经过实践验证，因此，被固化为标准的软件包，形成库函数，在其他应用电路软件的设计中，可以直接调用。

软件程序的标准化，还引出了软件著作的知识产权问题，称为 IP core。大量具有广泛应用价值的电路设计程序包，形成标准模板，有偿提供给用户使用。如，在集成电路设计中，如果需要某种运算放大器，可以不用自己重新设计，而是购买这种 IP core，直接调用到自己设计的电路中。由于这种成熟的电路，已经被大量实践证明是有效的，因此，不是所有电路都从底层开始设计。

4.4　电子信息系统设计基本思想

电子信息科学与技术的核心任务是完成信息处理，而完成信息处理的手段是利用电路系统。因此，设计制造满足要求的电路系统成为电子设计工程师源源不断的任务。本专业的学习，就是训练我们分析、设计、创造电子信息系统的能力。要实现这样的任务，首先需要了解设计思想。

1．任务完成与分解

一座高楼大厦总是由一砖一瓦建成的，一道万里长城也是由一石一土垒成的，任何一个复杂电路系统也是由一个个元件一个个模块组成的。因此，完成一个复杂的信息处理，构建一个复杂的电路系统，需要将任务分解，由多个单元、多个步骤来完成。

任务的分解手段主要有两种方式，以及这两种方式的组合。一种是空间的分解：将任务分配到各个单元完成，然后有序地叠加，完成总体任务。另一种是时间的分解：由一个核心单元来完成任务，任务按时间先后顺序排列，每步只完成一个简单任务，按有序的程序完成总任务。两种模式的综合，就是部分分解按空间分解，部分分解按时间分解，再有序组合，得到总的效果。

例如，需要设计一个多级的放大电路，总增益要求 30dB，可以分三级完成，每级放大 10dB，相加得到 30dB，系统结构如图 4-21 所示。

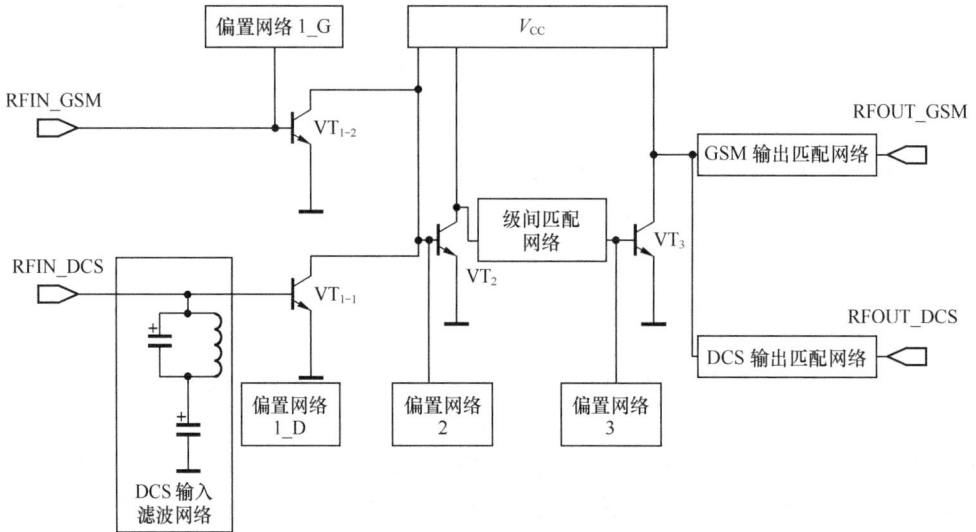

图 4-21　三级功率放大器

2．总体任务与系统优化理论

一般来说，一个复杂系统是由很多小系统组合而成的。对于电路系统而言也是一样的，一个复杂的电路系统，具有很强的总体信号处理能力。但是，其任务被分解到电路中各个部分的小系统承担和完成，每个小的系统具有自身的特点，不同小系统之间还需要协同工作。因此，有可能某些小系统不能够达到最佳的工作状态。

从电路系统设计的思路来考虑，应该重点关注系统的总体优化性能和指标。在工程实际应用中，如果不能兼顾小系统的优化性能，就需要牺牲局部小系统的优化性能，这就是"局部利益服从总体利益"的思想。或者说优先考虑总体性能和技术指标，也可以说是系统优化理论。

例如，一枚火箭的设计。火箭是一个复杂的大系统，由近 10 大子系统构成，部分结构如图 4-22 所示，包括动力系统，电子控制系统等。各个系统又由成千上万的元件组成，任何一个元件的失效，都可能给火箭带来巨大的失误。因此，要求每个元件和电路模块的可靠性要高，而对参数指标要求可能并不高，单个的电路模块只要达到其要求就可以了。因此，一般选择成熟的，可靠的产品。一个先进的大系统，不一定所有的小系统、小电路都是先进的。这就是系统集成，系统优化的思想方法。

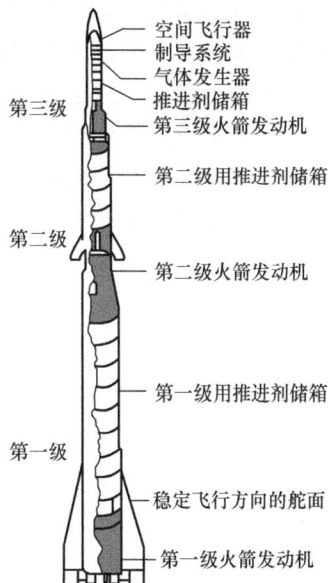

第三级

第二级

第一级

空间飞行器
制导系统
气体发生器
推进剂储箱
第三级火箭发动机
第二级用推进剂储箱

第二级火箭发动机

第一级用推进剂储箱

稳定飞行方向的舵面

第一级火箭发动机

图 4-22　火箭动力系统

3. 自下而上的设计方法

大系统的设计思路也有两种，一种是自下而上的设计方法；另一种是自上而下的设计方法。

一个复杂的电路系统，从元件、单元电路、小系统设计开始，再组合成为大系统，这是由底层开始，一步一步向高层发展。这是一种传统的设计思路和方法，就是先有砖、瓦，再建墙、建楼，最后建成高楼大厦。这也是一种可行的方法。它建立在稳定的基础之上。

例如，我们先设计了一个放大器，其功能强大，输出可达到 100W；再考虑这种放大器可以用于发射无线电信号，实现远距离信号传输；接下来，开始考虑设计一个广播电台，完成一个广播系统的设计，如图 4-23 所示。

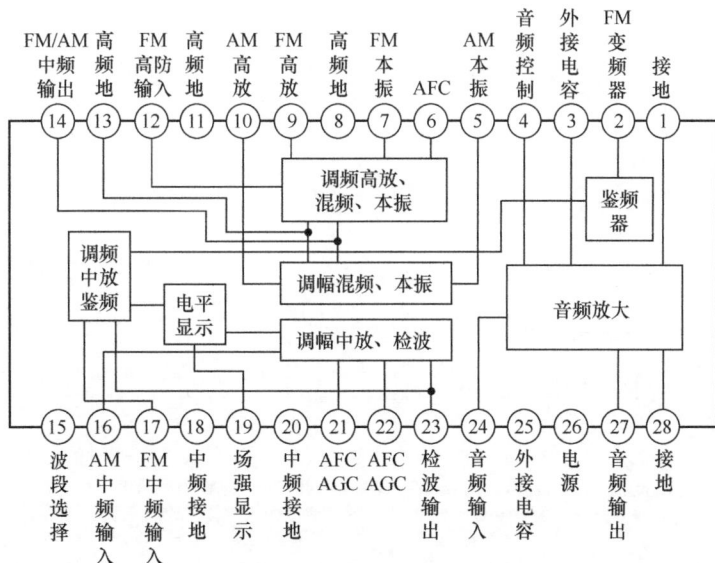

图 4-23　广播电台原理图

4. 自上而下的设计方法

随着电子技术和电子工业的发展，大量的电子产品和标准电路模块都能够采购到，因此，不再总是从底层开始设计电路，而是反过来，从顶层开始设计电路系统。首先提出总系统的性能和技术指标；然后利用框图，分解到各个子系统中；再逐级分解下去，一直到底层。

其基本思想是：总系统需要完成的技术指标，是各子系统必须达到的技术指标，按这个技术指标去设计和选择子系统；再往下，这个子系统的技术指标，是各个模块电路需要达到的性能和技术指标，按这个要求设计或选择模块电路，一直到底层。

这种顶层设计的思想，是一种比较先进的设计理念。这也是电子技术发展到一定阶段，很多模块电路已经非常成熟，很容易选择到各个部件，从而快速完成设计任务。

因此，我们可以看到，目前电子产品的更新速度非常快，自上而下的设计思想和方法应该说发挥了很大作用。

第 5 章 半导体器件

自然界物质的原子结构中，电子围绕原子核运动。在外力的影响下，电子可离开原子核成为自由电子。不同材料的物质，其外层电子受原子核约束力不同。某些物质材料的原子核对外围电子的约束力强，外围电子不容易脱离原子核，这就是不良导体，或称为绝缘体；反之，某些物质材料的原子核对外围电子约束力弱，电子很容易脱离原子成为自由电子，这就是金属。介于金属和绝缘体之间的一些物质材料，称为半导体，如硅和锗。不同于金属，半导体没有强导电性；也不同于绝缘体，半导体具有一定导电性。

金属能够被设计为电流导体，形成电路；绝缘体可以被设计为绝缘材料，防止电流泄漏于金属线路之外；半导体的特性，也被设计出特殊的应用价值。

5.1 半导体材料及半导体结构

地球上储有丰富的半导体材料，硅是其中一种常见的元素，普遍存在于自然界中。但是，硅在自然界中一般是以化合物形式存在，需要把它从化合物中提取出来。在实际应用中，通常从纯度比较高的硅材料中进行硅元素提取。硅晶体结构如图 5-1 所示。目前从晶体管到集成电路，大量利用硅基片材料。

半导体材料硅是 4 价元素，其外围价电子结构如图 5-2 所示。根据化学理论，如果原子核外围电子数量为 4 个，该原子是稳定结构。这时，原子核外层出现电子被多个原子核相互共用情况，形成晶体结构。当该材料中没有外加电场时，由于没有自由电子，其导电性不高。

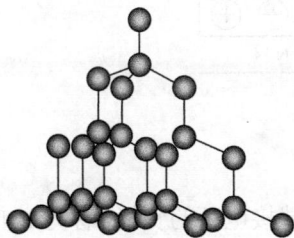

图 5-1 硅晶体的分子结构图

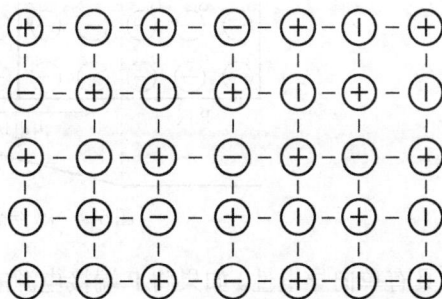

图 5-2 半导体硅的外围价电子结构示意图

单纯从电阻特性来看，半导体材料的电阻率介于金属和绝缘体材料之间，其电压和电流是一种线性关系，没有什么特殊性。如果将两种不同的半导体材料连接在一起，所构成的电阻特性，可能发生变化，表现出一种非线性特性。

N 型半导体：如果在 4 价半导体材料中，掺入少量的 5 价元素，如砷、锑、磷等，这样在形成一个共价键时，少量的 5 价元素，就会多出一个电子，在整体晶体材料中，就会多出一群电子，称为多子。这些电子很容易摆脱原子核的约束，成为自由电子。这时，如果外加电场，其导电性就比单纯的半导体材料强，但是比金属材料的导电性弱。这种类型的半导体称为 N 型半导体，其结构如图 5-3 所示。

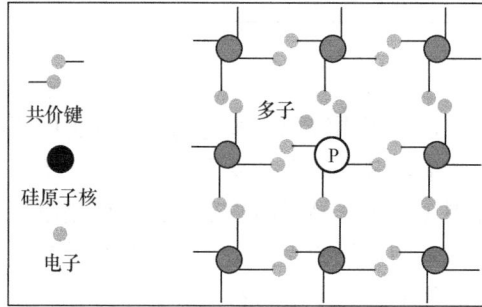

图 5-3　N 型半导体结构示意图

P 型半导体：如果在半导体材料中掺入少量的 3 价元素，如，铟、镓、硼、铝等，由于少量的 3 价元素，形成共价键时，少一个电子，相对而言，在晶体结构中，形成一个"空穴"。这些空穴并不是稳定状态，电子在热运动中，很容易进入空穴，不断改变空穴的位置。这样，当有外加电场时，由于其非稳定结构，可能造成电荷的移动，从而形成电流。因此，其导电能力，也比单纯半导体材料强。

PN 结：PN 结是一种非常有价值的组合特性。将 PN 两种不同掺杂的半导体材料连接在一起时（通过一定的烧结工艺），由于 N 区的"多余"电子和 P 区的"多余"空穴会发生一种自然的扩散运动，N 区的电子跑到 P 区，填补 P 区的空穴，电子跑到 P 区，电子带负电；N 区的空穴带正电；这样形成了一个内建电场，如图 5-4 所示。内建电场是电子自由扩散运动形成的，扩散到一定程度就达到一个平衡点，电子停止扩散运动。

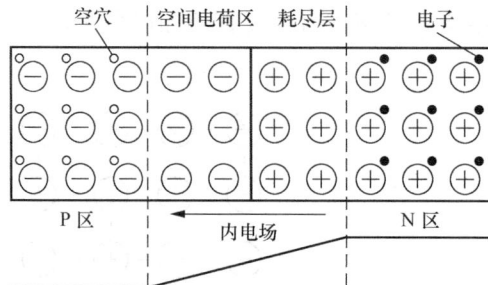

图 5-4　PN 结晶体示意图

PN 结具有单向导电性。如果将 P 端接电源的正极，N 端接电源的负极，称为 PN 结正偏。此时 PN 结如同一个开关合上，呈现很小的电阻，称为导通状态。如果 P 端接电源的负极，

N 端接电源的正极，称为 PN 结反偏。此时结电阻很大，PN 结处于截止状态，如同开关打开。当反向电压加大到一定程度，PN 结会发生击穿而损坏。

半导体整流管就是利用 PN 结的单向导电特性制成的。PN 结的另一重要性质是受到光照后能产生电动势，称光生伏特效应，可利用来制造光电池。半导体三极管、可控硅、PN 结光敏器件和发光二极管等半导体器件均利用了 PN 结的特性。

5.2　二极管和三极管

二极管是一种单向导电的元件，电流只能向一个方向流动，反向不通。这种特性被广泛地应用在电路的设计中，如整流电路，将交流电转换为直流电；混频电路，利用其非线性特性。三极管是一种电流/电压控制电流/电压的半导体器件，能够把微弱信号放大成辐值较大的电信号，也可以用作无触点开关。三极管是电子电路的核心元件，广泛应用于各种电子信息、处理器件中。

1．二极管

最早利用单向导电特性设计电路的元件是电子管。电子二极管如图 5-5 所示，具有一个阴极与一个阳极（板极），依靠被灯丝加热的阴极发射电子实现导电。当阳极电位高于阴极电位时，阴极发射的电子在电场的作用下，向阳极运动形成电子流。而阴极电压比阳极高时，电子所受到的电场力是将电子拉回阴极的，不能产生电流。

图 5-5　电子二极管

在半导体二极管出现之前，电子二极管已经广泛使用。但由于电子管体积大，灯丝发热温度高，整体效率低，不能适应电子技术的发展。所以，半导体晶体管的出现，很快取代了电子管的地位。

半导体二极管，利用 PN 结的特性来完成单向导电。由于 PN 结是两种价电元素的掺杂，导致内部电子扩散形成内建电场，一般情况下，该内建电场阻止电子进一步流动，保持材料的稳定性。当外加电场大于内建电场，且方向与其相反时，将破坏内建电场的阻止作用，电流可以通过；反之，如果外加电场与内建电场一致，增强电场的阻止作用，电流不能够通过。因此，就形成了一种单向导电的二极管特性，如图 5-6 所示。

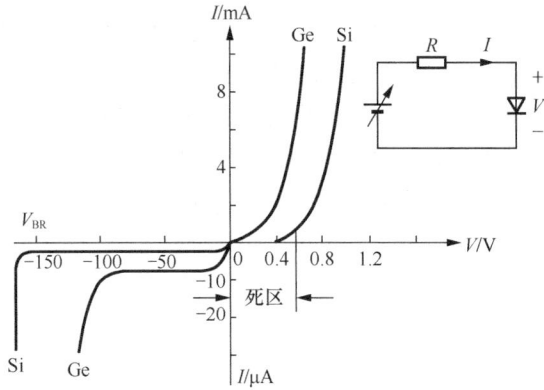

图 5-6 半导体二极管特性

2. 三极管

三极管是电路中常用的一种元件，最早的三极管是用于设计放大器。三极管根据其组成材料划分，可分为电子三极管和半导体晶体三极管。

电子三极管的工作原理是利用灯丝产生并发射电子，在灯丝端再加一个栅极，栅极电压可以直接影响灯丝上电子逸出的数量，这样就控制了集电极电流的大小，其结构如图 5-7 所示。栅极电压可以控制阳极电流的大小，这就像一个模拟开关，通过控制栅极电压的大小，改变阳极电流的大小，从而具备了放大器的能力。从数学模型上，可以等效为一个电压控制电流源。在其输入端输入一个电压信号，适当设计输出端电源，可以得到与输入信号同形状的放大信号。

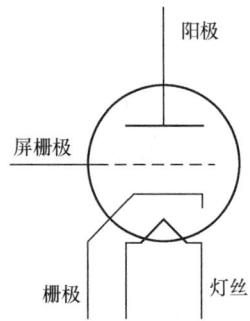

图 5-7 电子管放大电路原理图

与电子二极管类似，电子三极管体积大、效率低。自从半导体晶体管问世后，电子三极管很少再用于中小功率的电路设计中，但在比较大的功率放大器中，仍然使用电子管。

半导体三极管根据工作原理不同，可以分为双极型晶体管和场效应晶体管。这里先介绍双极型晶体管。

双极型晶体管由两个背靠背的 PN 结构成，晶体结构中的电子和空穴同时参与导电，具有电流放大作用，是一种电流控制器件。按照 PN 结的结构划分，双极型晶体管可分为 PNP 型和 NPN 型三极管，双极型晶体管体积小、重量轻、耗电少、寿命长、可靠性高，已广泛用于广播、电视、通信、雷达、计算机、自控装置、电子仪器、家用电器等领域，起放大、振荡、开关等作用。

下面以 NPN 晶体管为例，介绍双极型晶体管的工作原理。其结构如图 5-8 所示。将不同掺杂浓度的半导体材料以 NPN 结的方式连接，图中的 P 区称为基极 b；两边的 N 型半导体，分别掺杂两种不同的浓度。其中掺杂浓度大的一边，自由电子数目多，称为发射极 e；掺杂浓度小的一边，自由电子数目少，称为集电极 c。这样就构成了一个 NPN 型晶体管。

NPN 型晶体管的放大原理如图 5-9 所示。当基极 b 没有加入电流时，由于 PN 结的作用，没有电流可以从集电极 c 到发射极 e 流动；当在基极加入一个电流时，be 间的 PN 结外加了电场，导致 PN 结正向偏置；又由于 P 区设计很小，外加电流导致电子扩散，bc 间 PN 结的内建电场失效，电流可以直接从集电极到发射极导通；并且，基极电流与集电极电流构成一定比例关系，可以设计为由一个小电流控制一个大电流的电路。这就是放大电路。

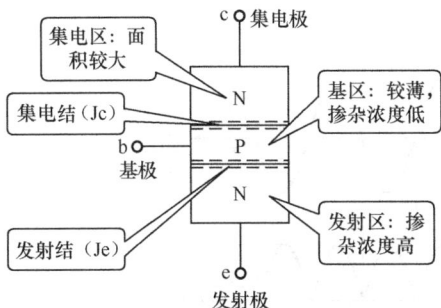

图 5-8   NPN 型晶体管示意图   图 5-9   晶体管放大电路简单原理图

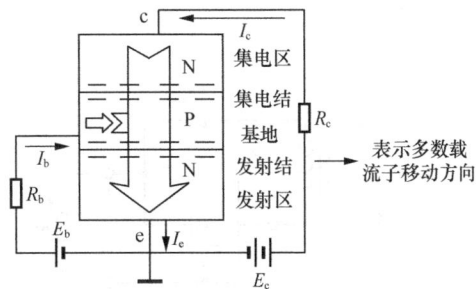

三极管可以设计为放大器，但是，当基极电流超过一定量，集电极到发射极完全导通，相当于短路，这时基极电流与集电极电流之间的比例关系不再成立，工程上称为饱和。这时三极管可以认为是一个导通的"电子开关"。三极管的这些特性，被广泛地应用于各类电路中，也推动了电子技术的发展。

5.3   二极管应用简介

前面介绍过，二极管的主要特性就是单向导电。利用这个特性，可以设计需要单向导电的电路。

1. 整流电路

整流电路主要由整流二极管组成。整流电路的作用是将交流电转换成单向脉动性直流电。经过整流电路之后的电压已经不是交流电压，而是一种含有直流电压和交流电压的混合电压。习惯上称为单向脉动性直流电压。二极管整流电路主要分两种，一种为半波整流，如图 5-10 所示；另一种为全波整流，如图 5-11 所示。

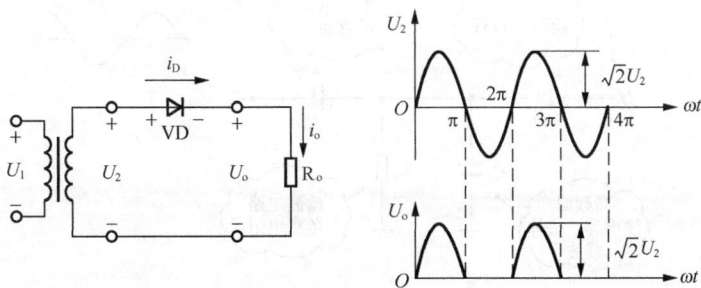

图 5-10   半波整流电路

利用二极管的单向导电性，图 5-10 所示的半波整流电路输出的电压只有输入交流电的正半周。如果输入交流电的频率是 50Hz，这种单向脉动性直流电主要成分仍然是 50Hz。并没有改变单向脉动性直流电中交流成分的频率。

图 5-11 所示的全波整流电路用到了输入交流电压的正、负半周，整流电路的输出将输入电压的负半周转换了极性，从而使输出的直流脉动性电压级率提高一倍，变为 100Hz，这一频率的提高有利于电路的滤波。

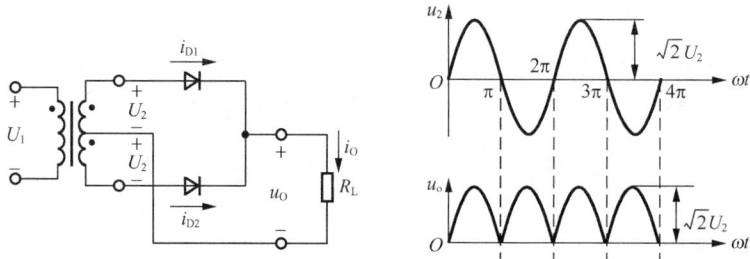

图 5-11　全波整流电路

在半波整流电路中，当整流二极管截止时，交流电压峰值全部加到二极管两端。对于全波整流电路而言也是这样，当一只二极管导通时，另一只二极管截止，承受全部交流峰值电压。所以对这两种整流电路，要求电路的整流二极管其承受反向峰值电压的能力较高。

2．检波电路

在电信号传输中，一般需要将信号调制到高频段。这个高频信号称为载波。载波携带的信号频率一般比较低。为了将高频信号中的低频信号提取出来，需要采用检波电路，如图 5-12 所示。

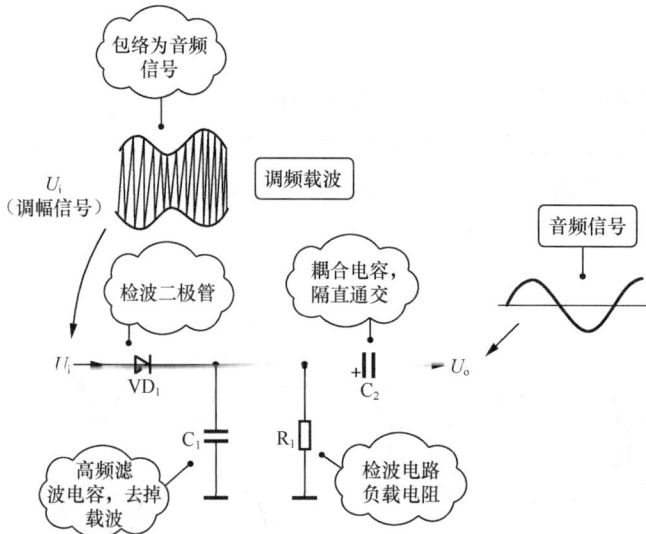

图 5-12　二极管检波电路

3．非线性电路

单向导电是二极管的非线性特性，而非线性特性是由 PN 结的特性所决定的。非线性电路的某些特性能够被利用来实现特定功能。例如混频器：把两个不同频率的电信号进行混合，通过选频回路得到第三个频率的信号。从频谱观点看，混频的作用就是将已被调制波的频谱不失真地从载频搬移到中频的位置上。因此，混频电路是一种典型的频谱搬移电路，可以用相乘器和带通滤波器来实现这种搬移。我们日常用的收音机、电视机里就使用了混频器。音频混频电路如图 5-13 所示。

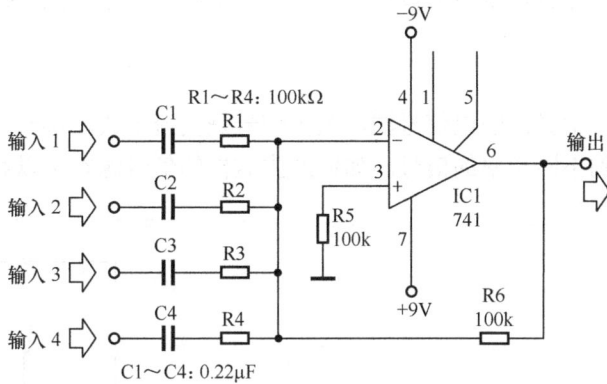

图 5-13　音频混频电路

5.4　三极管应用简介

三极管已经得到广泛应用，在不同电路中，具有不同的作用。这些作用被不断的开发，其实际应用的领域还在不断扩展。以下就其传统的应用作简单介绍。

1．放大电路

放大电路的核心元件就是晶体三极管。双极型晶体管的触发驱动信号是基极信号，是电流型。场效应晶体管的触发驱动信号是栅极信号，是电压型，其原理如图 5-14 所示。

简单地用框图来描述放大器原理，如图 5-15 所示。场效应管放大电路实际上就是一个比例电路，比例 $g_m r_{ds}$ 大于 1 就是放大器。在工程实际上，这个功能非常有用。

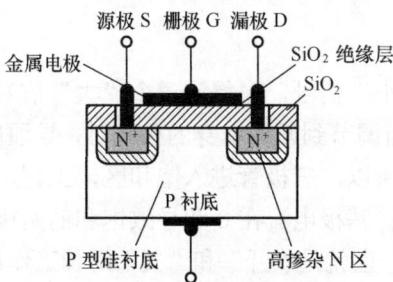

图 5-14　场效应管放大电路原理图

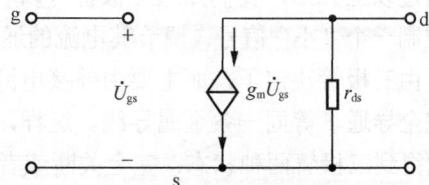

图 5-15　放大器原理框图

2．线性调整电路

三极管具有放大信号的作用，其实，它是就像是一个电子"阀"，通过控制"阀"的开启度来完成信号放大作用的。如果不外加电源，就不能进行放大作用。因此，从电压和电流特性来看，三极管也是一个非线性电阻，而且是一个双端口模式的非线性电阻。换句话说，三极管也可以看成是一个可以由基极电流控制的可变电阻。一个简单的基极电流控制的可变电阻电路如图 5-16 所示。

通过以上介绍我们可以知道，三极管可以作为一种电流流量的控制电路。不同功率的三极管，可以完成不同电流流量量级的调控，从而设计出不同的电流流量控制单元或电路。

3．电信号源

电路设计常需要一个稳定的电信号源。很多信号是交流形式，不论在电路调试还是在是实际应用中，都会用到不同频率的信号。如何产生这样的信号源？可以利用三极管和相关元件设计。

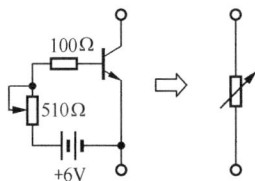

图 5-16　可以由基极电流调节的可变电阻　　　图 5-17　简单的石英振荡电路

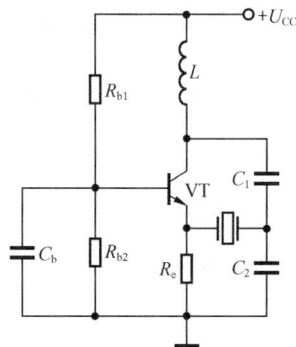

石英晶体振荡器，简称为晶振，如图 5-17 所示。它是利用具有压电效应的石英晶体片制成的。这种石英晶体薄片受到外加交变电场的作用时会产生机械振动。当交变电场的频率与石英晶体的固有频率相同时，振动便变得很强烈，这就是晶体谐振特性的反应。利用这种特性，就可以用石英谐振器取代 LC（线圈和电容）谐振回路、滤波器等。由于石英谐振器具有体积小、重量轻、可靠性高、频率稳定度高等优点，被应用于家用电器和通信设备中。

4．开关电路

通过以上介绍，我们知道三极管可以利用一个"小"信号，去得到一个"大"信号；也可以控制一个"小"信号，调节其电流的通过能力。当调节到元件本身的极限时，导通能力，就不再由三极管决定了，而主要由外接电源来决定。所以，三极管进入饱和区，工程上将其视为完全导通，等同一条金属导线。这样，控制三极管基极电流在 0 和导致饱和的两极端变化，就得到三极管两种状态：完全关断或者完全导通，也就是"开"和"关"两种工作模式。这时，三极管就成为电子开关，如图 5-18 所示。

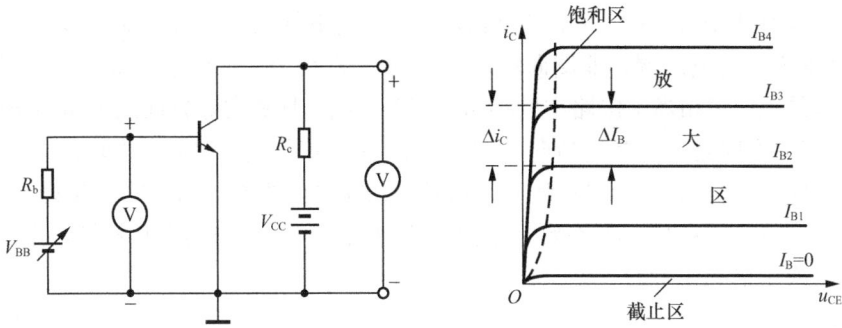

图 5-18　三极管工作在开关状态原理

开关电路有很强的实际应用价值。如果，我们人为定义开关两种状态，用"0"和"1"来对应数学表达，那就实现了数字电路的物理实现。在实际工程应用中，正是因为这种数字电路的工程化，推动了计算机和数字技术的发展。

5.5　运算放大器及应用

运算放大器本身是利用集成电路工艺完成的一种标准电路。由于广泛的应用，人们已经将其看成为一个标准元件了。运算放大器有很多不同的型号及封装形式，基本电路符号和样片形式如图 5-19 所示。

一个运算放大器内部有数十个晶体管，采用集成电路工艺连接起来，其体积大幅度减小，可以封装在一个标准芯片中。因此，在应用时，一般不再考虑内在的电流连接方式和原理，把它当成一个元件来应用。

运算放大器不能算是一个新的元件，它是集成工艺条件下组合设计出来的，因此，也可以说它是一个人造元件。利用运算放大器，我们不仅可以设计出各种不同类型的放大器、信号发生器，还可以设计模拟加法器、微分器、积分器等。

对于"小信号"，利用运算放大器可以完成很多种信号处理。运算放大器广泛应用于模拟电路、数字电路、模拟信号和数字信号转换电路中。

1．运算放大器基本模型

我们可以抽象出运算放大器的数学模型，习惯称为电路模型。建立运算放大器的数学模型，如图 5-20 所示，有利于电路的分析和设计。

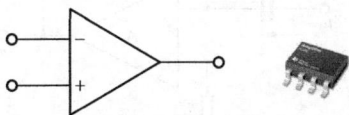

图 5-19　运算放大器电路符号和样片　　图 5-20　运算放大器等效电路模型

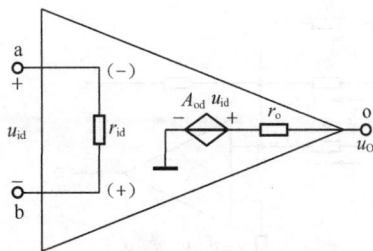

运算放大器有两个输入端：a 端（反相输入端）与 b 端（同相输入端），以及一个输出端 o；也分别被称为倒向输入端、非倒向输入端和输出端。当电压 U_- 加在 a 端和公共端（公共端是电压为零的点，它相当于电路中的参考结点）之间，且其实际方向从 a 端高于公共端时，输出电压 u_o 实际方向则自公共端指向 o 端，即两者的方向正好相反。当输入电压 U_+ 加在 b 端和公共端之间，u_o 与 U_+ 两者的实际方向相对公共端恰好相同。为了区别起见，a 端和 b 端分别用"−"和"+"号标出，但不要将它们误认为电压参考方向的正负极性，电压的正负极性应另外标出或用箭头表示。

2. 运算放大器基本应用

通过设计运算放大器的外围连接电路，可以实现各种类型的信号输出。

（1）反相放大器：输出电压信号与输入电压信号极性反向，并成一定比例。电路模型如图 5-21 所示。

（2）同相放大器：输出电压信号与输入电压信号极性相同，并成一定比例。电路模型如图 5-22 所示。

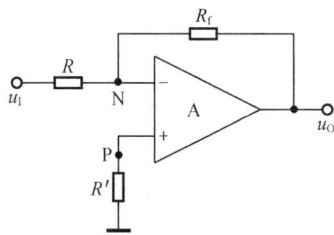

图 5-21　反相放大器

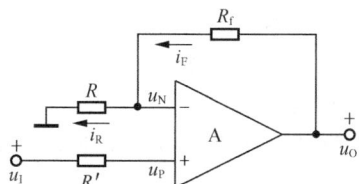

图 5-22　同相放大器

（3）跟随器：输出电压极性及量值与输入电压信号一致。电路模型如图 5-23 所示。

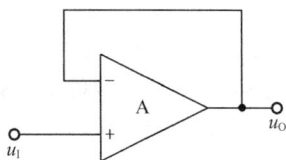

图 5-23　跟随器

（4）加法电路：输出电压为多个输入电压的比例代数和。电路模型如图 5-24 所示。
（5）微分电路：输出电压信号为输入电压信号的微分。电路模型如图 5-25 所示。

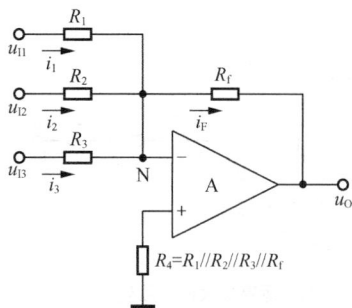

图 5-24　加法电路

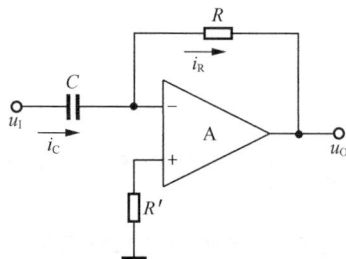

图 5-25　微分电路

5.6　场效应管

场效应管属于半导体晶体管，由多数载流子参与导电，也称为单极型晶体管。与双极性晶体管的不同点在于采用了电压控制模式，具有输入电阻高、噪声小、功耗低、动态范围大、易于集成、没有二次击穿现象、安全工作区域宽等优点，现已成为双极型晶体管和功率晶体管的强大竞争者。场效应管实际上是电场控制型电路，通过改变半导体内部"沟道"的电场，控制"沟道"宽度，从而对通过"沟道"的电流实现控制。

1．电场控制效应基本原理

场效应管内部结构如图 5-26 所示，可分为 NPN 型和 PNP 型。NPN 型通常称为 N 沟道型，PNP 型又称为 P 沟道型。对于 N 沟道场效应管，其源极 S 和漏极 D 接在 N 型半导体上；类似，对于 P 沟道场效应管，其源极 S 和漏极 D 接在 P 型半导体上。

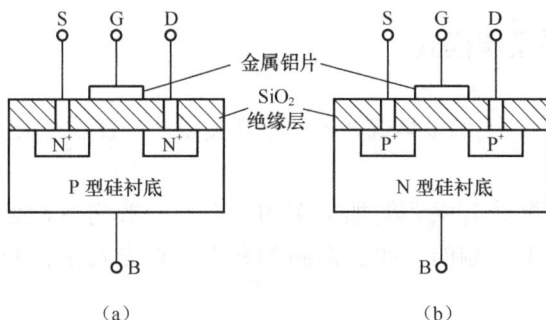

图 5-26　场效应管的结构示意图

当栅极 B 加有电压时，N 型半导体的源极和漏极的负电子被吸引出来而涌向栅极，但由于氧化膜的阻挡，电子聚集在两个 N 沟道之间的 P 型半导体中，从而形成电流，使源极和栅极导通。P 沟道场效应管工作过程类似。

2．场效应管的特点

在工程实际应用中，场效应晶体管由于其很多优点，已经得到广泛的应用。其应用领域超过双极型晶体管。

与双极型晶体管相比，场效应管具有如下特点。

（1）场效应晶体管是电压控制型，几乎不需要电流，所以输入端信号功率可以很小，其放大器效率更高。

（2）由于输入阻抗近似无穷大，对输入信号的要求更低。

（3）其主通道中没有 PN 结，所以没有内建电场电压，即 PN 结电压，这样，主电路上的损耗更小。

（4）由于只考虑导通电阻的影响，其导通损耗也很容易控制在设计范围之内。

（5）因为没有 PN 结，在电信号反向时，不需要饱和时间，所以工作转换时间更快。对于工作在开关模式的数字电路，开关转换速度越快，其工作的速度也越快，工作效率更高。

（6）利用多数载流子导电，因此温度稳定性较好，抗辐射能力强。

（7）由于不存在杂乱运动的电子扩散引起的散粒噪声，所以噪声低。

（8）从制作工艺上看，场效应晶体管的工艺也更有利于集成。

场效应管速度快、功耗小、集成工艺容易的特性，使得在数字电路设计中，几乎所有的集成电路芯片都采用场效应晶体管方式，也就是我们常说的 MOS 工艺。

3. 场效应管分类及应用

场效应管分为结型场效应管（JFET）和绝缘栅场效应管（MOS 管）两大类；按沟道材料，分为 N 沟道和 P 沟道两种；按导电方式，分为耗尽型与增强型。结型场效应管均为耗尽型，绝缘栅型场效应管既有耗尽型的，也有增强型的。

在应用方面，场效应管可应用于信号放大。由于场效应管放大器的输入阻抗很高，因此耦合电容容量可以较小，不必使用电解电容器；非常适合作阻抗变换，常用于多级放大器的输入级；可以方便地用作恒流源、可变电阻、电子开关等。

5.7 场效应管的开关工作模式

在电路设计的历史中，人们很早就开始利用开关器件，直到今天，很多利用开关设计的电路仍在广泛使用。

最简单的开关是机械式开关。例如电源的开关，一般它可以处于两种状态：导通或者关断。很多开关是人工控制的，如我们回到家中，首先就是打开电灯开关，让灯光照亮房间。

另一种机械式开关是继电器，如图 5-27 所示。继电器由电压信号控制，在控制端输入一个高电平，继电器驱动线圈 A 通电，产生磁场；磁场对金属铁 B 产生吸引力，金属铁片 D 被设计为开关的切换片，控制继电器导通或者关断。这是电压控制的开关。

开关可以切换电流。导通时，电流流过，几乎没有电阻；关断时，几乎没有电流流过，其电阻为无穷大。一般情况下，开关工作在开或关两种状态，不起调节作用。但是对某

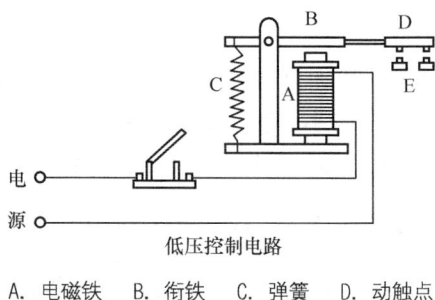

低压控制电路

A. 电磁铁 B. 衔铁 C. 弹簧 D. 动触点

图 5-27 继电器原理

些物理量的控制，却可以利用开关来完成。例如空调，当工作时，机器工作，调节温度达到设定的数值后，机器关断，停止工作；停止工作后，温度又会向环境温度方向变化，当变化超过某一设置后，机器再次启动；反复开关工作，起到调节温度在设置的某一温度范围之内，实现空调的目的。

机械式的开关，简单实用，但是受机械动作的影响，速度不可能很高，一般在数十 ms 量级就很不错了。而三极管，不论是电子管还是半导体晶体管，其控制电压电场的建立几乎是光速，工程上也能够达到很快的速度，如 CMOS 开关速度可以达到数 ns 的量级。

1. 半导体固体器件开关模式

目前在数字电路中，应用最多的开关器件是 CMOS 管，也就是我们前面介绍的场效应晶体管。为什么这种器件应用最多？CMOS 管集成容易，所占芯片的面积小，可以提高集成密度；工作所需要的电流密度小，其驱动功率很小，节约能源。因此，开关器件中 CMOS 管被广泛应用。CMOS 管的模拟开关工作原理图如图 5-28 所示，由两个或非门、两个场效应管和一个非门组成。当选通端 E 和输入端 A 同时为 1 时，S2 端为 0，S1 端为 1，这时 VT1 导通，VT2 截止，输出端 B 为 1，即 A=B，相当于输入与输出接通。当选通 E 为 1 时，而输入端 A 为 0 时，则 S2 端为 1，S1 端为 0，这时 VT1 截止，VT2 导通，输出端 B 为 0，A＝B，也相当于输入端和输出端接通。当选通端 E 为 0 时，这时 VT1 和 VT2 均为截止状态，电路输出呈高阻状态。即，只有当选通端 E 为高电平时，模拟开关才会被接通，此时可从 A 向 B 传送信息；当输入端 A 为低电平时，模拟开关关闭，停止传送信息。

其他半导体晶体管，如双极型晶体管，也能够用于开关工作模式。按集成工艺，一般称为 TTL 电路。TTL 电路实际上是电流驱动型，驱动功率比 CMOS 管大，所以其输入和输出端连接的线路一般会受到一定的限制。TTL 开关管工作原理如图 5-29 所示。

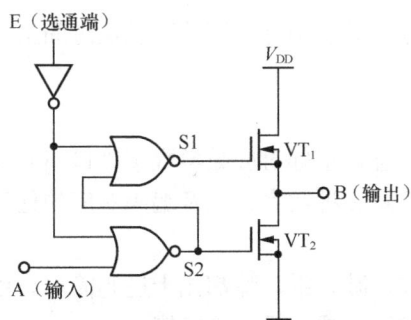

图 5-28　CMOS 管的开关工作原理图

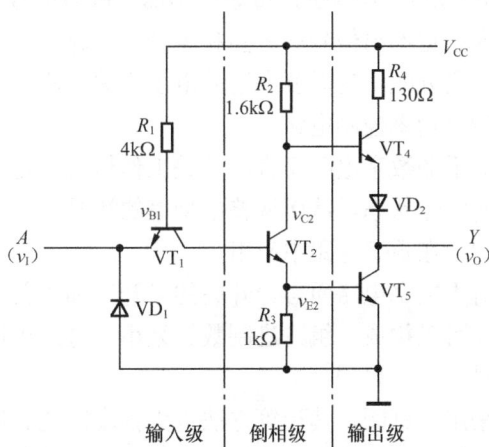

图 5-29　TTL 集成电路中的开关管

除了数字电路中常用的半导体开关工作器件之外，大功率电路和系统也常用开关工作模式的器件，称为功率半导体开关器件，也称固态器件。

其实，除了半导体固态器件之外，还可以用电子管器件完成同样的开关控制系统。与电子管器件比较，固态器件具有很大的优点：体积小、功率密度高、效率高等。

除了大功率开关管之外，还有专门用于大功率放大器的晶体管和 MOS 管，属于特殊应用，在此不详细介绍。

2. 开关应用

（1）电路的开关切换

在信号的流动中，特别是网络中信号的流动，需要选择不同的路径，需要利用开关完成路径的切换。在传统的电话通信中，A 拨通 B，采用的是人工连接。目前，程控交换机，如

图 5-30 所示，靠计算机完成交换；而交换就是靠开关电路来完成。

图 5-30　电话交换机

　　另外，通信中为了多路同时通信，例如，同一区域，十几人同时使用手机，而通信线路工作频率被限制在一个固定范围，因此需要选择时分多路系统或其他方式通信。如时分多路，将 10ms 分成 10 等份，每等份 1ms，每路信号占用一个固定时间编号段，在高速的切换下，每个人感觉不出信号被分割和组合在一起了，每路都可以同时正常工作。这种高速的时间切换和分段分配，就需要高速的电子开关完成。

　　（2）功率控制电路

　　对于非数字电路而言，开关工作模式也是一种十分常见的选择。开关可以从时间上分割电路的工作状态，从而调整电功率的流量。

　　（3）在数字电路中应用

　　对于数字电路而言，开关的"开"和"关"两种状态，正好对应数学数字"1"和"0"。1 和 0 可以构成一组二进制数。采用二进制可以表达任意多种数字，以及编码对应的任意多种信息。

　　采用二进制，其计算方法也大幅度简化。例如，加、减、乘、除都比十进制简单。更为重要的是，利用开关模式的数字电路，能够很容易完成加、减、乘、除运算。

　　另外，开关工作模式节省能量。因为，开关处于导通状态或者截止状态，导通等效为短路，电阻近似为 0；截止状态等效于开路，电阻近似为无穷大。两种状态下，晶体管的功率都近似为 0。正是因为损耗低，建立大规模集成电路的可能性才成立。如果一片硅片上集成上千万个晶体管，每个晶体管损耗 1 小点功率，加起来就很大，很可能导致芯片无法正常工作。

5.8　半导体器件组成的数字逻辑电路

　　处于开关工作模式的管子（不论哪种晶体管形式），只工作在开与关两种状态。又由于开关工作状态分别对应数字 1 和 0，可以构成基本的逻辑运算关系。所谓逻辑运算，就是只含 1 和 0 的二进制数的运算，逻辑上，只有两种状态，1 和 0；非此即彼的关系。数学上表达，如果非 1，即是 0；如果非 0，即是 1。

1. 门电路

将开关晶体管设计为开关工作模式，可以实现几种不同的逻辑关系。

（1）"非"电路

输入 1，输出为 0；输入 0，输出为 1；且只这两种情况，没有第 3 种情况出现。可以用数学表达为

$$Y = \overline{X} \tag{5-1}$$

其电路和逻辑框图如图 5-31 和图 5-32 所示。

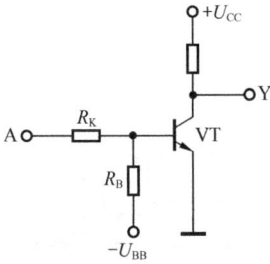

图 5-31 "非"电路

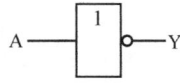

图 5-32 "非"门框图

（2）"与"电路

两输入，单输出，可以构成如下逻辑关系。

输入 A	输入 B	输出 Y
0	0	0
0	1	0
1	0	0
1	1	1

其可以用数学表达为

$$Y = AB \tag{5-2}$$

其电路和逻辑框图如图 5-33 和图 5-34 所示。

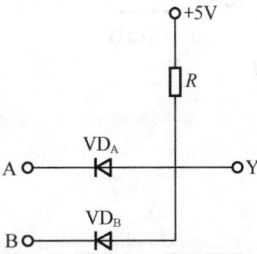

图 5-33 "与"门电路

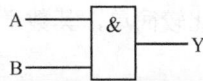

图 5-34 "与"门框图

（3）"或"门电路

两输入，单输出，可以构成如下逻辑关系。

输入 A	输入 B	输出 Y
0	0	0
0	1	1
1	0	1
1	1	1

其可以用数学表达为

$$Y = A + B \tag{5-3}$$

其电路和逻辑框图如图 5-35 和图 5-36 所示。

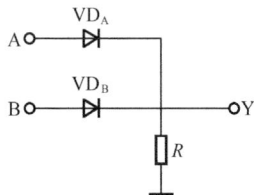

图 5-35 "或"门电路   图 5-36 "或"门框图

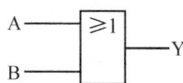

将以上三种门电路组合也可以推出更多的门电路，如图 5-37 所示的"与非门"和图 5-38 所示的"或非门"等。

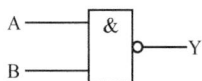

图 5-37 "与非门"表达   图 5-38 "或非门"表达

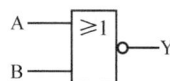

2. 简单逻辑运算

门电路运算可以进一步组合成更多的逻辑运算，如图 5-39 所示的异或门、同或门和与或非门。

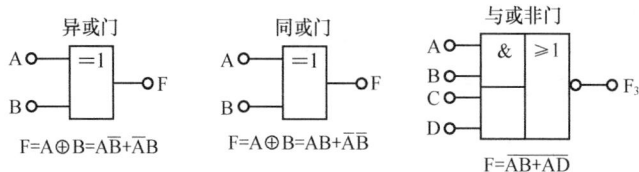

$F = A \oplus B = A\overline{B} + \overline{A}B$ $F = A \odot B = AB + \overline{A}\,\overline{B}$ $F = \overline{AB + AD}$

图 5-39 简单逻辑运算

3. 加法器

二进制加法比较简单，其数学表达为

$$Y = A + B \tag{5-5}$$

输入 A	输入 B	输出 Y	进位 Z
0	0	0	0
0	1	1	0
1	0	1	0
1	1	0	1

其中 Z 为进位；当 1+1=0，Z=1，进位 1，其原理图如 5-40 所示。

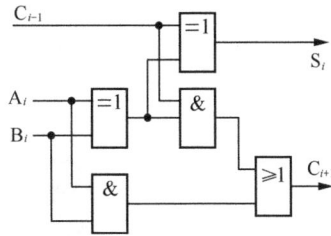

图 5-40　加法器原理图

4. 乘法器

乘法器比较复杂，但是可以由多个加法器构成。例如，十进制中的 9×5，由于十进制、乘法可以在乘法表对应找到结果，而在计算机中采用二进制，不能直接照搬乘法表，需要找到新的规则。可以利用加法器来完成乘法的任务。如可以理解为 5 个 9 连续相加，即 9+9+9+9+9 = 45，对于二进制的乘法而言，也可以利用类似的原理设计，其原理如图 5-41 所示。

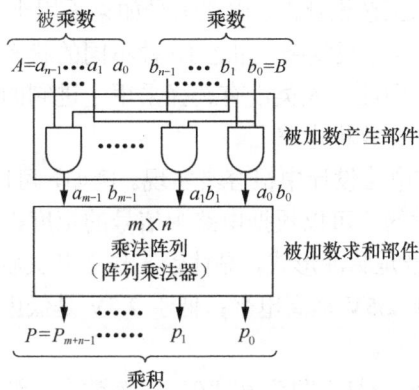

图 5-41　乘法器原理图

第6章 电子计算机

人类设计了多种计数和运算规则，如十进制、十二进制、十六进制、六十进制等。其中十进制最为常用，人类计算处理数字信息通常使用十进制；时间计数中常见十二进制和六十进制，如十二个月为一年，六十秒为一分钟。在我国古代的重量计数中，也曾采用十六进制，例如，"半斤八两"，在十六进制中是相同的。

计算机是基于电路理论和工艺设计的。电路信号如果采用十进制，需要 10 种不同的状态和比较复杂的运算规则，电路设计很复杂，加之 10 种不同的状态很难单靠电压信号的幅度来区分，出现错误的概率很高。因此，人类没有选择采用十进制的方式设计计算机运算规则，而是选择了二进制的方式设计计算机电路。

二进制只有两种状态，在电路设计中很容易实现。例如，可以选择"0"表示低电平，"1"表示高电平。所谓高低是相对的，可以根据电路中信号的幅度来表示。例如，在一个数字电路中电路供电电压是 5V；信号是脉冲形式，晶体管工作在开关状态，其信号电压一般只处于 0V 和 5V 两种；可以认为大于 2.5V 是高电平；低于 2.5V 是低电平。这样，由于设计了足够的容差，出现错误的概率就很小。

由于信号只有高、低两种，对应"1"和"0"两个数字，计数和运算都很容易通过数字电路来完成。这样，通过控制电荷的有效运动，完成运算的基本功能。而任何复杂的运算，都可以简化为多个简单运算的组合。因此，我们可以通过编写程序，控制这个数字电路完成很多复杂的计算和数据处理。这就是电子计算机，我们也习惯称为"电脑"。

以二进制为基础的计算机和电子电路已经被广泛应用，成为当今信息处理的主要平台。计算机、网络、通信、数据存储等都采用二进制模式工作，这种技术也称为数字技术，或者称为数字化技术。

6.1 数字信号

从理论上讲，数字信号可以采用各种数字模式来表达信息，但由于二进制模式的处理方式最适用于电路技术，所以二进制模式或为数字电路的基本运算模式。其他模式的运算，可以由二进制模式来间接表达，如十进制数，可以用二进制编码来表达。

1．二进制

二进制是用 0 和 1 两个数码来表示数据的。它的基数为 2，进位规则是"逢二进一"，借位规则是"借一当二"。

二进制的基本数虽然只有两个，但是已经足够表达任意多的数据和信息。十进制的位数表达自然数，如 4 位：0000～9999，共计可以表达 1 万个数，即 10^4 个数；二进制的表达的个数也由位数决定，如 4 位：0000～1111，共计可以表达 2^4 个数，16 个数。如果也用二进制表达 1 万个数，需要多少位？2^{13}=8192 位；2^{14}=16384 位。可以得知，如果用二进制表达 1 万个以上的数，需要 14 位。也就是说，用二进制表达效率并不高，但处理简单。

2．十进制与二进制的关系

我们习惯用十进制表达数字，一般的模拟信号，也采用十进制的数学描述。因此，在利用数字电路处理信号之前，需要将十进制模拟信号转换为二进制的数字信号。二进制数与十进制数对应关系如表 6-1 所示。

表 6-1　　　　　　　　　十进制数与二进制数对应关系

十进制数	0	1	2	3	4	5	6	7	8	9
二进制数	0000	0001	0010	0011	0100	0101	0110	0111	1000	1001

十进制数是我们熟悉的自然数，其实这也是人类长期应用总结的数学表达形式。对于人类大脑来说，估计采用这种模式更方便，10 个以内的符号比较容易记忆和区分，也不容易出错。

按前面介绍，4 位十进制可以表达 1 万个数，如果我们按 4 位一组编码，可以对应 1 万个以内的汉字，基本上可以满足我们语言文字交流的需要了。以前的电报编码，就是采用这种方式，例如，电报码 6061，对应汉字"电"。如果我们再定义如表 6-1 所示的 4 位二进制数与 0～9 十进制数字的对应关系，那么，从理论上讲，就建立了二进制表达 1 万个汉字的编码关系。如，电报码 6061 可以用二进制数表示为 0110 0000 0110 0001。实际上，电报就是按照这样的编码原理发射信号的。电报只发射两种信号："长"和"短"，就是二进制模式。

二进制数与十进制数的转换关系为

$$B_3B_2B_1B_0 = B_3 \times 2^3 + B_2 \times 2^2 + B_1 \times 2^1 + B_0 \times 2^0$$

例如：二进制数 1010 转换为十进制数

$$1010 = 1 \times 2^3 + 0 \times 2^2 + 1 \times 2^1 + 0 \times 2^0 = 2^3 + 2^1 = 8+2 =10$$

也就是说，二进制数 1010 对应十进制数 10。

反之，我们也可以采用整除 2 的余数排列方式，将十进制数转换为对应的二进制数。例如，十进制数 14，对应的二进制数是多少？

$$14/2 = 7 \qquad 余 0$$
$$7/2 = 3 \qquad 余 1$$
$$3/2 = 1 \qquad 余 1$$
$$1/2 = 0 \qquad 余 1$$

因此，十进制数 14 所对应的二进制数是 1110。

3. 任意信号的数字表达形式

由于实际的模拟信号通常是非奇异函数，即：信号随时间的变化是有限的，在数学描述中用连续函数表达。如果可以将连续取值（或者大量可能的离散取值）近似为有限多个（或较少）的离散值，这个过程在数字信号处理领域被称为量化。连续信号经过采样成为离散信号，离散信号经过量化即成为数字信号，其表达如图 6-1 所示。通过量化，任意信号都可以由一组二进制数近似表达。在数字信号处理领域，信号的采样和量化通常都是由专门的模拟/数字转换器（ADC）实现的。

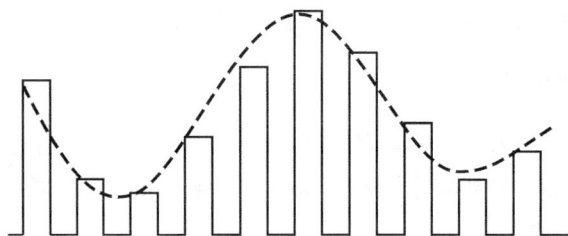

图 6-1　模拟信号离散化和数字化示意表达图

6.2　CPU

CPU 称为中央处理单元，它是计算机系统的核心，完成信号的各种处理。

1. CPU 基本结构

CPU 主要由运算器、控制器和寄存器构成，如图 6-2 所示。其中，运算器完成多种数学运算，如加、减、乘、除和逻辑运算；控制器没有计算功能，它负责读取指令，分析各种指令，并按指令要求发出控制信号;寄存器用于存放数据和中间结果,CPU 中一般设计有多个寄存器。

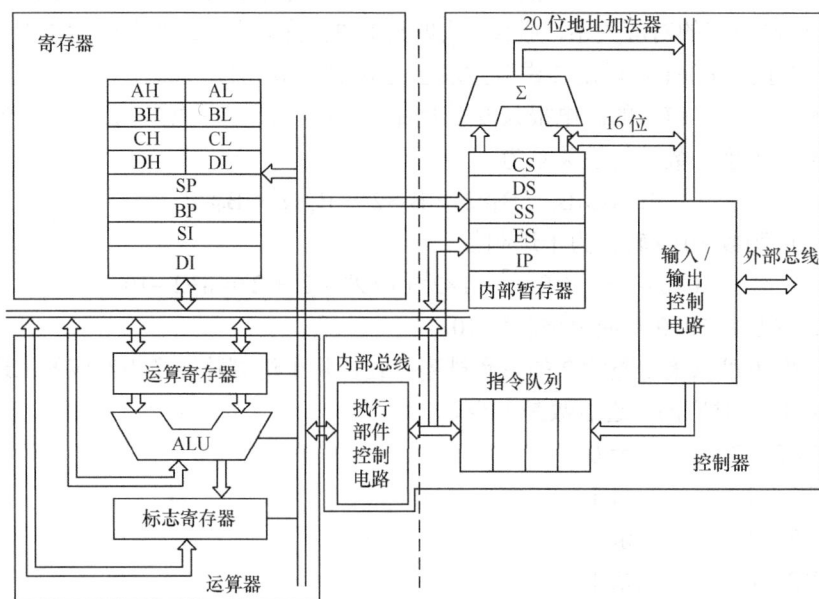

图 6-2　CPU 基本结构

CPU 由脉冲数字电路构成，其运算以及处理的数据采用二进制模式，电信号由高/低电平表达。由于脉冲数字电路的工作模式是"步进式"：每向前一步，就由一个时钟信号触发，就像由一个固定节拍的"指挥"协调前进的"步伐"。因此，时钟频率越高，表示 CPU 运行速度越快。数字电路的基本元件是工作在开关模式的晶体管（或者 MOS 管），采用大规模集成电路工艺，将其集成在很小的一块芯片上。一块芯片可以集成上千万单元，所以，芯片具备很强的工作能力，称为一颗"奔腾"的芯。

CPU 在单位时间内（同一时间）能一次处理的二进制数的位数称为字长。如通常所说的 32 位机，表示 CPU 一次处理数据的长度是 32 位。字长越长，说明处理数据的速度越快。一般计算机 CPU 处理芯片，采用 32 位或者 64 位；而微型处理器，如单片机的 CPU 采用 16 位或者 8 位。

2．CPU 基本操作

CPU 的基本操作包括：取指令、译码、执行和回写等几个步骤。指令是计算机规定执行操作的类型和操作数的基本命令。CPU 首先从存储器或高速缓冲存储器中取出指令，放入指令寄存器，并由程序计数器指定程序存储器的位置；接着对指令译码，把指令分解成一系列的微操作；然后发出各种控制命令，执行微操作系列，从而完成一条指令的执行。

图 6-3 所示的为一个 ADD R2, R0 的加法运算流程。要求将寄存器 R2 和 R0 中的内容相加，然后存入 R0 寄存器。实际执行时，首先将程序计数器 PC 指向主存地址寄存器 AR，主存 M 接收读写控制信号，数据寄存器 DR 内容送入指令寄存器 IR，完成取指操作；然后根据指令译码结果，将寄存器 R0 和 R2 中的内容分别送入算数逻辑单元的输入寄存器 X 和 Y，并由算数逻辑单元执行加法操作，结果写入 R0，完成加法指令操作。

单独看一片 CPU 的数据处理能力并不强，它只能完成简单的运算。所谓的能力强主要是指其运行速度很快，目前一般的 CPU 运算速度可以达到每秒运行 1 亿步。就这一点而言，远远超过人类大脑的运行速度。

CPU 的单步运算能力有限，只能完成简单的运算，如加、减、乘、除。然而，任何复杂的问题，总是可以分解为若干简单步骤的叠加，步骤虽然多，但是由于电信号运动的速度是光速，处理速度可以很快，解决复杂问题也并不需要很长的时间。因此，关键的问题是，如何控制 CPU 的操作步骤？这种操作步骤往往是人为设计的，计算机只是按指令要求一步一步运行，

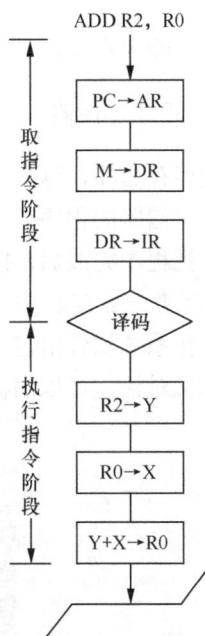

图 6-3 一个加法程序的流程图

直到指令结束。这种操作指令的集合，构成的某一特殊指令群，就是程序。计算机的每个动作，都是由程序确定的。很多简单动作连接起来，就可以完成一个事先约定的复杂任务。

6.3 存储器

存储器是计算机的重要组成部分，是计算机系统中的记忆设备，用来存放程序和数据。

计算机中的全部信息，包括输入的原始数据、计算机程序、中间运行结果和最终运行结果都保存在存储器中。它根据控制器指定的位置存入和取出信息。有了存储器，计算机才有记忆功能，才能保证正常工作。存储器可以根据用途、存储介质和存储方式等多种方式进行划分。

按照用途划分，存储器分为：

（1）CPU 内部的寄存器，主要作用是参加运算和存储中间结果；

（2）程序存储器，专门存放程序，一般不能改动，当然，某些程序需要修改时，允许改动；

（3）数据存储器，除了 CPU 内部设计了部分数据存储单元之外，为了增加存储的空间，在外部扩展了数据存储器，还可用于存储中间数据，高档的计算机可以同时处理多项任务，需要的中间数据存储容量高；

（4）外部存储器，可以永久保存数据。关机后，内存的数据不再保留，根据程序的需要，数据可以保留到磁盘或硬盘中，下次开机时，数据可以再次被调用。

按照存储介质划分为：

（1）半导体器件组成的存储器，读取速度快，通常用来存放当前正在执行的数据和程序。

（2）磁性材料做成的存储器，通常用于长期保存信息。

按存储方式划分为：

（1）随机存储器，任何存储单元的内容都能被随机存取，且存取时间和存储单元的物理位置无关。

（2）顺序存储器，只能按某种顺序来存取，存取时间和存储单元的物理位置有关。

1. 程序存储器

程序存储器，这里主要指内部的程序存储器，用于存储基本程序。开机后，计算机自动按程序存储器的程序指令开始运行。

开机程序完成后，按程序顺序，读取外部存储空间的程序（或者数据），并按读入程序运行，启动某一给定程序。计算机的一个重要程序是操作系统，如 Windows 操作系统。计算机接受操作系统软件给定的状态，建立了人机界面窗口，如图 6-4 所示。人可以按窗口的指示，与计算机对话，可以用鼠标或键盘点击程序安排的接口，完成需要的操作。

图 6-4 操作系统界面

实际上，每单击一次鼠标或键盘，等于输入一个（或者一组）指令，计算机按指令启动一个约定的程序，计算机再按程序完成一系列运行动作，完成约定的整个任务。

有人说，一个程序写得再好，也不是思维的代码。的确，程序只按规定的步骤运行，可以事先设计好可能出现的各种情况，并转换到不同的子程序中运行。但是，如果有程序中没有设计的情况发生，程序不会思考，也不会进入事先没有设计好的程序中运行。程序无法选择，可能进入无效的死循环中。

最底层的程序存储器内容是不能修改的。开机后，必须按此存储的程序运行。进入一定的状态后，才开始启动原始操作程序。操作程序可以修改，而可以修改的程序，也不一定存储在指定的空间。

2．内部存储器

内部存储器是由电路芯片构成的，其优点是能够快速地"读"和"写"。它一般用于存放计算机运行的中间结果，也包括运行程序。内部存储器越大，保存的中间数据越多。同时，某些通用计算机，同时支持多个程序的运行，多个应用程序也会占用内部存储器。在许可的范围内，一般不会影响计算机的工作效能。

内部存储器由晶体管（或 MOS 管）构成，如图 6-5 所示，需要电源才能工作。所以，一旦掉电，内部存储器存储的信息就不再保留，开机后需要重新启动相关程序。

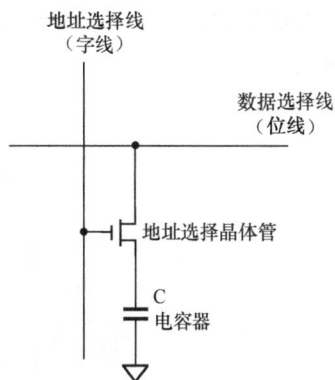

图 6-5　内部存储器电路结构

内部存储器的设计也是按位数设计的，比如：32 位或者 16 位，一般与 CPU 的字长相同，仍然采用二进制记录方式，每位高电平为"1"，低电平为"0"。一组 32 位二进制构成一个数字；按数的排列，构成一个数组。内部存储器存储示意图如图 6-6 所示。

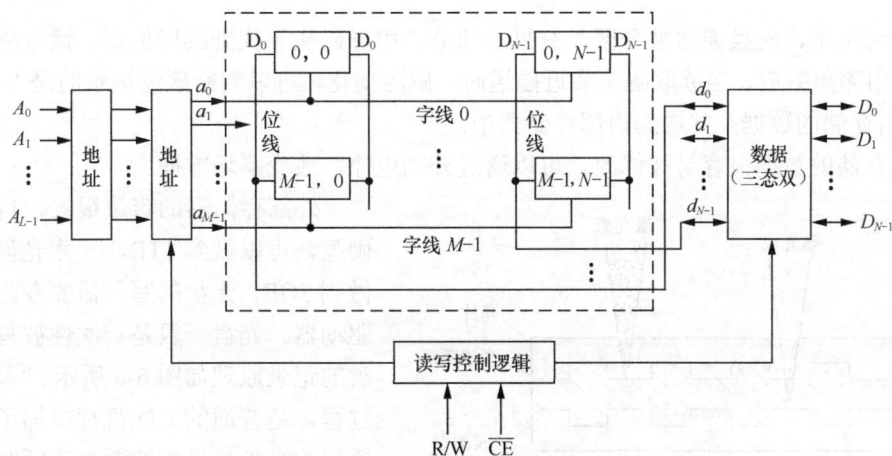

图 6-6　内部存储器存储示意图

随着集成电路工艺的发展，内部存储器密度设计越来越高。同等容量的体积越来越小。

目前个人计算机的内部存储器容量一般在 4GB，可以做在一小块电路板上。

3．外部存储器

外部存储器的介质有多种，如磁盘、光盘等。外部存储器一般选择用磁材料设计，利用磁性的一个特点：电流为 0，保留一定的剩磁，剩磁可以永久保留。磁盘的密度可以设计得很高，存储容量可以很大。

磁盘中数据的"写"基本原理如图 6-7 所示。利用磁盘驱动器选择磁盘中的位置，这由机械原理准确寻找并确定位置；然后在给定位置，输出一个强电流信号，电流产生磁场，促使该位置磁性材料磁化；电流消失后，该位置磁性材料保留一定剩磁，可记录为"1"。在另外一个位置，加反向的强电流，电流产生磁场，磁场促使该位置磁性材料反向磁化；电流消失后，磁性材料在此位置保留反向剩磁，可记录为"0"。这样，利用磁盘，可以记录二进制数据。在实际设计中，可以按磁道的方式设计，在一条磁道上，记录二进制数据，按一定的规则排列。

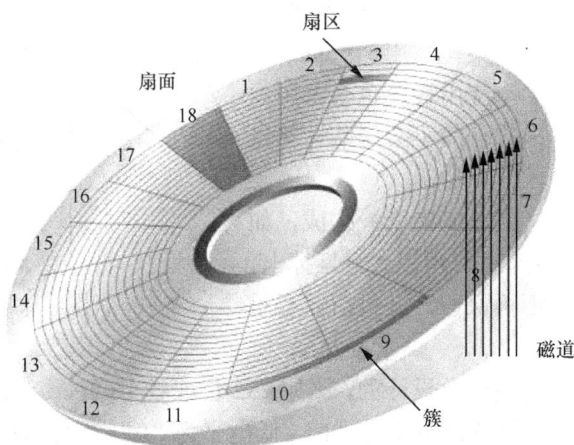

图 6-7　磁盘记录数据的基本原理

一般情况下，磁盘通常被分区，有目录部分，引导磁头寻找到准确位置。读取磁盘中数据，是利用磁阻效应，当读取磁头靠近磁道时，磁阻变化，可以判断磁盘记录的是"1"或者"0"。读出存储的数据，并送到内部存储器中。

磁盘存储的数据很容易被修改，可以通过外加电流，改变磁场方向。

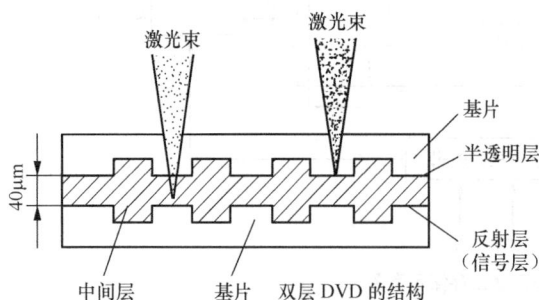

图 6-8　光盘的记录原理

外部存储器的容量很大，目前一个硬盘，可以做到 1TB，一张光盘也可以做到 5GB。光盘的写入需要专门的光盘驱动器。光盘一般是一次性被写入。光盘的记录原理如图 6-8 所示。"写入"的过程，是普通的 CD 盘片中加了一层染色层，光盘刻录机的激光头所发出的光束强度可以随时变化，这样就能改变碟片染料层的状态。激光根据数据的不同，在空白的 CD 盘片上烧出可供读取的反光点,数据也就被记录。"读取"的过程,是用激光读取盘片上的不同凹坑,由于反射的角度与时间不同,判断 0 或 1 的数据。

从底层看,存储器的原理很简单,每位存储的信息也很小。但是,如果按一定的规则和次序存储数据、读取和表达数据,任何复杂的信息都可以由简单的数组描述。所以,一个复杂的信息内容,可以由一定的编码表达为一组数据,复杂的数据可以简化为二进制表达,二进制可以被存储器记录和保存。当我们需要这些信息时,可以沿着相反的路径读出信息。

例如,一幅数字图像,可以按照像素点位置,分解为数组;每个像素点由二进制数表示,从而将模拟图片转换为数字图片。转换示意图如图 6-9 所示。

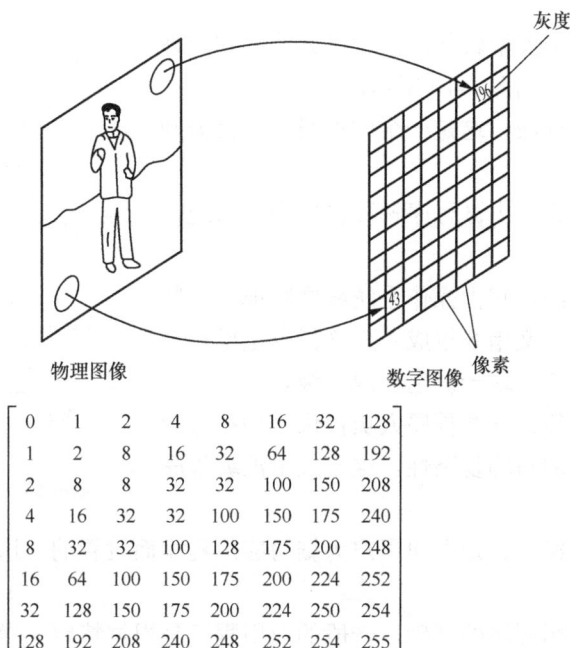

$$
\begin{bmatrix}
0 & 1 & 2 & 4 & 8 & 16 & 32 & 128 \\
1 & 2 & 8 & 16 & 32 & 64 & 128 & 192 \\
2 & 8 & 8 & 32 & 32 & 100 & 150 & 208 \\
4 & 16 & 32 & 32 & 100 & 150 & 175 & 240 \\
8 & 32 & 32 & 100 & 128 & 175 & 200 & 248 \\
16 & 64 & 100 & 150 & 175 & 200 & 224 & 252 \\
32 & 128 & 150 & 175 & 200 & 224 & 250 & 254 \\
128 & 192 & 208 & 240 & 248 & 252 & 254 & 255
\end{bmatrix}
$$

图 6-9　图片的数字化过程

6.4　计算机工作程序

计算机的 CPU,一步只能够完成最简单和基本的运算,稍微复杂一点的运算或操作,需要很多步的串联组合。CPU 自身没有组合复杂计算和操作的能力,因此,需要控制程序完成这些操作过程。

由于人的知识体系是比较完整的,能将一定难度的问题分解成为很具体的加、减、乘、除。但分解的过程又是很繁琐的事情,人一般不愿意直接面对计算机底层。那么,如何与计算机对话呢?人们总希望用自己熟悉的语言或者直观的指令来操作计算机。因此,在设计计算机的时候,有人开始设计通用的软件,建立比较友好的界面,让人可以很容易与计算机沟通。这种软件将一些基本的操作,按常用的规律打包,实现计算机硬件与软件资源的管理和控制,我们称为操作系统。换句话说,就是我们输入一条简单的指令,操作系统软件在内部自动翻译成 CPU 能够识别的指令群,并按其指令运行。例如,我们输入一个常用指令 dir/w,

计算机就可以查找并显示存储区所有的文件。

正是由于操作系统的应用，特别是 Windows 操作系统的广泛应用，使人们很容易理解和应用计算机。Windows 建立了良好的界面，人们可以直观地看到窗口以及展开的各种清单，可以用鼠标直接点击界面中的操作条，完成对计算机任务的控制。

1. 操作系统

操作系统的任务是管理计算机的全部资源，提高计算机使用效率，让人与计算机之间能交流，同时也是计算机硬件和其他软件的接口。人们可以通过操作系统提供的指令或者菜单方便地使用计算机。

操作系统本身是一个大型软件，由一系列控制和管理子程序构成。其层次结构如图 6-10 所示。

第 1 级是微程序设计级，这是一个硬件级，由机器硬件直接执行微指令。

第 2 级是机器语言级，由微程序解释机器指令系统，这一级是硬件级。

第 3 级是操作系统级，它由操作系统程序实现。这些操作系统由机器指令和广义指令组成。广义指令是操作系统定义和解释的软件指令。这一级也称混合级。

第 4 级是汇编语言级。它给程序人员提供一种符号形式的语言，以减少程序编写的复杂性。这一级由汇编程序支持执行。

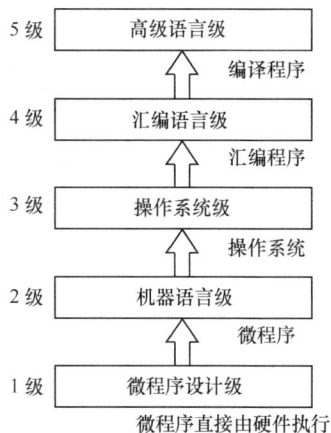

图 6-10 计算机操作系统层次结构

第 5 级是高级语言级。这是面向用户为编写应用程序而设置的。这一级由各种高级语言编译程序支持。

操作系统是其他应用程序的基础，一般的应用程序是根据特定的操作系统开发的，只有在这种操作系统条件下才能够正常运行。通常，在计算机主存储器中存有一个引导程序，计算机开机自动执行操作系统程序，将相关数据和指令集写入内存中，之后 CPU 的控制权就交给操作系统，CPU 的每一个动作由操作系统程序控制。以计算机芯片为核心的电路系统，也在开机时启动操作系统，如果只安装一个专用程序，设备可以直接运行专用程序，电路系统直接进入运行或等待运行状态。

随着计算机越来越广泛的应用，操作系统本身也不断发展和进步，功能越来越强，界面也越来越友好。计算机 CPU 速度的提升，不再满足单个程序的运行，操作系统可以并行处理多个程序同时运行，安排好 CPU 的时间顺序，各个程序又按自己的运行程序独自进展，互相不影响。

操作系统的种类也很多，对于不同的应用场合，不同的设备，需要不同的操作系统。如可分为：单用户操作、批处理操作、实时操作、网络操作、分布式操作和微机操作系统等。针对一些电路功能单一，完成某一专门任务的微型计算机系统（如 DSP、嵌入式系统、单片机等），也有专门简化版本的操作系统。目前应用最广泛的操作系统有微软公司的 Windows 各种版本、Unix、Linux 和 Mac OS 等系统；针对移动终端的应用的操作系统，主要有 iOS、Android 和 Windows Phone 等系统；早期常用的有 DOS 操作系统。

随着电子技术的发展，专用的计算机系统被广泛应用。例如车载电子系统，车上电子设备不需要完成复杂的计算任务，只是管理车上的固定设备，所以，可以选择微型控制芯片、相对简单的 CPU 和外围设备，这种系统需要专门的操作系统。一般在维修时，需要与主机连接，交换数据；正常运行时，没有复杂的计算任务。

2．应用程序

操作系统像一位"管家"，负责管理计算机的 CPU 和外围设备，但操作系统本身不一定承担具体的任务。为了完成某项或某几项特定任务而被开发运行于操作系统之上的计算机程序，称为应用程序。计算机实现的具体任务都是由应用程序完成的。应用程序根据各自的功能分为很多种类，能够完成各种信息处理，解决我们现实中的问题。

应用程序一般是利用计算机语言编写开发软件，然后通过编译程序将计算机语言转换为计算机操作系统能够理解的代码，操作系统接收代码控制 CPU 运行。计算机语言本身也是一种应用程序，但不是直接面向 CPU 的，而是面向操作系统，通常具有良好的人机交互界面，方便我们理解和掌握，并且能够间接控制计算机 CPU 工作。因此，计算机语言成为一个重要的工具，通过这个工具可以操控计算机完成我们设计的任务。

目前，计算机应用软件很多，如 Office、Matlab、Pspice、Candence 等。其中还有很多应用程序已经被操作系统集成到它的软件包中，计算机开机后，被集成在操作系统中的这些软件自动被运行。

Office 是一个大型的办公软件，内含多种软件，如 words、ppt、excel 等，每个软件都是一个独立的程序，可以单独运行。Office 软件具有很强的功能，可以完成多种文字处理，如输入、修改、编辑等，其典型界面如图 6-11 所示。

图 6-11 Office 界面

Matlab 是一个数学分析软件，包含有大量的数学函数，可以完成多种数学运算，支持多种数学图形处理，其仿真程序界面如图 6-12 所示。Matlab 也已经被广泛应用，并成为数学分析的一个非常有用的工具。

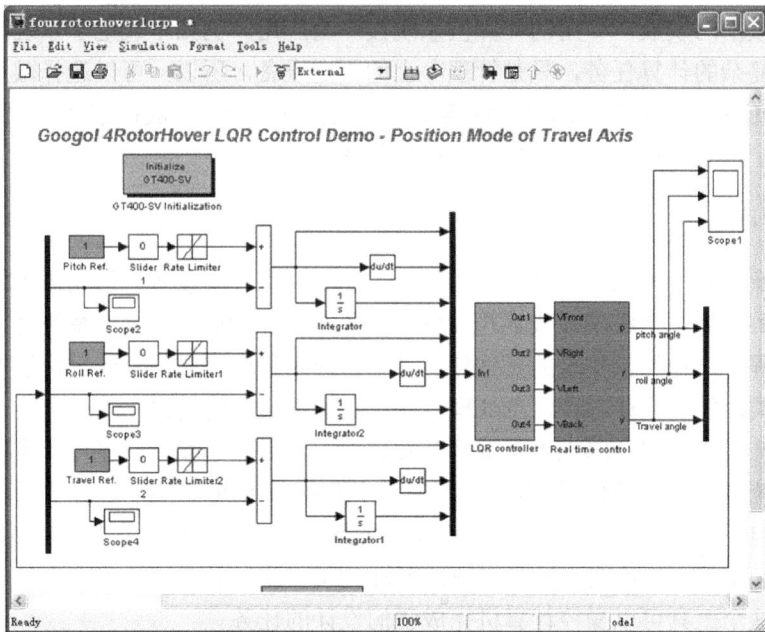

图 6-12　Matlab 软件的一个窗口

　　以上介绍的软件是通用的计算机应用软件。某些小型的电路系统，完成比较单一的工作任务，只需要自己开发一个小型的实际应用软件，提高电路系统本身的工作效率。这种小型软件，往往需要设计者自己根据实际应用情况和需要解决的问题来开发。图 6-13 所示的为一个小型的数据采集电路。我们只需要控制 CPU 将 A/D 变换转换的数字信号，存储到存储空间，然后再安排读出数据，并显示到显示器上。这样一个简单的任务，不需要大型计算机，也不需要大型软件。因此，可以利用一个单片机，自己编写一个简单程序就能够完成任务了。

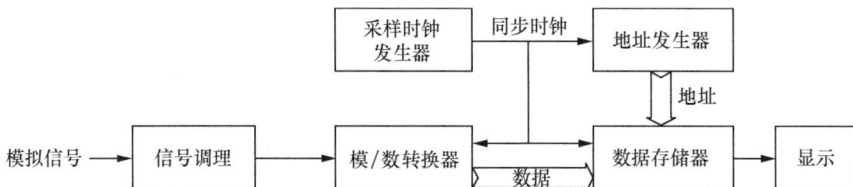

图 6-13　简单的数据采集电路

3. 网络应用程序

　　随着网络技术的发展，网络已经被广泛应用，成为我们社会生活的一个重要信息交流平台。在这个网络中，每台计算机是信息网络的一个节点，也是人机交流的终端。

　　网络体系，除了硬件连接路径之外，也需要运行程序。例如利用浏览器通过网络访问其他计算机或者网页；通过浏览器程序，能够读取其他计算机上存储的信息，并按一定的格式显示出来。

　　随着网络的广泛应用，浏览器程序已经被打包到操作系统中。例如，Windows 中的网络浏览器，开机后，浏览器应用软件被自动启动。浏览器启动后，操作系统将其安排在主菜单上，但并没有进入工作状态；当我们点击菜单上的浏览器栏，浏览软件就开始运行，可以上网浏览。浏览时，按程序规则输入网络地址，可控制计算机发送访问该网页指令，并接收该网络的信息。

计算机中 CPU 只进行简单的"劳动"，由于非常"勤快"，可以高速运行。利用操作系统可以管理计算机 CPU 和相关设备，非专业人员可以与操作系统"对话"，可以针对不同的问题，编写不同的应用程序，从而实现对计算机 CPU 的操控。一个复杂的问题，在计算机里被分解成一系列简单的"动作"。这看似很繁琐，但由于 CPU 的高速运行，每秒可达上亿步，复杂的问题也能够很快完成。同样的问题如果用人脑来解决，所花的时间可能是天文数字。

自从有了计算机这个有效的工具，人们为了有效地利用它，编写程序成为一项专业的工作；数学方法也开始向有利于利用计算机的方向发展，所以，也产生了很多新的算法。

6.5　数据结构

物理世界中各种信息的表达，有不同的形式。人类长期对物理世界的认识，也形成了直接的认识和理解。我们知道，计算机并没有认识和理解的能力，其 CPU 的能力也只是进行简单的运算，而且运算的数据必须是二进制模式的数据格式。计算机不可能直接处理复杂的物理数据和信息。

因此，我们必须对不同的数据进行分类，并建立数据信息的各种关系。其主要目的是为了将各种不同的数据归类到相应的数学模型中，这样使数据的关系及结构具有比较固定的规律，有了固定的规律，才容易编制程序对这类数据进行处理。

数据分类后，通过编制处理程序，再经操作系统"翻译"成 CPU 能够执行的二进制数据，才可以利用计算机 CPU 进行处理。CPU 处理后的数据，如果我们需要提取这些处理后的数据及有用的信息，又需要转换为人能够理解的数据表达形式。因此，计算机硬件虽然"工作"能力很强，但是它只是一个"机器"，如何指挥计算机工作，具有更重要的意义。

1．数据分类

不同的物理信息，有不同的表达形式。有数字式，也有非数字式的描述；有定量描述，也有非定量描述的。计算机运算和存储的数据格式只有二进制数码，利用计算机处理物理世界的各种信息，需要与二进制数建立一定的关系。

数字计算：CPU 能够直接完成一定的算术运算。一个复杂的问题，如解方程或者方程组，需要一个数学模型来描述。但不论多复杂，都可以分解为简单的算术运算，通过 CPU 进行计算。

非数字计算：很多问题不是单纯的算术运算，如管理问题。解决此类问题的关键，不再是数学分析计算，而是需要设计合理的数据结构。例如文字处理，每个文字可以通过编码与一个固定的二进制代码联系；大量的文字需要排列、插入、删除、查找等操作；更为复杂的处理还需要在文中插入图片。

又例如，查询一个电话号码。一个电话号码簿记录了 N 个人名字和对应的电话号码，并按下列形式进行表述：

$$(a_1,b_1)(a_2,b_2)\cdots(a_N,b_N)$$

其中，a,b 分别表示名字和对应的电话号码。要求设计一个算法，输入一个人的名字，该算法能够输出其对应的电话号码，如果电话簿里没有这个人，则报告没有这个人电话号码的信息。

这是一个数据结构问题。算法的设计，要求计算机存储人名字和对应电话号码之间保持一定联系。例如，可以定义一个二维数组，查找到给定人名字，就找到对应电话号码；如果没有查询到给定名字，直接输出，无此人电话号码信息。建立数组的联系后，也可以反过来查询，输入电话号码，要求找到对应的人名字。

两个元素，具有关系〈d_1, d_2〉，只表示两元素之间的关系，不代表具体的意义；可以是人名字和电话号码之间的关系，也可能是家族中的父子关系。这种关系的具体含义是人为设置的，计算机数据结构只是抽象关系。

常用的几种数据结构，包括线性结构、树形结构、图形结构和集合结构，如图6-14所示。

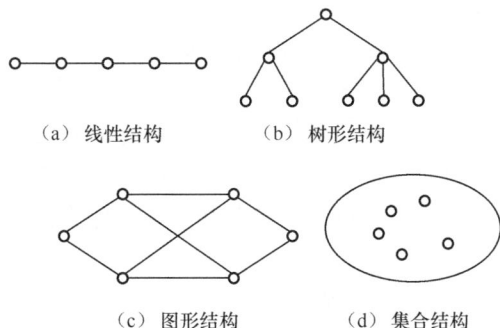

(a) 线性结构　　　　(b) 树形结构

(c) 图形结构　　　　(d) 集合结构

图6-14　几种常见的数据结构

2. 算法

人类解决问题的方法主要有两种：算法和推演。算法，就是为达到某一目的所需要的基本操作序列。推演，主要是用推理的方式，建立概念或命题等语义符号之间的逻辑关系，从而达到相互解释或说明的目的。

算法是计算机应用的核心，算法的优劣决定软件系统的性能。算法是精确定义的一系列规则，指出如何从给定的输入信息经过有限步骤产生所需的输出信息。算法的特性如下。

（1）有穷性，对于任意一组合法的输入值，在执行有穷步骤后，一定能够结束；操作步骤有限，每步能够在有限时间内完成。

（2）确定性，对于每种情况下所执行的操作，算法中都有确切的规定。在任何条件下，算法都只有一条执行路径。对于一般的信息处理来说，只要输入相同，初始状态相同，则无论执行多少遍，所得结果都应该是相同的。

（3）可行性，算法中的所有操作都必须足够基本，可以通过基本操作运算经过有限步实现；不能够有复杂的问题，如："求 x 和 y 的公因子"，就不是一个基本问题，它本身就是一个算法问题。

（4）有输入，输入值是算法的操作对象，不能操作的空数字；某些特定的函数，其实已经预先给定了输入值。例如：求100以内的素数。操作对应是自然数列，算法事先就已经设置了输入值。

（5）有输出，输出是一组与输入有确定关系的量值，这种确定的关系表现了算法的功能。

算法是对特定问题可行的解决方法、规则和步骤；算法是处理问题的策略，数据结构是问题的数学模型。从而，程序设计 = 数据结构 + 算法。

例如：求 1+2+3+…+100=？

自然语言描述算法：

（1）将1赋值给 X；

（2）将2赋值给 Y；

（3）将 X 与 Y 相加，结果赋值放入 X 中；

（4）将 Y 加 1，结果放入 Y 中；

（5）若 Y 小于或等于 100 转到步骤（3）继续执行，否则算法结束，结果为 X。

根据计算机的工作特点，算法可以用图 6-15 所示的流程图描述。

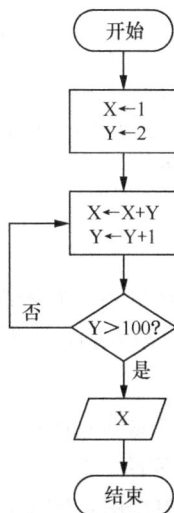

图 6-15 算法的流程图

选择一种计算机语言，如 C 语言，描述该算法：

```
Main ()
{
  Int X,Y;
  X=1;
  Y=2;
  While (Y<=100)
  {
    X=X+Y;
    Y=Y+1;
  }
  Printf ("%d",X);
}
```

算法就是将问题分解成有限步，然后按顺序一步一步执行，来解决这个问题。在工程实践中，人们已经设计了一些基本的具有共性的算法，并建立了相关的函数库，在具体应用中，可以直接调用这些函数。例如，Matlab 软件中，针对大量的数学运算，软件已经设计了通用的算法，在使用 Matlab 的时候，可以不用自己编写已经有的函数程序，而采用直接调用这些函数的方式。

如，我们要画出一个正弦函数，可以直接调用库中函数：

$$Y=\sin (X)$$

就完成了正弦函数的调用。将 X 作为横坐标，Y 作为纵坐标，再调用作图程序，就可以画出正弦函数。

算法不论在系统设计，还是工程设计中，都起十分重要的作用。算法的优化可以大幅度提高系统的工作能力和效率。同样一个问题，不同的算法，可能结果相差很大。比如同一个问题，A 算法需要花 100 年时间解决，B 算法只需要 10min 时间就解决了。因此，算法可以决定整个工程项目的成败。

在推演和算法两种方法中，人们更习惯用推演方式，逻辑概念比较清楚。而计算机不"习惯"这种解决问题的方法，所以计算机基本上是采用算法来解决问题。实际计算机解决问题的算法也是靠人设计的。因此，程序设计就成为工程技术人员的一项重要任务，也是我们学习电子信息技术需要掌握的一项基本技能。

3. 数据库

计算机存储设备的数据格式是二进制数码，如果没有规则和联系，可能谁也无法识别和理解这些大量堆积的数码。计算机本身不是人脑，它不会自动归纳和整理自然的数码，因此，需要设计相关的规则和程序来处理。

数据库技术是管理数据的一种科学有效的方法，它研究如何组织和存储数据，如何高效地获取和处理数据。数据库作为软件技术的一个重要分支，已经广泛地应用到工程实践中，在信息获取、信息管理等领域发挥很大的作用。例如，图书馆管理系统，可以记录图书馆所有书籍的资料，能够通过计算机查询相关信息。又如，大学生学籍和成绩管理系统，可以记录学生在校学习阶段的档案资料。

正是因为计算机与人脑的工作模式不同，人又需要利用计算机来为人类服务，所以需要设计计算机程序将数据转换为人能够很容易理解的模式。基于这种思路，人们开发和设计了数据库应用软件，通过这些软件可以开发不同的应用程序。如，DBMS 提供了多种面向用户的数据库应用程序开发工具。

随着网络的发展，数据库的利用越来越广泛。大量的信息可以通过网络查询，文献、新闻、资料的检索更方便快捷。在网络系统中，数据库采用统一的标准模式。例如文献检索，利用关键词作为连接，可以快速调用各种资料。为了充分利用网络资料，还出现了专门的搜索工具，如 Google、百度等。

数据库实际上是对信息的管理方式。信息存储在计算机存储空间内，不论是磁盘还是光盘，底层的格式就是二进制代码。显然，这些二进制代码与信息表达的内容之间有明确清晰的对应关系，这就是编译，也就是我们习惯说的"翻译"。在实际应用中，并不是每组数码对应唯一的含义和信息内容，而是多种对应关系。

例如，学生的学籍管理系统中，原始数据包括：学生名字、出生年月、性别、专业方向、成绩等。当我们只需要提取学生专业方向的人员清单时，就可以在记录库中，仅选择学生姓名和对应专业方向，不需要其他信息。当我们需要学生成绩排序时，只需要学生姓名和对应的成绩单。这就形成了一组原始数据，可以按我们的需求提取相关信息，而不是每一种需求文件都存储相关的数据内容，这样可以大幅度减少冗余存储数据。

4. 数据与信息融合

在实际工程应用中，很多不同领域的数据被综合利用。例如，现代交通管理系统，除了需要道路本身的信息之外，还需要气象信息、车流量信息等。信息和数据，可能来自不同的设备，也可能由其他部门提供，数据格式不同，数据的表达方式也可能不同。因此，数据接收后，需要分别进行转换，再统一管理。

例如航海信息管理系统，如图 6-16 所示。船在大海上航行，需要海图信息。这种信息可以事先存储在计算机中，因为海图一般不会随时变化，包括岛屿、暗礁的具体位置，是固定不变的。气象信息是变化的，不可能存储在船上的计算机内，必须随时接收气象台发布的气象数据。特别是重要的气象信息，例如，飓风的时间和具体位置，对航行影响很大，船上的计算机必须实时更新相关数据。还有附近航行船的信息，包括船的具体位置和航行速度，可以直接从船的雷达设备上获得相关信息，也可以从航海管理中心获取相关信息。由于附近航行的船，对本船的航行有潜在的危险，必须时刻关注，以免发生碰撞。所以，这些信息也需要反映到船用的计算机管理系统上。

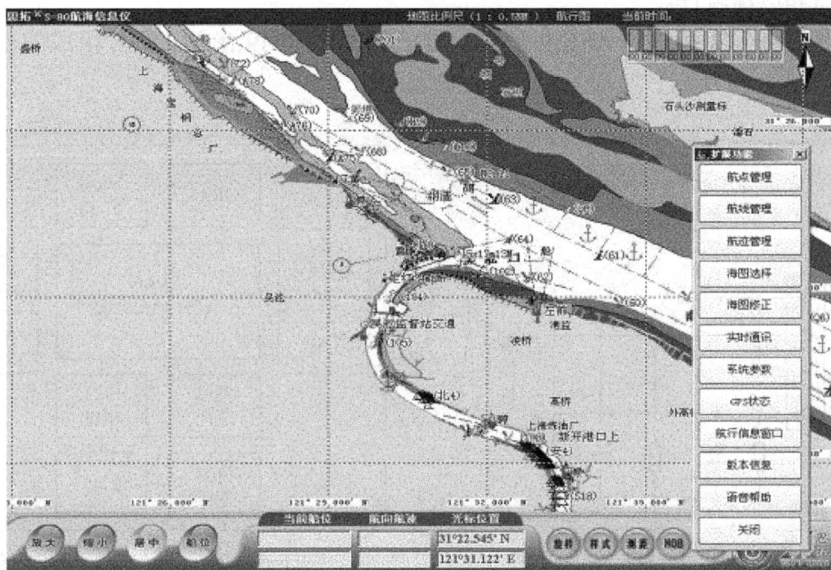

图 6-16　海船航海信息管理系统

现代管理系统，可以由计算机完成各种数据的综合管理，人的大脑可以被解放，从而能够从容进行更顶层的管理和决策。

6.6　微型控制芯片

电子信息技术催生了计算机，而计算机技术的发展，也反过来促进了电子信息技术的发展。目前大量电路系统，其核心部分应用了 CPU 芯片，通过相关硬件设计，完成数字信号的处理。专用的电路系统，其信号处理比较单一，不需要复杂的功能，所以一般采用比较简单的 CPU 芯片，称为微处理器，微处理器主要应用于单片机、嵌入式系统等。

1. 单片机

单片机型号很多，可根据不同电路功能，选择适当的型号。如 MSP430，功能简单，功耗小，可用于控制比较简单的电路；PIC12F510 或 PIC12F511，具有比较完善的外围接口，适合设计简单的数据采集电路。

实际上，单片机就是一个简单的计算机，可以设计完成一个专项任务，如数据采集、温度的检测与控制、数据信号中转等。用单片机设计的温度检测与控制电路原理图如图 6-17 所示。

2. 嵌入式系统

嵌入式系统是一种嵌入机械或电气系统内部、具有专属功能的计算机系统，通常要求实时计算性能。嵌入式系统是面向用户、面向产品、面向应用的，具有很强的专用性。嵌入式系统是一种精简、实用的操作系统，其源代码开放，可以充分利用；也可以针对不同的电路系统要求，进行修改。一般而言，嵌入式系统的构架可以分成四个部分：处理器、存储器、输入输出接口和应用软件。

目前主要的嵌入式系统有 ARM9 和 ARM11 等。由 ARM9 嵌入式芯片组成的小型监控系统结构框图如图 6-18 所示。

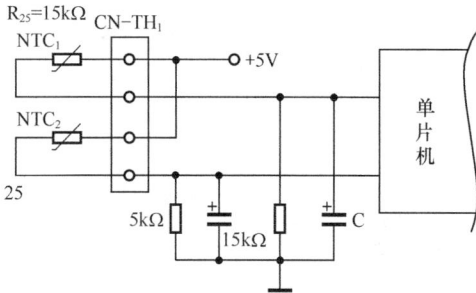

图 6-17　单片设计的温度检测与控制电路

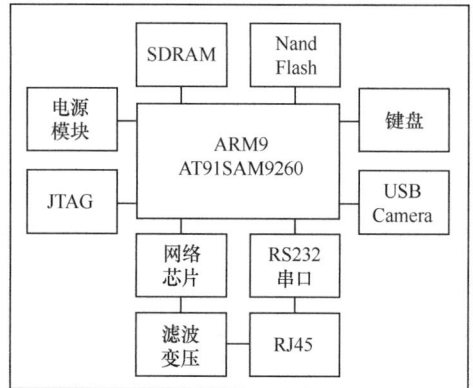

图 6-18　ARM9 嵌入式的系统结构图

3. DSP

DSP 也称数字信号处理芯片，其实也是计算机体系电路，内设 CPU 和内存等电路。由于高速工作，能够专用于处理数字信号，特别适合某些特殊数字信号的处理，因此，被广泛应用在通信、雷达等信号处理电路中。其基本结构如图 6-19 所示。

计算机电路结构已经成为现代电路系统设计的一种模板，一般的信号处理电路都可以采用这种标准的模型。所以，大量的电路系统设计任务和工作量，已经从硬件的设计转移到了软件的设计。例如，我们的手机，其实核心就是一个计算机结构的电路；电视机也数字化，内部也植入计

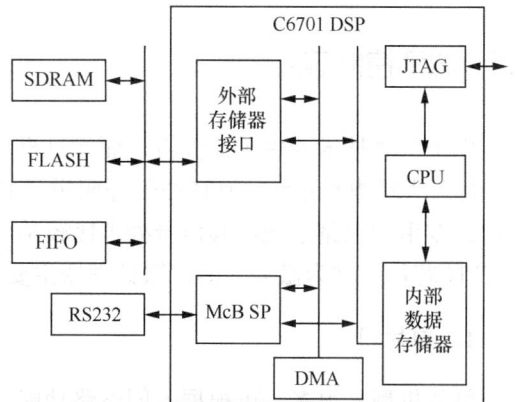

图 6-19　DSP 基本结构电路

算机电路；甚至连微波炉、冰箱等家用电器，也植入简单的计算机电路，大幅度提高电子产品的智能化水平。

6.7 电路系统设计的软件化

前面介绍计算机电路不仅用到计算机领域，而且广泛应用到各个领域，包括科学技术和我们生活的各个方面。在一般的物理世界，大多数物理参数并不是数字信号，因此，并不能直接利用计算机电路处理这些信号。早期的电路系统，采用模拟信号的处理方式，即模拟电路的模式。常见的收音机就是典型的模拟电路。它首先接收无线电信号，然后将接收到的小信号放大；再进行下变频、检波、中频放大、功率放大，最后驱动扬声器。

模拟电路不需要软件设计。模拟信号按电路路径的按先后顺序运动，输出得到需要的结果。模拟电路工作模式，实际上也按程序进行，只是它的程序是硬件模式。就像工厂里的生产流水线，按先后顺序流动，得到输出。其程序固化，不能修改，如果要修改，就必须重新设计制作电路。

1．数字电路结构的标准化

随着数字电路发展，计算机模式的出现，数字电路和信号处理的硬件电路向标准化方向发展。其信号处理的核心是计算机模式的电路，即 CPU、存储器和控制器。数字信号处理电路基本结构如图 6-20 所示。计算机模式的电路，只能够处理二进制的数字信号，不能直接处理模拟信号。要解决这个问题并不难，人们设计了各种转换电路，如，将模拟信号转换为数字信号的电路，将数字信号转换为模拟信号的电路，分别称为 A/D 变换器和 D/A 变换器，如图 6-21 和图 6-22 所示。

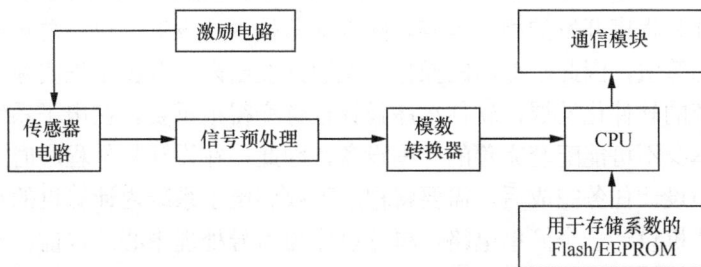

图 6-20　数字信号处理电路基本结构

图 6-21　A/D 变换芯片

图 6-22　D/A 变换芯片

模拟信号转换为数字信号，就能够利用计算机模式的电路处理信号，完成信号处理之后，可以由数字信号再转换为模拟信号。整个过程，可以等效为一个模拟信号处理电路。

因此，模拟电路 = 输入 A/D 变换器 + 计算机模式电路 + 输出 D/A 变换器。

这样，我们可以采用数字电路模式替代模拟电路。对于一个简单的模拟电路，从电路硬件结构来说，数字电路并不简单。但是，数字电路有很多优点。

（1）数字电路结构标准化。

（2）数字电路修改容易，一般情况下，并不需要修改硬件，只需要重写程序。

（3）数字电路体现数字信号的优势，存储、传输、编码、插入等都很容易实现。

以计算机模式工作的数字电路，在满足技术条件的情况下，其修改和升级仅需修改软件和程序就完成了。工程技术人员的设计思想和技术，从主要完成硬件设计转变为主要完成软件设计。

2．电路系统软件设计

电子电路和设备的核心部分由计算机电路承担，不论系统复杂还是简单，其硬件结构向标准化方向发展。从复杂的通信、雷达等系统，到简单的微波炉、冰箱，电子设备均向智能化方向发展，实际上也就是内含计算机模式的电路，也称数字电路。所以，实际上，我们目前所说的智能化、数字化，基本上是同一概念。

电路系统中采用的计算机芯片，根据电路的复杂度和功能，选择不同的类型，一般情况下，计算机芯片与我们常用的 PC 机不同。常用的 PC 机，不仅 CPU 芯片的选用相同，外围设备相同，选择的操作系统也相同。而在电子系统和设备中，选择的是专用的计算机芯片，它不需要很多功能和复杂的管理系统，需要的往往是专用的、快速的处理手段。

电子信息处理系统中软件一般需要专门设计。对于不同的信号处理，需要不同的算法和程序。因此，对于现代电子设计工程师，要了解软件设计思想；对于专门的软件设计工程师，需要熟悉软件设计和程序开发的相关内容。随着这些技术的发展，已经总结和形成了一些标准的模式和规范的算法，因此，专门的操作系统被开发出来，并在工程实际中应用。

随着电子系统的软件化发展，软件程序设计任务变得很重要。在电子系统中，特别是小型的电子系统，本身不可能配套完善的外围设备，因此，在设计软件程序时，需要借助通用计算机的帮助。当设计任务完成后，需要将程序下载到电子系统内计算机的存储单元。

例如，用单片机设计一个简单电路，单片机作为信号处理中心。以前，软件设计比较麻烦，在计算机上编程，利用专门的写入设备，将编译好的程序下载到单片机中。如果程序执行有问题，需要在计算机上修改，再写入到单片机中。程序开发周期长。

随着应用的广泛扩展，出现了相关的技术服务软件。可以先在计算机上编程、仿真，如果没有问题，再下载到单片机中。单片机开机运行，如果运行结果不满意，则可以在计算机上调试，再下载到单片机中。电路板上留有专门的下载端口，任何时候都可以在线下载，程序的修改非常方便。程序设计成为电子设计工程师的必要技能和任务。

3．训练平台

由于电路系统设计的软件化，因此，软件设计技术的重要性越来越强。在培训技术人员方面，开发商通常配置了专门的实验工具，称为开发板。一种常用的单片机开发板如图 6-23

所示。开发板由专业人员设计，它一般不针对某一种具体的功能，而是考虑了多种应用功能。开发板配置适当的接口，能够接收和发送数据。更重要的是配置了编程设计软件以及软件开发环境，学生以及工程技术人员可以在计算机上安装软件开发系统，并利用软件开发系统、学习、训练和开发应用程序。程序设计完成后，可以直接下载到开发板上，利用开发板直接检测电路工作效果。

图 6-23　单片机开发板

　　开发板一般不会被应用到实际电路系统中，只是利用它学习和调试电路，根据它的工作效果，检验所编程设计的程序性能。

　　以计算机为内核的电路系统，不仅改变了电路设计的模式，还改变了电子信息技术领域技术人才的教学内容和方式。学习电子信息科学与技术的基本理论的学生，应该了解和熟悉计算机工作原理和模式，掌握必要的编程技术。

　　目前，大部分电子产品，都是以计算机芯片为内核的电子电路和系统。以手机为例，其内核也是一个计算机芯片，其功能越来越强大。高档的手机，不仅有通信的功能，还具备网络交换数据的能力、传递图像信号的能力、处理文字信息的能力等，其信息处理能力比 20 世纪一台计算机的能力还要强。

第 7 章　信号转换与接口

信息的载体有多种。信息可以以电信号的方式运动，也可以以声音信号的方式运动。在电信号的表达模式中，信息可以以模拟信号的方式运动，也可以以数字信号的方式运动。由于信息在不同的载体上，不同的"编译"方式对应不同的表达形式，所以在信息穿越不同的载体和格式过程中，必须进行转换，这样，不同的信号载体和格式才可以被接收和理解。因此，信号形式和格式的转换频繁发生，电路系统设计的大量工作内容，就是完成信号形式和格式的转换。也可以通俗地解释为：在不同语言系统之间进行交流，翻译是必需的。信号的转换等效于不同设备之间信号的"翻译"。

7.1　电信号的产生

人类发现和掌握电子技术，不是为了单纯控制电流运动，而是借助电流或电压（电信号）的运动赋予信息，再控制这携带信息的电信号按我们设计的规则运动，从而达到信息处理的目的。那么，如何让信息"注入"到电信号中？这是利用电子设备必须首先解决的问题。

实现信息加载有两类途径：其一，是人工输入；其二，是利用传感器。

人工输入的方法很多，如利用键盘输入。早期的电报，人工敲击"开关"，发出"长"、"短"两种不同的信号，靠这个"开关"控制电流信号，将信息输入到电路中。

传感器在国家标准 GB7665-87 中的定义是："能感受规定的被测量件并按照一定的规律(数学函数法则)转换成可用信号的器件或装置，通常由敏感元件和转换元件组成"。如温度传感器，可利用对温度敏感的电阻的特性，温度变化引起电阻参数的变化，电阻参数的变化引起电流和电压信号的变化，这样就建立了温度参数与电参数之间的关系。然后按某种要求，完成温度传感器的设计。

传感器是人类五官的延长，又称为电五官。以下简单介绍几种传感器工作的基本原理。

1. 话筒

话筒是将声音信号转换为电信号的转换器件。声音是一种机械振动，在空气（或其他介质）中传播，形成一定的能量流动。大自然的声音信号的频带很宽，人类耳朵能够接收的声音信号在 20Hz～20kHz 范围之内。当声音频率超过 20kHz 时，称为超声波。人类不能直接感受到超声波，但可以借助传感器来获取、转换和利用超声波信号。

　　话筒的电路符号及等效电路模型如图 7-1 所示。在分析计算时，可以应用戴维宁等效方法，将其等效为一个电压信号源与电阻串联。

　　话筒的工作原理有很多种，在此简单介绍两种话筒的工作原理。

（1）动圈式

　　动圈式话筒利用电磁感应现象制成，原理如图 7-2 所示。当声波使金属膜片振动时，连接在膜片上的线圈（叫做音圈）随着一起振动。音圈在永久磁铁的磁场里振动，音圈中就会产生感应电流（电信号）。感应电流的大小、方向和频率随着声波的变化而变化。

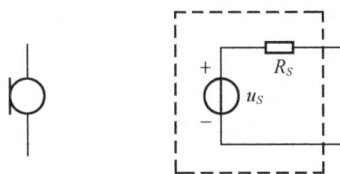

图 7-1　话筒电路符号及等效电路模型　　　　图 7-2　动圈式话筒原理

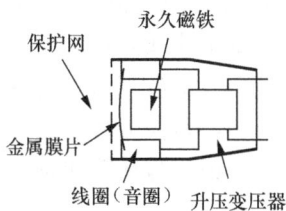

　　由于声音信号的电压幅度小，有时候需要设计一个升压变压器提高声音信号的电压幅度。当声音信号已经转换为电流形式时，可以送到电子电路中完成各种处理（如放大、滤波、存储等）。在需要还原声音信号时，信号被送到扩音器放大（功率放大器），再通过扬声器发出声音。

（2）电容式话筒

　　电容式话筒基本原理如图 7-3 所示。话筒设有两块金属极板，其中一块极板表面涂有驻极体薄膜，称之为驻极体膜片；另一块极板接在场效应晶体管的栅极上。栅极与源极之间接有一个二极管。驻极体薄膜本身带有电荷，表面电荷的电量为 Q，板极间的电容量为 C，则在极头上产生的电压 $U=Q/C$。当受到振动或受到气流的摩擦时，由于振动使两极板间的距离改变，即电容 C 改变，而电量 Q 不变，这就引起电压的变化。电压变化的大小，反映了外界声压的强弱，电压变化频率反映了外界声音的频率。

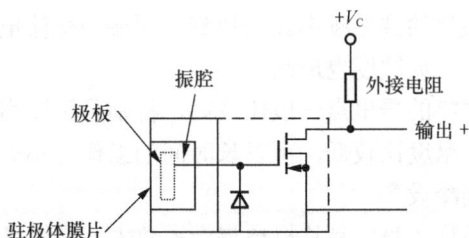

图 7-3　电容式话筒原理图

　　电容式话筒的膜片多采用聚全氟乙丙烯，其湿度性能好，产生的表面电荷多，受湿度影响小。由于这种传声器是电容式结构，信号内阻很大，为了将声音产生的电压信号引出来并加以放大，其输出端也必须使用场效应晶体管。

　　另外，电容式话筒必须外接一个上拉电阻。因为声音的振动，并没有直接转换为电信号，而是引起两片金属距离的波动，从而改变电容值。电容的变化引起场效应管栅极电压信号的变化，再经过场效应管的放大作用，输出得到声波电信号，需要外接上拉电阻提供电源。

电容式话筒的体积可以做得很小，已经得到广泛使用，种类型号也很多。在电子设计中，可以根据需要，十分方便地选择到需要的型号。

2. 超声波换能器

频率在 20Hz~20kHz 之间的机械波人耳能够听到，称为声波。频率高于 20kHz 的机械波，人耳听不到，称为超声波；频率低于 20Hz 的机械波，称为次声波。

超声波具有频率高、波长短、绕射现象小、方向性好等特点，能够设计成为射线而定向传播。超声波对液体、固体的穿透本领很大，尤其是在不透光的固体中，它可穿透几十米的深度。超声波碰到杂质或分界面会产生显著反射形成反射回波，碰到活动物体能产生多普勒效应，因此，超声波常被应用到信息探测领域。

超声波传感器，习惯上称为超声换能器或者超声探头，是利用超声波的特性研制而成的传感器。从原理上说，与话筒和扬声器类似，也是将声音信号转换为电信号，再由电信号转换为声音信号。

超声波传感器结构及外形如图 7-4 所示。超声波探头主要由压电晶片组成，既可以发射超声波，也可以接收超声波。小功率超声探头多作探测使用，它有许多不同的结构，可分直探头（纵波）、斜探头（横波）、表面波探头（表面波）、兰姆波探头（兰姆波）、双探头（一个探头反射、一个探头接收）等。超声探头的核心是其塑料外套或者金属外套中的一块压电晶片，构成晶片的材料可以有许多种，晶片的大小和厚度也各不相同，因此，每个探头的性能是不同的，使用前必须首先了解它的性能。

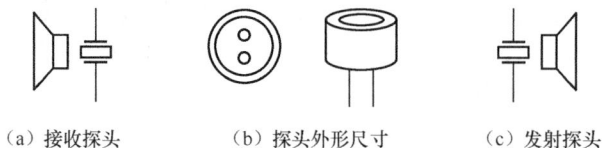

(a) 接收探头　　　　　(b) 探头外形尺寸　　　　(c) 发射探头

图 7-4　超声波电路符号及外形尺寸

超声波传感器的主要性能指标包括以下几种。

工作频率：是指压电晶片的共振频率。当加到它两端的交流电压的频率和晶片的共振频率相等时，输出的能量最大，灵敏度也最高。

工作温度：由于压电材料的居里点一般比较高，特别是诊断用超声波探头使用的超声波传感器功率较小，所以工作温度比较低，可以长时间的工作而不失效。医疗用的超声探头的温度比较高，需要单独的制冷设备。

灵敏度：主要取决于晶片本身。晶片机电耦合系数大，灵敏度高；反之，灵敏度低。

超声波传感器主要材料有压电晶体（电致伸缩）及镍铁铝合金（磁致伸缩）两类。电致伸缩的材料有锆钛酸铅（PZT）等。压电晶体组成的超声波传感器是一种可逆传感器，它可以将电能转变成机械振荡而产生超声波，同时它接收到超声波时，也能转变成电能，所以它可以作为发送器或接收器，有的超声波传感器既能作发送器，也能作接收器。

小型超声波传感器发送型与接收型结构略有差别。它适用于在空气中传播，工作频率一般为 23~25kHz 及 40~45kHz。这类传感器适用于测距、超声波传感器遥控、防盗等用途。常见的型号有 T/R-40-16，T/R-40-12 等（其中 T 表示发送，R 表示接收，40 表示频率为 40kHz，

16 及 12 表示其外径尺寸，单位为毫米）。

图 7-5 给出了一个简单的超声波发射电路，由集成电路 LM555 组成一个 40kHz 的振荡电路，驱动超声波探头，超声波传送距离约 10m。也可以由其他形式的波形发生器产生 40kHz 的电流波形，驱动超声波探头。在设计中，要求其驱动电流在 8～10mA。图 7-5 所示的电路，只提供了一个发射参考电路。控制部分电路的设计，需要对发送器发出的脉冲频率、占空比及稀疏调制、计数及探测距离等进行控制。

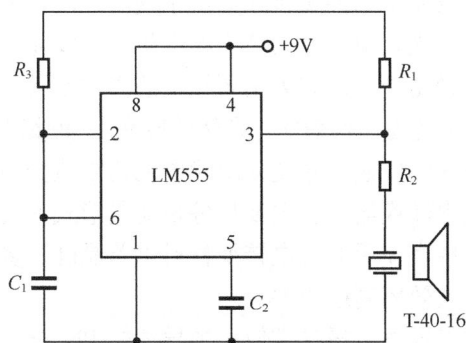

图 7-5　简单的超声波发射电路

一个简单的超声波接收电路如图 7-6 所示。图中的 R-40-16 超声波接收探头，将接收到的超声波转换为电信号。由于电信号很微弱，后面需要设计多级放大电路。图 7-6 给出的放大电路，由一个晶体管放大电路和一个运算放大器构成，这样就可以得到超声波信号容易检测的强度。

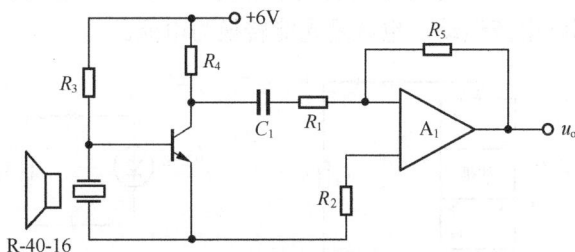

图 7-6　一种简单的超声波接收电路

图 7-7 是一个超声波倒车"雷达"原理框图。其发射电路发出超声波，探测倒车路径上或附近存在的任何障碍物，通过接收电路收到并放大障碍物反射的超声波信号，可检测出超声波返回的延时时间，从而计算路径距离，并及时发出警告。

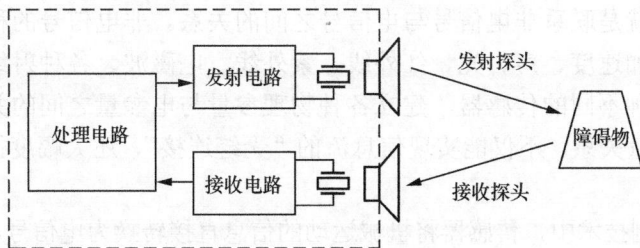

图 7-7　超声波倒车探测器

检测系统可以提供听觉和视觉警告，其警告表示探测到了在盲区内障碍物，这样，在狭窄的地方停车，借助倒车障碍报警检测系统，驾驶员心理压力就会减少，并可以游刃有余地采取必要的措施。在实际生活和工程中，超声波技术已经广泛应用，如医疗中的超声波检测仪、工业中的超声波金属探伤仪等。

3. 光电转换器

光电转换器的原理就是将光子的能量传递给电子使其运动，从而形成电流；反之，电子运动产生光的方式很多，如热光、电子撞击荧光粉产生二次发光、LED 发光等。

光电转换的主要技术途径是使用以硅为主要材料的固体装置。太阳能电池主要功能是将光能转换成电能，这个现象称之为光伏效应。光伏效应在 19 世纪即被发现，直到晶体管发明后，半导体特性及相关技术逐渐成熟，才使太阳能电池的制造变为可能。

太阳能电池就是一个光电转换器，它主要任务是能量形式的转换，而不是信息形式的转换，因此要求转换效率高。现在使用的光电转换材料以单晶硅、多晶硅和非晶硅为主。用单晶硅制作的太阳能电池，转换效率高达 20%。

光电效应的基本原理与半导体二极管类似。半导体的 PN 结，P 区掺入 3 价元素，N 区掺入 5 价元素，N 区的"多余"电子会流向 P 区，形成一个 PN 结，也就是在 P 和 N 的结合部位形成一个电场带，N 区带正电，P 区带负电。如果没有外加电场或者外加能量，因为电子向 P 区流动到一定量，内电场建立，电场的作用力会阻止电子继续流动，这样电场处于一种平衡状态。

如图 7-8 所示，当光子照射禁带，外能加入，造成原子运动活跃，原有的平衡状态被打破。这时，电子移动到 N 区，相对而言是空穴移动到 P 区，外部连接负载，便可形成电流回路。这样，光能驱动回路电流运动，也就是光能转换为电能。

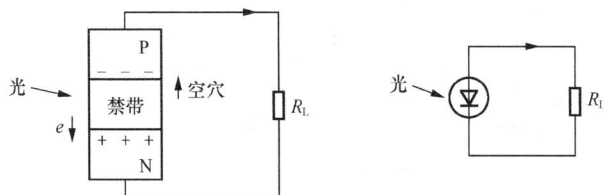

图 7-8 光电转换原理和等效电路图

可以看出，在这种原理中，单个 PN 结形成的电压较低，电流大小与光强相关。通过电路系统的设计，积少成多，将大量的这种 PN 结电路通过串联、并联的方式连接，就可以完成光能到电能的大规模转换，也称光伏发电。

传感器的作用就是联系非电信号与电信号之间的关系。非电信号的种类很多，包括温度、压力、速度、加速度、声、光、红外线、紫外线、电磁波、各种射线、水流量、风流量等。通过设计各种不同的传感器，建立各种物理量与电参量之间的关系，建立非电信号与电信号之间定量关系，不仅能实现信息流的"无缝连接"，还大幅度扩展了电子信息技术的应用领域。

例如在自动控制技术中，传感器将机械运动的信息直接转换为电信号，计算机就可以发挥作用，高速处理这些信息，并将处理结果通过反馈电路转换为机械运动控制指令，操控机械设备的自动运行。大量的重复的机械动作，不再需要人工干预，实现机器的智能化，进一步解放人的劳动。

传感器的种类很多，分类的方式也很多，在此不展开介绍，有兴趣的读者可以参考关于传感器的专门资料。

7.2 信号与信息的表达

电子信息系统对于信息的处理模式，基本上是通过人工设计，以简单的机械动作，利用算法和程序有机地组成有效的信息处理系统。因此，除了整体设计的完整性之外，每个环节都需要专门的设计。

我们将非电信息转换为电信号，完成信息处理之后，还需要将电信息再还原为非电信息，或者转换为人理解的信息表达方式。

电子信息系统的终极目的是为人类服务，所以建立电子信息系统与人脑的连接具有重要意义。人接收信息的主要途径是声、光，人一般不接收无序的声光信息，但接收声光为载体的系统信息，如语言、文字、符号、图像。电子信息系统的输出信息，一个重要的输出口就是表达为人可以理解的语言、文字、符号及图像。以下介绍几种表达信息的输出设备。

1. 扬声器

扬声器也称喇叭，广泛应用在实际生活中。扬声器的电路符号如图 7-9 所示，电路分析时常等效为一个电阻负载。

扬声器的种类也很多，在此仅介绍动圈式扬声器。其原理是：通电线圈在磁场中受到力的作用，产生与电流频率相同的机械振动，从而发出声音。扬声器结构如图 7-10 所示，当音频电流通过扬声器的线圈时，就产生了相应的磁场。这个磁场与扬声器上自带的永磁体产生的磁场产生相互作用力，这个力就使线圈随着音频电流振动起来，由于扬声器的振膜和音圈是连在一起的，所以振膜也振动起来，振动就产生了与原音频信号波形相同的声音。

图 7-9 扬声器及电路模型　　图 7-10 动圈式扬声器原理

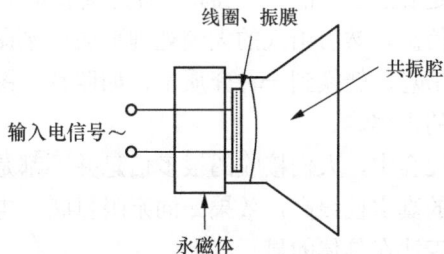

扬声器功率相对比较大，必须提供足够大的驱动，这就需要音频功率放大器。功率放大器与扬声器连接必须考虑匹配问题，以便获得最佳的输出效果。如图 7-11 所示，功率放大器的输出端可以用戴维宁电路等效为一个电源与电阻串联，扬声器可以用一个负载电阻等效。设计功率放大器的等效电阻与扬声器的等效电阻匹配，就可以获得高效性能。

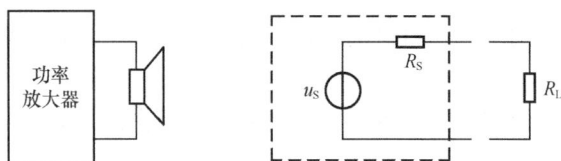

图 7-11 音频功率放大器及等效电路模型

扬声器的工作原理与话筒正好相反。话筒将声音信号转换为电信号;扬声器将电信号转换为声音信号,也就是还原声音信号。一个简单的音响系统原理如图 7-12 所示,讲话的声音通过话筒转换为电信号,由于话筒获得的电信号能量很小,需要进行放大;放大电路分成多级,包括小信号放大和功率放大,再通过扬声器输出放大了的声音。

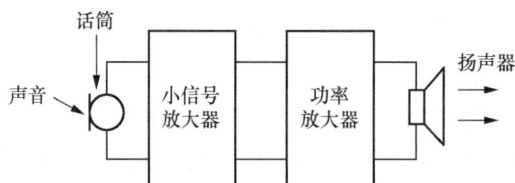

图 7-12 音响系统原理图

音响系统工作原理很简单,就是利用电子技术将声音信号放大。我们试想,如果不依靠电子技术,我们还有其他方式放大我们人类自己的声音信号吗?

耳机与扬声器相同工作原理,也是将电信号转换为声音信号,因其功率比较小,对功率放大电路要求低,因此体积可以设计得很小。耳机也已经广泛应用到我们日常生活中,手机声音信号可以通过耳机输出。

2. 显示器

图像信息的输出需要显示器。显示器的作用是将电信号转换为图像,直观地表达出来,让人可以理解和观察。

显示器的种类包括电子显像管、液晶显示器、等离子显示器、LED 显示器等。

人眼是观察世界的一个窗口,可直接观察世界。在人眼可见光范围内,眼就是"传感器",接收光学信息,然后由人的大脑处理形成一幅图像。另外一种模式是间接观察世界,将接收到的光学信息,转换到一种介质上,如照片、图画、显示器等。人再通过介质的表达,理解图像信息的内容。

现代社会中,人们接收的很多信息并不都是亲身经历获得的,如通过电视节目。其图像信息表达的真实性很高,效果如同亲眼目睹。电视节目的图像信息,是经过了大量的信号转换,最终表达在具体的显示器上。

显示器由一个二维平面上的点阵构成。而构成这个二维平面点阵的技术方案有多种,所以就有不同的显示器。一般显示器的参数为:800×600、1200×800、600×480 等。例如参数 800×600,其中,800 表示"行"数,600 表示"列"数,行和列可构成一个矩阵。800×600 = 480000,表示有 480000 个像素。显示图像的一个重要技术指标是清晰度,它由点阵的密度决定。密度越高,也就是每幅图像的像素越多,那么图像的清晰度也越高。

矩阵里的一个像素,如果是黑白型,可用亮度等级表达,一般有 64 个等级,最简单的只有 2 个等级。显然，其效果就是一幅素描图画。如果是彩色显示器，如图 7-13 所示，每个像素点由红、黄、蓝 3 种涂料组合而成，具有独立的显示值。由 3 束电子束分别激活这三种涂料，不同强度的电子束控制每种原色的亮度，根据三原色原理，就可获得丰富多彩的彩色图像。彩色显示原理如图 7-13 所示。

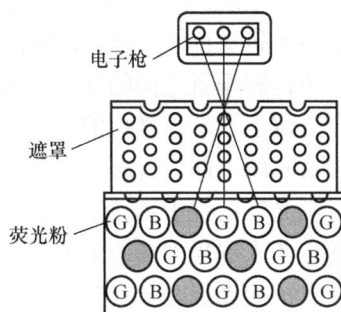

图 7-13　显示的一般表达机理

　　图像显示分为静态显示和动态显示。静态图像，如照片、图画；动态图像，可以由静态图像组合，这个技术在电影时代就已经知道了。人眼有残留记忆，对图像信息的处理也需要时间，每秒 24 幅以上的静态图片，人眼无法分辨，人脑就认为是连续运动的图像。所以，如果显示器的显示速度高于每秒 24 幅图像，就可以表达连续运动的画面。一幅静态图像，专业术语称为一帧。电视机一般采用 25 帧/秒（每秒钟 25 幅图像）；计算机显示器可以设置更高的显示频率，比如 60 帧/秒。早期电影技术不高，只有 16 帧/秒，因此，人观看时，总觉得动作有点跳动。

　　下面介绍几种常用显示器。

　　（1）电子管显示器

　　电子管显示器的核心组件——示波管（或称阴极射线管，CRT），是一种将电信号转换成光信号的显示器件。它主要由电子枪、偏转系统和荧光屏三大部分组成。图 7-14 所示为示波管的基本原理图。

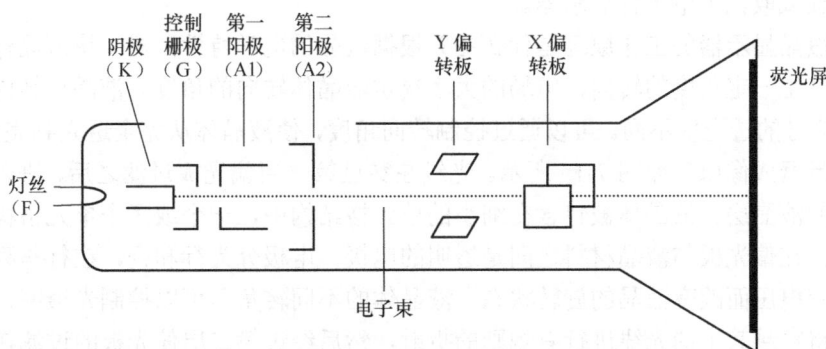

图 7-14　示波管的基本原理图

　　电子枪：包括灯丝（F）、阴极（K）、控制栅极（G）、第一阳极（A1）、第二阳极（A2）等。阴极（K）被灯丝加热后，可沿轴向发射电子；控制栅极（G）是个金属圆筒，相对阴极来说是负电位，改变其电位可以改变通过控制栅极小孔的电子数目，也就是控制荧光屏上光点的亮度。第一阳极（A1）对阴极而言加有约几百伏的正电压；第二阳极（A2）上加有比第一阳极更高的正电压。穿过控制栅极小孔的电子束在 A1 和 A2 高电位的作用下，得到加速，高速射向荧光屏。由于同性电荷相斥、电子束会逐渐散开。通过第一阳极、第二阳极之间的电场的聚焦作用，使电子重新聚集起来汇交于一点，适当控制第一阳极和第二阳极之间电位差的大小，即可使焦点正好落在荧光屏上，显现出一个小圆点。并可改变聚集点的位置，达到调节聚焦的作用，这就是示波器的"聚焦"的原理。

偏转系统：在第二阳极和荧光屏之间有两对互相垂直的偏转板，分别称为水平偏转板（X偏转板）和垂直偏转板（Y偏转板）。前者水平放置，后者垂直放置，它们分别控制电子束在水平方向和垂直方向的移动。从电子枪射出的电子束，若不受电场的作用，则沿直线前进并在荧光屏上显示出静止的光点。若电子束受到偏转板上所加电场的作用，其运动方向就会偏离中心轴线，即荧光屏上的光点位置就会产生位移。

荧光屏：位于示波管的终端，是示波管的显示部分。在荧光屏的内壁涂有一层或几层荧光粉，荧光屏受到高速电子冲击的地方会显现出荧光。为了观察亮点移动的轨迹，要求荧光物质发出的亮点有一定的余晖，以便于亮点的轨迹构成连续曲线。光点的亮度决定于电子束电子的数目、密度及其速度。改变控制栅极的电压时，电子束中电子的数目将随之改变，光点亮度也将改变。在使用示波管时不宜让很亮的光点固定出现在一个位置上，否则该点的荧光物质将因长期受电子冲击而烧坏，从而失去发光能力。

电子管显示器的原理可以这样简单说明：利用一个电子发射枪，发射电子到荧光屏，电子打到荧光屏上形成光斑。利用 X 和 Y 两个互成 90° 的电场，控制电子打击到荧光屏上二维平面上的位置，就像用一支笔，在一张纸上的 X 轴和 Y 轴上移动，整个画面都在控制范围内。按一定规则完整地扫描，可以得到一帧完整的二维画面；如果高速画图，在 1s 内，画出 25 帧画面，荧光屏就显示出设计的运动图像。

（2）液晶显示器

电子管显示器由于需要一定空间发射电子，厚度无法设计得很小，所以显示器显得厚重。液晶显示器不是利用发射电子方式成像，可以做得小而薄。目前，液晶显示器已经广泛应用，在很多应用领域取代了电子管显示器。

那么，液晶显示器的工作原理是什么呢？根据液晶的电学特性，对一块液晶体外加电场时，液晶体产生一定角度的转向，电场的大小决定液晶体转向的角度。液晶体转向不同的角度，对光学信号的透光率不同。可以通过控制转向角度，使液晶体从完全透光到完全不透光。

液晶显示器成像原理如图 7-15 所示。光线在穿过第一层偏光板过滤之后，进入包含成千上万液晶体的液晶层。液晶体被包含在细小的单元格结构中，一个或多个单元格构成屏幕上的一个像素。在偏光板与液晶材料之间是透明的电极，电极分为行和列，在行与列的交叉点上，通过改变电压而改变液晶的旋转状态。液晶体的不同转角，可以控制光透率，就像是一个百叶窗，将穿越其中的光线进行有规则的折射，然后经过第二层偏光板的过滤在屏幕上显示出来。

我们可以这样理解，液晶屏是由很多"小窗口"构成的，通过电信号控制每个"小窗口"的"百叶窗"叶片，从而控制透光率，达到控制该像素的光亮强度。液晶显示屏可以设计得很薄、体积小、重量轻，不需要高压，也没有电子辐射。但它对电路控制精度要求高，需要复杂的集成电路设计。目前液晶显示已经广泛应用在计算机与电视接收机中。由于显示亮度的原因，在大屏幕领域，液晶显示相对应用比较少。

（3）等离子显示器

我们知道，在通常情况下，空气是不导电的。但是，如果空气被电压击穿，就成为等离子体，这时，空气成为导体。如雷电击穿空气，空气成为像金属一样的导体。这时，电流通过空气能量释放，称为放电，产生闪电并发光。

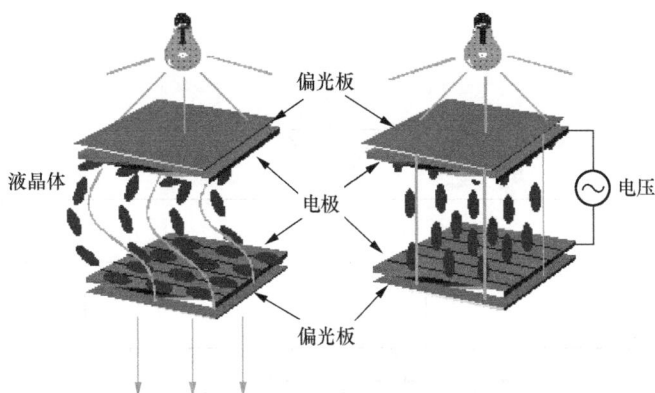

图 7-15 液晶显示器成像机理

等离子体的正、负电荷相等，对外不显示电性。但是，由于电子和原子核处于分离状态（被外电场击穿），所以电流可以顺利通过。

将空气限制在一个密封的玻璃管中，再用高压击穿管中的空气，玻璃管导电、放电并产生光。通过控制电流大小，可以控制光强。荧光灯就是利用这样的原理制成的。启动时，高压击穿灯管中气体，形成放电，再用镇流器控制稳定电流，得到稳定的光或荧光等；同时，还可以利用灯壁上的荧光粉二次发光，提高电能转换为光能的效率。

也正是利用这种原理，可以将灯管做的很小，变成一个独立的发光体，作为大平面上的一个点，也就是像素。利用适当的外加电压，先将发光"小灯管"击穿，处于等离子状态。再利用每个"小灯管"的外加电压，控制其发光强度。将"小灯管"按 x 轴和 y 轴方向顺序排列，形成一个二维平面。由于每个"小灯管"（等离子体）能够由电信号控制其亮度，整个二维平面就构成一幅图像。等离子发光显示原理如图 7-16 所示。

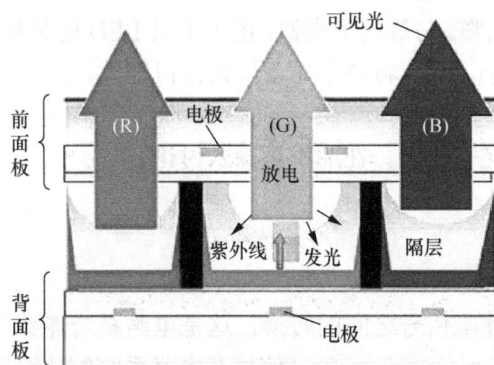

图 7-16 等离子发光显示原理

等离子显示器，由于受机械工艺限制，"小灯管"的体积不容易做得很小，像素点本身比较大，而像素点的个数通常是有一定要求的，所以，只有加大整个显示平面。因此，等离子显示器都做得比较大。其光亮也强，可以设计成大屏幕。一般个人电脑很少使用等离子显示器。

（4）LED 显示器

LED 是一个发光二极管。将多个 LED 发光二极管排列为二维阵列，每个 LED 作为一个像素。每个 LED 是一个独立发光体，发光的强度可以由其电流确定，从而构成一幅图像。其显示原理如图 7-17 所示。

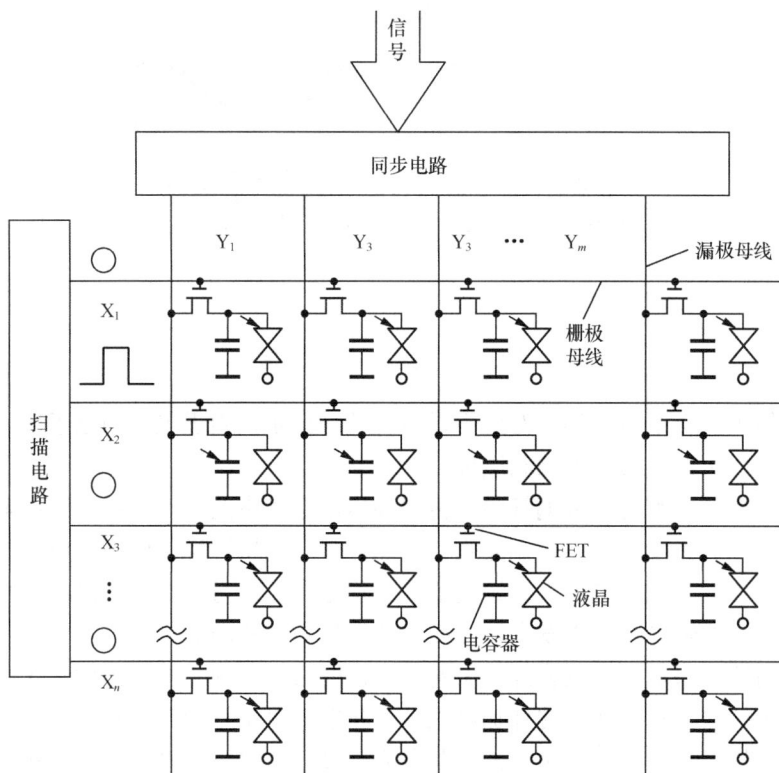

图 7-17　LED 显示屏原理

对于彩色的 LED 显示屏，它的每一个发光单元由 3 只不同颜色的 LED 组成，利用三原色原理，可得到各种自然色彩。与等离子类似，由于单只 LED 的体积目前还不能够做得很小，单个像素的体积就不能很小，只有将整个显示屏设计得很大。因此，LED 一般也应用在需要比较大的显示屏场合。

关于图像的显示方法还有很多，在此不再深入讨论。

7.3　电信号的传输

前面介绍了电信号与非电信号之间的转换，这是电路系统能够广泛应用的基本条件。电信号在电路系统的传输中，还需要经过不同的处理，如放大、滤波、去噪等。

一般模拟电路由若干单元电路组成。每个单元电路是一个双口网络，有输入端和输出端，完成单一的电信号处理。多个单元电路，按设计要求连接起来，能够完成某种信息处理任务。为简化起见，常用框图形式表达，图 7-18 所示为温度报警显示电路结构示意图。

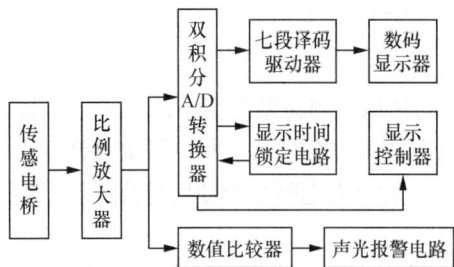

图 7-18　温度报警电路结构示意图

1. 阻抗匹配电路

单元电路之间的连接方式，通常是前一级的输出连接到下一级的输入。由于电信号的特殊性，两级单元电路的连接，需要满足一定的约束规则，否则会影响信号传输效率。

两级电路的连接，当前级的输出电阻与后一级的输入电阻相等时，可以实现最大功率传输。这就是通常所说的电阻匹配。满足匹配条件，电信号传输效率就好。如果电路不满足匹配的条件，又不可能改变电路的参数，人们经常会在前一级输出端和后一级输入端之间加一个匹配网络，实现两级之间的匹配，如图 7-19 所示。

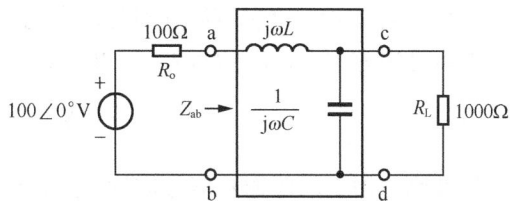

图 7-19 匹配问题

2. 信号选择

电信号最常见形式是正弦信号，可由数学函数表达为：$x(t)=A_m\cos(\omega t+\phi)$。其中幅度、频率和相位决定了正弦函数的特性，加载在电信号上的信息，可以由这 3 个要素来表达。例如声音信号，可以由幅度表示声音信号的强度；由频率对应声音信号的频率。这样，声音信号运动规律与电信号一致。

电信号可以与声音信号对应，反过来声音信号却不能完全与电信号对应。电信号的速度快，频率范围很宽，从而可以将声音频段的信号搬移到电信号的不同频段。因此，同一个电信号，可以同时携带很多声音信号。例如，电台就是用不同的频段发送或接收很多不同频段的电信号。电话通信系统，可以支持几十个人同时使用电话，又互不影响，这就得益于电路的选频技术。我们习惯称选频电路为滤波器。

滤波器的作用：滤除不需要的信号，保留需要的信号。接收机能够接收到的电信号频率范围很宽，可能同时有十多个信号进入电路的输入端。而我们只对其中一个信号有兴趣，不需要其他信号。此时，可以通过设计滤波器，提取我们需要的信号，如图 7-20 所示的全波整流电路。

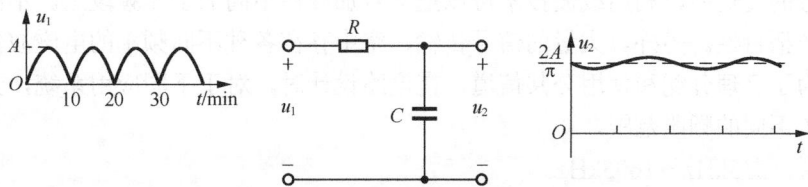

图 7-20 全波整流电路

滤波器是一个常见的单元电路，它的主要任务就是完成特定频率信号的选择。它的输入端可以包含很多不同频率的信号，它的输出基本上就只有我们选择的信号了。通过滤波器选出所需的信号，再送到下一级电路进行处理。

3. 噪声抑制

电信号在传输路径中会产生各种干扰，也称噪声。噪声叠加在信号中，且是随机的，一般频率范围很宽。噪声与信号同时输入电路，可能对信号的接收处理带来不利的影响。噪声功率越大，对信号的影响也越大。

为了定量分析，定义了信号噪声比，简称信噪比

$$SNR = 20\lg\frac{U_{\text{S}}}{U_{\text{N}}} \quad (\text{dB}) \tag{7-1}$$

其单位为分贝（dB），U_{S}、U_{N} 分别为信号电压和噪声电压。也可用功率表达信噪比。由于功率与电压是平方关系，$P = U^2/R$。所以，式（7-1）也表示为

$$SNR = 10\lg\frac{P_{\text{S}}}{P_{\text{N}}} \tag{7-2}$$

信噪比也用于表达输入信号质量。例如，信噪比为 0dB，表示信号功率与噪声功率相同，信号质量很差，处理比较困难。如果信噪比为 20dB，则说明信号功率是噪声功率的 100 倍，信号质量很好。

在电路技术中，抑制噪声的方法很多，而使用滤波器就是其中一种。噪声的频带很宽，信号通常是窄带信号，经过带通滤波器的，噪声的功率被削弱，信噪比自然会提高。另外，数字电路也需要很强的噪声抑制技术。

本书不讨论专项技术，而是介绍电子电路中处理一些关键问题的思维方式。关于具体技术和处理方案，需要通过专业书籍学习。

7.4 信号的同步

同步是信号流动中一个十分重要的问题。这个问题不解决，电路就无法让电信号在电路中顺利流动和处理。一组不能同步的信号，就像一群杂乱无章的数码，无法识别。信号码流有序运动，能够识别其规律，数据清晰，才成为信号。

同步种类很多，电路各个环节都会面临信号同步的问题。以下简单介绍几种。

1．频率同步

在电信号的传输中，利用载波技术可以把信号加载在不同的工作频段上。不同的频段，具有不同的传播特性。另外，大量的信号传输，空中存在各种不同频率的电磁波信号，形成相互干扰。为了合理分配和使用公共信道，在电路设计时，对于不同应用系统，无线电管理委员会给定了不同的频段范围。

中波电台：535kHz～1605kHz。

短波电台：1.6MHz～30MHz。在这频段范围内，设置了很多不同频段的电台，如有海事电台，航空电台，国际广播电台，业余无线电台等。

调频电台：87MHz～108MHz。

电视信号的带宽：8MHz。

无线信号频率在 49.75MHz～767.25MHz 内，设计了 98 个频道（中间空出一些频率做其他应用，比如调频电台 87MHz～108MHz）

比较简单的电信号接收机，一般并不需要同步信号，它包含本振信号。本振信号是接收机内部自己产生一个信号源。调整本振信号频率，可以搜索不同的电台信号。这就是利用本

振信号频率与接收信号频率相差的方式解调信号。用这种原理制作的接收机称为超外差接收机，其原理如图 7-21 所示。

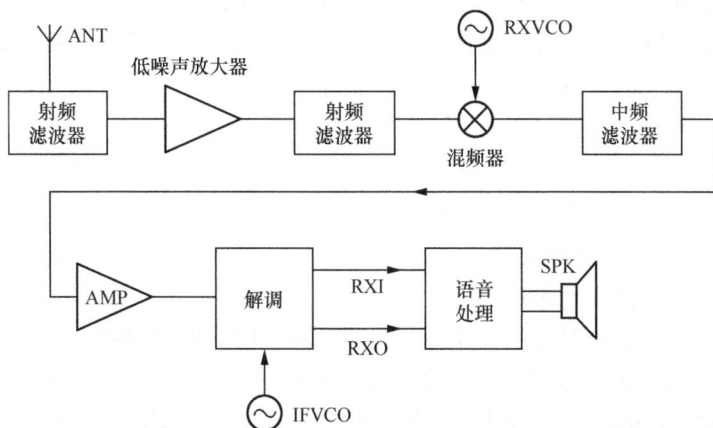

图 7-21 超外差接收机下变频原理

对于通信系统，特别是利用相位调制的系统，需要知道载波频率，并利用载波频率完成解调，得到数字信号。其系统框图如图 7-22 所示。

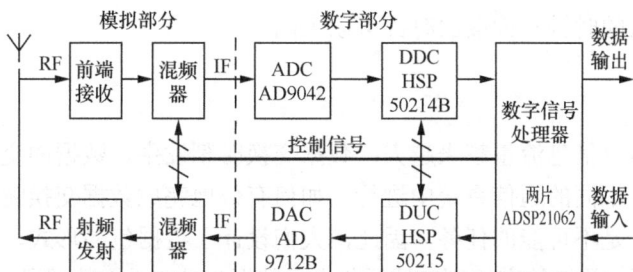

图 7-22 通信系统

接收机的本振频率与发射机载波频率需要完全一样。这在工程实际中，很难事先设计确保完全一致。就算设计一致了，随着温度等因素的变化，频率也会发生漂移。因此，接收机中需要设计一个锁定跟踪电路，确保接收到信号的载波频率与本振频率同步。

获取频率不同信号的方式也很多，如引导频率法、锁相环电路等。

引导频率法：直接发送一个单纯的载波频率，没有携带任何信号，即一个单频正弦信号，接收机收到后直接放大，作为频率同步信号。优点是可以直接得到不同信号，与发射信号频率保持一致。缺点是多占用一个信道。

锁相环电路：接收到信号后，通过设计的锁相环电路，跟踪并锁定信号中的载波频率（载波频率包含在信号频率中），从而提取载波频率。

2. 码率同步

在数字电路信号中，主要采用的是脉冲形式的电平信号。它同样存在一个脉冲频率同步问题，由于是脉冲形式，脉冲频率的倒数——周期被认为是信号的一个步长。专业上，一般称为时钟周期。

数字电路处理数字信号的节拍是每一个时钟周期同步向前运动一步。如果输入信号与电路的时钟不同步，输入信号快，电路来不及处理，信号会堆积在输入端口或者丢失。如果输入信号慢，电路会等待信号，而进行空操作，同样会出现误码。

因此，接收电路输入的信号与电路本身的时钟需要同步。或者说，接收机接收信号的节拍，必须与输入信号节拍保持一致。只有这样，才能保证输入信号按顺序无丢失地接收。

解决码率同步问题，方法也很多，以下简单介绍几种。

统一时钟方法：设计一个总的时钟，发送到各个子电路。这样，每个子电路所用的时钟实际上是同一个时钟，可以保证步调一致工作。

时钟提取电路：接收电路接收数字电平信号时，从接收的信号中提取时钟信号，并利用锁相电路原理，锁定接收信号的时钟。

数据缓冲电路：在输入端口，设计一个缓冲电路，将数据存储在一个缓存器中。一般选择 FIFO（先入先出存储器）方式，先将输入数字信号中转到一个存储器中，再由接收电路按先后顺序读取存储的数据。这种方法，适用于某些不连续的数据流。当数据流高速进来时，缓存在一个数据空间，接收电路按自己的时钟节拍，读取存储器的数据，实现数据的可靠交换。由于存储器空间有限，不支持连续不断的高速数据流。

异步模式：对于大型系统，很难保证数据交换同步进行。因此，设计异步的数据交换模式。如输入的数据先存入一个空间，接收电路按自己的时间顺序和处理步骤，读取存储在存储空间的数据，输入的时钟与读取的时钟可以不同。

3．数据包

随着网络的发展，信息流量越来越大，数据交换时刻发生。数据的交换可在不同的计算机，不同的中转站，不同的通信系统中进行。如何有效地完成数据交换呢？要实现所有不同电路中的码率同步，是不可能的任务，因此，人们设计了数据包的形式，如 IP 包。

将数据分段发送，并按约定规则打成数据包。数据包分包头、数据段、包尾等，如图 7-23 所示。包头含有数据地址等信息，系统检测到相关信息后，按程序发送、中转和接收数据包。接收到的包按约定规则可以提取内含数据。

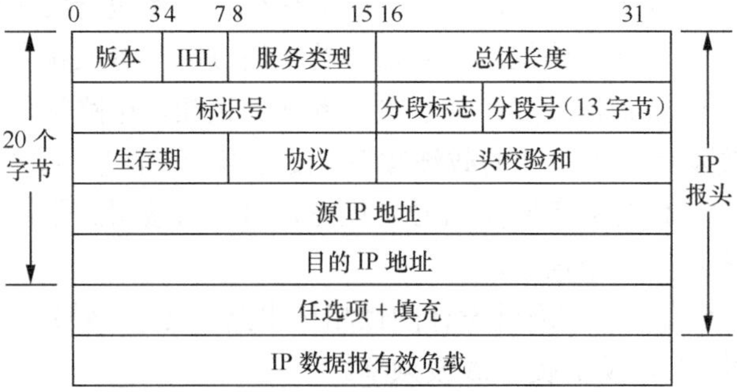
0
3 4
7 8
15 16
31
版本
IHL
服务类型
总体长度
标识号
分段标志
分段号（13 字节）
20 个字节
生存期
协议
头校验和
IP 报头
源 IP 地址
目的 IP 地址
任选项 + 填充
IP 数据报有效负载

图 7-23　数据包格式

4．帧同步

帧一般是指一幅图像。在数字信号中，帧也指一组比较完整的数据。

系统接收到数据之后，提取数据，并按规则排列。因为在数据传输过程中，数据的排列很可能打乱，或者按某种规则需要进行了编码。接收数据后，需要解码，并重新排列，还原数据本身表达的信息。

这就需要解决一个问题：接收的数据，哪里是头，哪里是尾？数据排列如果错位，可能无法得到原本的信号及所表达的信息。因此，为了标注清楚，在数据打包之前，就先加入了标志码。接收到数据流之后，根据寻找到的标志码，将其作为帧头，排列并展开数据，从而还原信息。

帧同步，就是在数据组加入标志数码；收到的数据按标志码排列，得到数据完整的信息表达。标志码本身没有数据内容，是人为插入的。收到数据并按规则排列后，标志码就不再需要，可去掉。

7.5 信道

信号从发射到接收，中间有一定路径，被称为信号传输/传播道路，简称信道。信道有很多种，包括金属导线（高频信号采用同轴电缆）、光纤、无线空间等。

不同的信道，具有不同的传输特性。在应用不同信道的时候，需要考虑信道的不同特性，更有效地利用信道传输信号。实际上，信号进入任何信道，都需要匹配或转换信号格式；信号从信道接收进入电路，也需要进行转换或放大等处理。以下介绍几种常用的信道。

1. 电缆

电缆的使用历史比较长。用一般的金属导线，可以传输一定的电信号。但是当电信号频率比较高的时候，金属导线上传输的信号很容易衰减。主要是因为工作频率增加时，集总假设条件不再成立，电信号波长相比较于金属线长度不再足够长。这时，金属导线形成天线效应，部分能量被辐射出去。因此，单纯的金属导线，不会用在长距离的电信号传输系统中。在传输距离比较短且电信号工作频率不是很高的时候，可适当地应用金属导线（一般采用双绞线）。

同轴电缆的中心是金属导线，外层是金属屏蔽线，如图 7-24 所示。电信号在其中传输时，能量不容易外泄。同轴电缆设计了一定阻抗，可采用阻抗匹配技术，有效利用电缆传输电信号。同轴电缆广泛应用于传送电视信号。

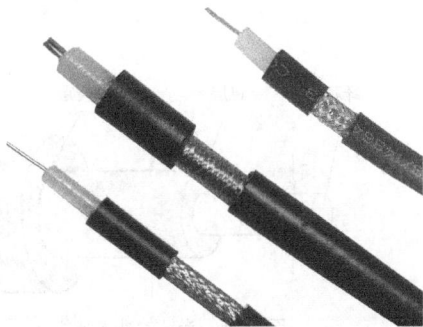

图 7-24 金属导线示意图

2. 光纤

光是一种十分有效的信息传送路径。

光的特点是沿直线传播，遇到物体会反射或者折射。一些物质可以遮挡光，另外一些物质可以透光。光纤利用一种透光材料（石英晶体）制成长线（类似电缆形状），并在长线的外围涂上反光材料。这样，尽管光沿直线传播，但是在光纤内，当遇到边沿时光会被反射，并不断地被反射。光纤可约束光在光纤内运动，从而形成光路。光纤的基本结构如图 7-25 所示，自内向外依次为：纤芯（芯层）、包层、涂覆层。其中核心部分为纤芯和包层，二者共同构成介质光波导，形成对光信号的传导和约束，实现光的传输，所以又将二者构成的光纤称为裸光纤。涂覆层又称被覆层，是一层高分子涂层，主要对裸光纤提供机械保护，裸光纤的主要成分为二氧化硅，它是一种脆性易碎材料，抗弯曲性能差，韧性差，因此为提高光纤的微弯性能，需要涂覆一层高分子涂层。

光的传播速度是光速，光在光纤内的传输速度，尽管会受到一定影响，但仍然是光的运动，因此，一般仍按光在真空中的速度计算。

光也被认为是电磁波。在光纤中，也存在一些窗口。所谓窗口，就是对于某些规定波长的信号，传输衰减很小。目前，常用的光纤有两种：1 310nm 和 1 550nm，这两个波长已经超出人的可见光范围，属于红外线范围。

光传输信号的模式，一般采用数字信号的方式。光信号用于传输信号其实具有很久远的历史，在航海时代，信号灯就被应用，采用的也是数字模式。利用光的"有"和"无"构成编码，对应不同的信息。现代的光纤，实际上也是这种技术方案，当然，其工作频率大幅度提高，传输信息量也大幅度提高。因为，早期的信号灯，是直接利用人眼作为"接收器"，而现代光纤是利用高速的光电转换器完成信号的接收与转换。

3. 无线电信道

电缆与光纤信道都是以路的形式传播，无线电是利用自由空间传输信号。

用声波传播的方式类比，电磁波也是一种辐射波。声波是一种机械波，在空气中的传输速度是 345m/s；而电磁波的速度是光速。人可以直接接收声波，但是人不能直接接收电磁波，电磁波的发射和接收，需要利用专门的转换器——天线，如图 7-26 所示。

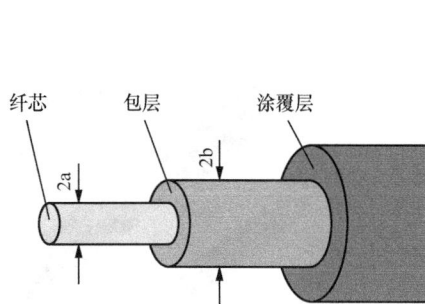

图 7-25 光纤的基本结构

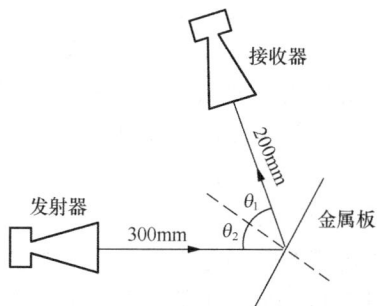

图 7-26 电磁波发射和接收天线工作示意图

电波在空中传播，与电缆和光纤的传输方式不同，波是一种开放的模式，散射是其中的一个特点。天线可以设计成全向模式，如图 7-27 所示；也可以设计为主要沿某个方向的模式，如图 7-28 所示。

电磁波发射是一种振荡模式。交流电场产生交流磁场；交流磁场再产生交流电场；电场和磁场交替转换，并在空间运动，形成电磁波。发射天线，可将电流信号转换为电磁波。电流信号能量集中在电路中，天线的作用是将电路中的能量，以电磁波的形式辐射到空间。接收天线通过感应，将空间的电磁波能量转换为电流信号。

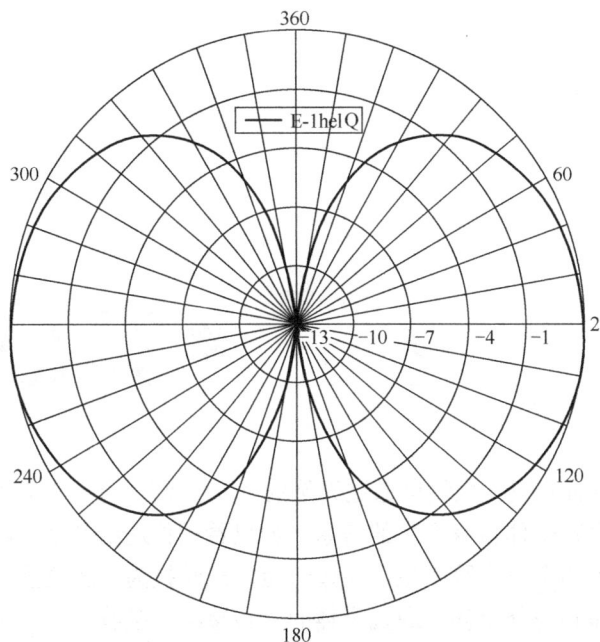

图 7-27　全向天线模式

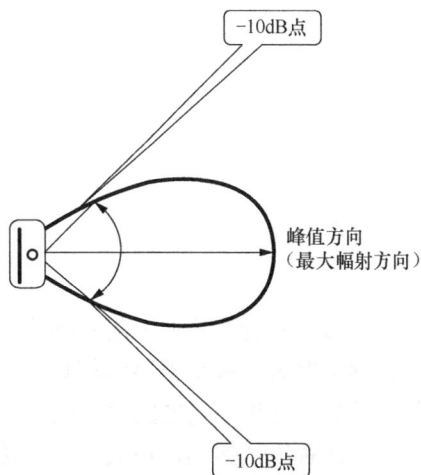

图 7-28　方向性天线模式

一般来说，电磁波在空中传播，其能量与距离的平方成反比。也就是说，由于电磁波以辐射方式传输，并不是点到点的传输模式，能量是散播方式。所以，能量的衰减度比较大，接收天线接收转换出来的电流信号很小，有必要使用小信号放大器。因此，也把接收机称为前端小信号放大器。

无线电传输系统中，发送信号的一端将电流信号经过天线转换为相应的电磁波，辐射到空间；接收端通过天线收到电磁波后，将其再转换还原为电流信号，放大得到原电流信号，从而实现信息的传输。

无线电还有一个特点：由于它是以辐射方式传播，接收机可以有很多，且可以分布在不同的地点。这就是广播。电台发射信息，各地的接收机能够接收到相同的信息。

大量的无线电电台同时工作，我们每次只接收一个电台信号，不会同时接收空中的所有无线电信号，如何区分呢？是利用不同的工作频率。我们习惯称为频段。接收机设计有选择不同工作频率信号的功能，靠滤波器选取所需要的信号。

无线电频率的大致划分：低频（LF），30～300kHz；中频（MF），300kHz～3MHz；高频（HF），3～30MHz；甚高频（VHF），30～300MHz；特高频（UHF），300MHz～3GHz。工程实际应用的无线电管理划分更细致，可查阅相关管理文件。

频率越高，波长越短；频率越高，可利用频带宽度大；频率越高，在空气中传输衰减度也大。在大气中，电磁波的传播，还有一些窗口对某些特殊的频率，大气中传输的效果更突出。如微波段，一般电磁波在大气中传输，衰减很快，而 8mm 的电磁波，其衰减相对比较小；另外，3mm 的电磁波在大气中传播，衰减也相对比较小。因此，我们说 8mm 和 3mm 波长的电磁波是窗口频段。

第 8 章 编解码

信息必须附着在物质上随着物质运动而运动。生物可通过天然的"传感器"（对于人来说是各种感觉器官）接受外界的信息，但生物个体自身产生的信息，如果希望传递给其他生物个体，就必须通过一定的路径。信息由生物个体大脑产生，通过一定方式转换为某种物质运动，借助这种物质运动，在大自然中传递到另外个体，通过个体的"传感器"接收，并由大脑理解，从而完成整个信息传递的过程，如图 8-1 所示。

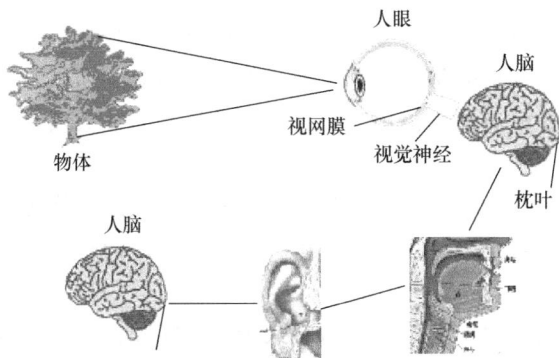

图 8-1　信息传递过程示意图

根据目前的知识，我们知道人是生物中信息利用的最优者。所以，我们以人为例，讨论信息交流运动模型。

人天生可以通过耳、眼接收声音信号和光学信号。声和光是人类交流信息的主要方式。另外，鼻、舌和皮肤也是人类的主要感觉器官，但相对而言不是主要信息接受源。人天生能够发送信息的手段只有两种：声带产生声音；形体产生机械动作。简单的信息，不需要编码，例如，高声喊叫，表示有危险。复杂的信息，必须要编码。编码方式相同的人群，可以相互交流信息。这种编码，就是语言。不同的语言，编码格式不同。相同语言体系的人之间，可以利用语言交流信息。同样的信息内容，在不同语言体系下，很难直接交流。

由于信息运动必须借助物质运动，当信息流动需要跨越不同物理介质的时候，信息依附的物质运动形式从一种变换为另一种，于是有必要约定信息表达形式的对应关系。这种变换是人为设定的，在信息运动的群内，这种变换方式是一致的，大家都能够理解。因此，可以将这种变换约定广义地定义为编码。编码是信息运动很重要的环节。

8.1　信息编码

语言是人类社会信息的一种编码，人在群居活动中，自然地形成了语言。随着社会的发展，人交流的范围越来越大，需要相互了解的信息越来越多，人使用语言的范围不断扩大。

语言是利用人的声带发出的声音信号。这种声音信号的音调有几十种，所需要表达的信息很多，往往需要用相同的音调表达不同的含义。语言应用到一定阶段，发明了文字。文字可以记录并存储在一定的物质介质上。文字的单词有上万个，可以表达的信息更丰富，更精确。文字扩展了信息运动的时间和空间。文字和语言，构成一个语言系统，形成一个完整的语言文字编码。

语言文字编码是人类在生活实践中发明的，并在应用过程中不断总结和提炼，为大多数人所学习和接受。随着时代的发展，语言文字也在不断进步。例如，在各种不同种族的交流活动中，相互借用语言的某些词汇。如再见（英文 bye），在我国直接用"拜"，不仅可以理解，而且广泛被应用。再比如，现在大量的网络语言出现，"再见"还可以用"88"来表达。所以语言是一种开放式的编码，任何人都有可能更新和补充语言文字库的某些生词。由于语言文字直接由人类大脑处理，而大脑理解能力很强，所以，语言虽然是开放模式，不断新生的词汇仍然很容易被人理解。

1．约定原则

编码本身是电子信息系统中应用的专业术语。其最基本的原则就是严格的约定。电子信息系统，不论多么先进，仍然是机器。机器很难接受没有定义的编码，也没有自己主动学习的能力。所以，如果有非约定的信号出现，机器将无法识别，会出现错误。

（1）直接编码

模拟信号转换可以认为是一种直接的广义编码形式。自然界大多数信息是以模拟信号方式表现，如声音。声音信号转换为电信号，可以采用直接转换的方式，如图 8-2 所示。模拟声音信号转换成为模拟电信号，信号的表现形式相同，其运动规律是相同的，如频率一样，振幅也一致，可以用相同的数学符号描

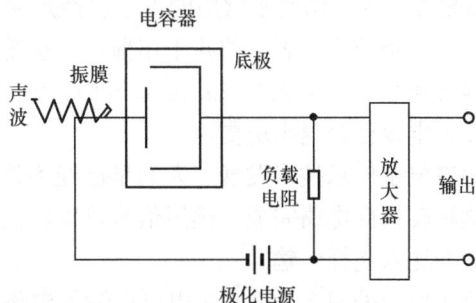

图 8-2　声音信号转换为电信号（模拟信号）

述。但是其物质载体发生了转换，声音是空气中传播的声音信号，转换到电路中对应的则是电流或电压形式运动的电信号。

另外，温度信号的转换也类似，温度随时间的变化，可以直接对应为电压随时间的变化信号，其幅度的大小与温度的高低呈直接的对应关系。但是，超出范围的信号，会被限制掉。如声音信号超过约定频率，没有事先约定，就不能出现在输入信号中。

（2）数字编码

最早的通信编码——摩尔斯编码，就是一种数字编码形式。1837 年，摩尔斯的第一台电报机出现，之后摩尔斯编制摩尔斯编码。发报员敲击按键时间长一些，接收机就会产生一声

"嗒"；如果时间稍微短一些，接收机就会产生一生"嘀"，这样交替着发送长短信号（分别用"—"，"•"表示），几个信号连在一起就可以代表一个字母和符号；信号和信号间，字母和字母间也要有一定时间间隔，否则混在一起就会使接收方无法辨认。

表 8-1 就是摩尔斯对字母和数字用"嘀"、"嗒"的表示方法，也就是摩尔斯码。

表 8-1　　　　　　　　　　　　　　　　摩尔斯码

含义	摩尔斯码	含义	摩尔斯码	含义	摩尔斯码	含义	摩尔斯码
A	• —	B	— • • •	C	— • — •	D	— • •
E	•	F	• • — •	G	— — •	H	• • • •
I	• •	J	• — — —	K	— • —	L	• — • •
M	— —	N	— •	O	— — —	P	• — — •
Q	— — • —	R	• — •	S	• • •	T	—
U	• • —	V	• • • —	W	• — —	X	— • • —
Y	— • — —	Z	— — • •	1	• — — — —	2	• • — — —
3	• • • — —	4	• • • • —	5	• • • • •	6	— • • • •
7	— — • • •	8	— — — • •	9	— — — — •	0	— — — — —
?	• • — — • •	/	— • • — •	（ ）	— • — — • —	。	• — • — • —

普通人要与摩尔斯码表一个一个比对才能得到原文，经过专业训练的译报员，听"嘀"、"嗒"声就如同听人在讲话一样，可以一边听一边在脑中将这些滴嗒声"同声传译"地转换成文字。

英语只有 26 个字母，容易用长短信号表示，那么汉字怎么用摩尔斯发明的电码进行传送？其实解决方案就是用四位数字，每个数字再分别用长短信号表示。四位数字最多可以表示 10000 个汉字，这对于常用的汉字已经足够了。如"电"字的编号是 6061。在应用过程中，人们还进一步简化编码。如几十年前，一些重要单位设置了电报挂号，成都电讯工程学院的电报挂号就是 6061。发报文：成都 6061，就表示成都电讯工程学院，可以节约电报费用。当然，今天电报已经退出历史。

随着电子信息技术发展，人们早已经不使用人工编码和解码的电报了。在现代电子工程中，这种转换由电路完成。模拟信号可以转换为二进制代码信号，可以十分方便送入计算机处理，并送入光纤传输。

除了信号处理之外，文字也可以输入电路进行各种处理。由于电路中只存在"1"和"0"两个二进制模式，用二进制符号来对应文字，也需要约定和规则。如一种标准 ASCII 码，所有的大小写英文字母、数字、符号都统一使用八位二进制数字（两位十六进制数字）表示。汉字的编码又有专门的汉字处理编码约定。

2．载体有效利用原则

为什么需要编码？信息附着在载体上运动，而流动的载体可能是不同的物质，每种物质运动必须满足自身的运动规则。如声音运动，在空气中速度是 345m/s；电磁波的运动，其速度是光速，在真空中传播速度是 3×10^8m/s。要让信息穿越不同物质，借助不同物质运动，就必须约定规则。如果没有明确的约定，物质运动与信息运动无关联，那么就不能利用物质运动实现信息运动。

在对信息进行编码时，除了明确的约定之外，还有一个原则就是充分利用物质运动特性。由于物质运动本身的特性，它只适合这样的特性，而不能够随意约定。如声音信号，人能够直接理解语言。声音信号频率在 20Hz～20kHz 之内，声音传输的距离只有几十米；声音在真空中不能传输，所以不能在真空条件下直接利用声波信号。

又比如电信号，一定频率的电流能够在金属导线中顺利传输，可以设计电缆，实现远距离传输。但是如果电流工作频率超过某一值，电流的衰减很大，电缆便不适合这样电流信号的传输。再比如光的传输，如果在大气中传输，很容易受到气候的影响，传输距离有限；如果将其限制在光纤中传输，可以实现远距离传输。然而，并不是所有光信号都能够在光纤中有效传输。因此，在设计编码时，必须考虑物质载体运动的特点，以充分利用其优势为编码的原则，如图 8-3 所示的各类传输。

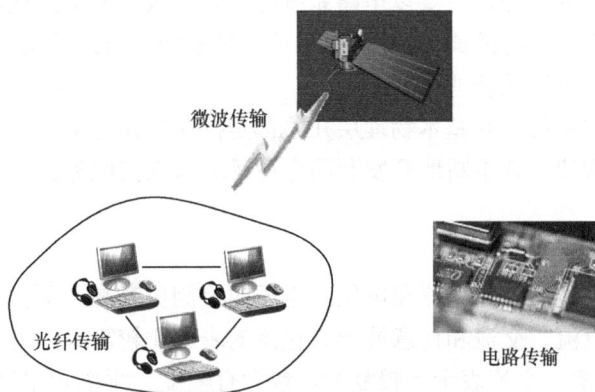

微波传输

光纤传输

电路传输

图 8-3　充分利用物质运动的优点

3. 接收与理解原则

编码是一种约定，信息的接收方，需要按约定解码，即还原信息的含义和内容。因此，在编码的同时就需要考虑解码方式，不仅编码容易实现，解码也应容易完成。这样设计的编码和解码体系，才是较高效的编码体系。

语言，就是一种比较复杂的编码体系。由于人脑直接参与语言的编码与解码工作，才能够完成语言交流任务。就算是人脑，语言这套编码体系，也是通过长期学习，才能掌握语言的应用。而人类制造的信息通信系统，智能化水平还很难与人脑相比。因此，设计电子信息系统的编码体系，还是以简单实用为原则，即编码、解码都容易实现。

表 8-2 　　　　　　　　　　　　　　　　Hello 的二进制编码

二进制	01001000	01100101	01101100	01101100	01101111
字母	H	e	l	l	o

在数字电路中，电路中的电信号只有"1"和"0"两种，十分简单，所以编码也要求简单。表 8-2 所示为单词"Hello"的二进制编码。通过这样的简单编码形式，很笨的计算机才容易进行数据处理。计算机很笨，但是速度很快。所以，只要规则简单，步骤多不要紧。

电子信息系统中，所有"机器"的编码都由人设计。这种设计在通信群内，是大家都约定好了的，能够相互"理解"。由于这种设计可以有不同的编码方法，也就是说可以有不同的约定。于是，在不同编码群之间交流，就会出现不"理解"的问题。因此，需要建立统一的约定标准，有了统一的编码方法，就像是统一了"语言"，电子信息系统就可以相互"理解"。

在某些特殊的应用领域，为了保密，专门设计了不同的编码方法，让非约定用户，无法正常"理解"信息的内容。这就形成了加密编码技术。

8.2 电信号形式

电路系统是信号处理的核心部分，信息的获取、传输、存储、处理和应用主要在电路系统中进行，特别是信息的处理，主要以电路系统的方式完成。通信系统、广播电视系统等信息的传播和交流均是电路系统的典型应用。电子计算机系统是电路系统发展的又一典型应用，电子计算机推动了人造机器的智能化发展。

所有现代信息处理系统，其基本物理层几乎都是控制电荷运动的结果。自人类了解和掌握了电荷运动的基本规律，就不断地开发利用电荷运动为人类服务。

1. 正弦信号

电荷运动的主要表现形式是电流和电压。电压的检测更容易，所以更多的是应用电压直接表达信号。电压分直流、交流和任意波形。直流的表示比较简单，主要参数是幅度，如电压为 5V、0.8V、−5V 等。交流表示比较复杂，包含有幅度、频率和相位等参数。任意波形，可以由随机变量描述。

直流，通常不作为信号，主要是提供电能，维持电路工作，称为电源。常用电源的幅度有：+5V、−5V、+12V、−12V 等。

交流表示形式包括幅度、频率和相位三要素，常用来表达信息含量。主要利用幅度表达信号的方式，称为幅度调制，如调幅电台。主要利用频率来表达信号的方式，称为频率调制，如调频电台。主要利用相位来携带信号的方式，称为相位调制。在广播电台中，没有单独用相位调制的，但是在数字信号通信中，相位调制方式被广泛应用。

正弦信号是一种最基本的信号方式。正弦函数本身是自然界中最常见的基本运动规律，圆周运动的数学表达就是一个正弦函数，如图 8-4 所示。

任一个周期函数，可以利用傅里叶级数展开为正弦函数。一个周期函数，可以由整倍数频率的正弦信号构成。同样，根据傅里叶变换，任一个信号，都可以映射到频率空间。通过傅里叶变换可以分析信号的频率分布，称为频谱，如图 8-5 所示的矩形波及其对应的频谱。

关于信号理论，有专门的书籍介绍，在此不深入讨论。

2. 开关信号

在数字电路中，晶体管的工作状态只限定在导通和关断两种状态，由晶体管的饱和与截止两种状态决定，其在电路中的作用就像是一个开关。理论上用机械开关也是可以的，但是实际应用是不现实的，因为机械开关的速度很慢，而晶体管的切换速度很快，所以也称为电子开关。

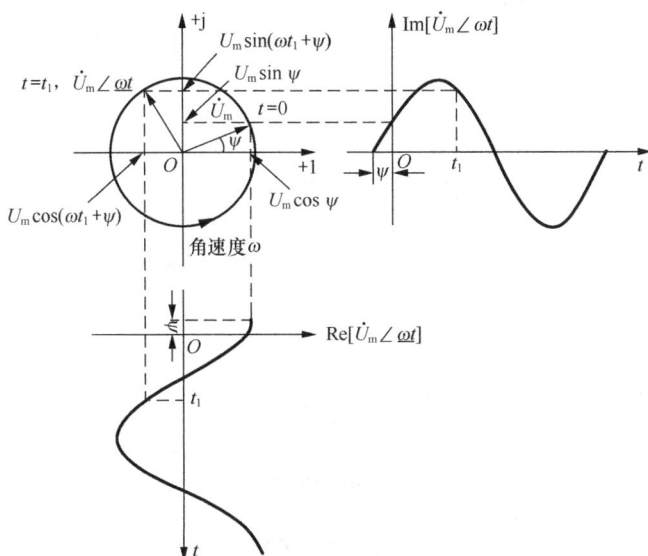

图 8-4　正弦信号运动示意图

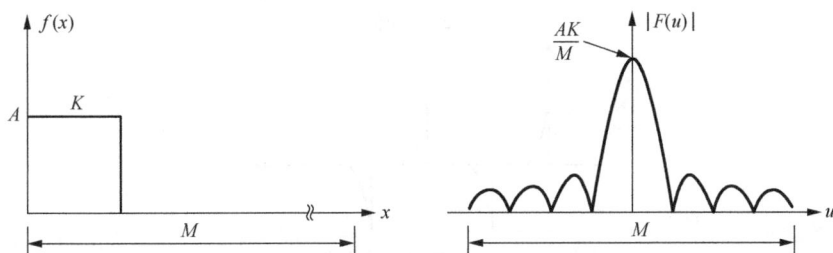

图 8-5　时域信号及其对应的频域信号

由于晶体管工作在开关状态，输出的电流或电压信号也必然是跳变的，输出形式只有两种状态，对于电压来说，只有高电平或低电平。人为定义这两种电平，设计"1"代表高电平，"0"代表低电平。由这些"1"和"0"就构成了二进制数字，如图 8-6 所示。因此，这种开关模式工作的电路内部与输入、输出只保留两种电平信号，这就是数字电路。

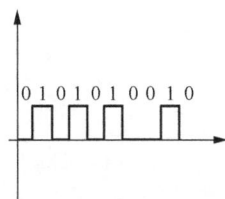

图 8-6　数字信号示意图

数字电路中，运动的电信号波形是开关信号，开关信号对应的是二进制数码，二进制数码，虽然很简单，但是理论上已经足以表达任意信息。用二进制表达信息，不够精简，人类大脑也不习惯这种表达方式。但目前人类使用的计算机被赋予这种方式，计算机高速度的运动方式，不在乎繁琐，在实际应用中，其解决问题的速度，远超过人脑。

3. 其他信号形式

除了正弦信号和开关信号之外，还有很多其他形式的信号。设计这些信号的目的也是为了电信号的有效利用。如在信号的传输电路中，采用方波形式的开关信号就不利于信号的传输。因此，可以设计对应的变形信号，当传输到接收电路中需要进行数据处理时，再整形转换为数字电路容易处理的方波信号。

目前，应用的电信号波形还有扫频信号、宽带脉冲信号、三角波、锯齿波等，如图 8-7 所示。

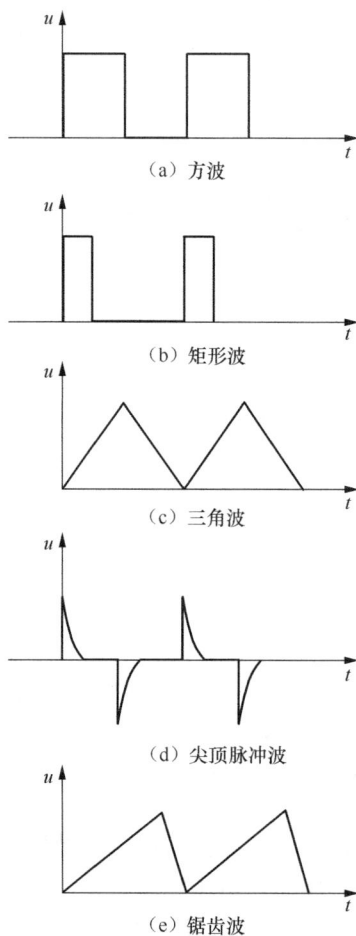

（a）方波

（b）矩形波

（c）三角波

（d）尖顶脉冲波

（e）锯齿波

图 8-7 一些信号波形描述图

8.3 信号调制和解调

当电信号在我们设计的电路中运动时，信号频率一般不宜太高，特别是数字信号的处理，一般在数十 MHz 以内。为什么？因为频率太高，不再满足集总假设条件，或者说频率太高，电场运动的路径不再集中在金属导线内，电场能量会分布在金属导线外围空间。这样在电路的设计中，容易带来比较大的困难。

另外，电信号所对应的物理信号（如声音信号）频率相对很低，为了易于转换，电路中的电信号频率就不宜设计的太高。在电信号进行远距离传输时，如果采用有线的方式，也不需要设计很高的频率。因为，高频状态下，电场能容易辐射，并损失掉。如果采用无线方式传输，那就不同了。无线传输的优点是不需要通信两端的金属导线，电信号转换为电磁波辐射到空中，低频电信号不容易辐射，相对较高频的信号更容易辐射。

是否可以将电信号从低频搬移到高频；反之将高频信号搬回到低频呢？答案是肯定的，这就是我们说的调制。

在电路中处理的电信号通常是低频段的；在利用空气传输信号时，信号转换到高频段；接收到空中电信号后，再转换成低频段信号，由电路处理低频段电信号。整个示意图如图 8-8 所示。

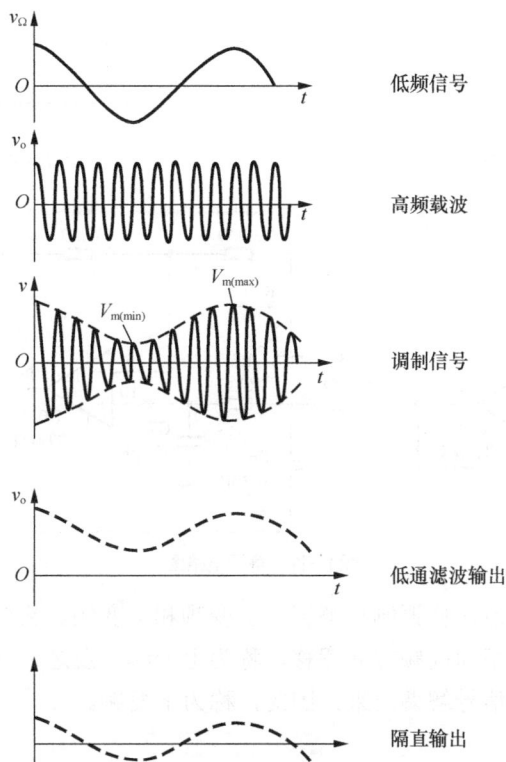

图 8-8 通信系统中调制与解调的示意图

在实际工程应用中，调制的方式很多，以下简单介绍几种。

1. 幅度调制

幅度调制是指正弦型载波的幅度随调制信号作线性变化的过程。幅度调制是最早应用的一种调制方式，主要针对模拟信号。目前在广播电台中仍然广泛使用，称为调幅电台。其基本数学描述是——载波，原电信号按一定调制系数与载波相乘，将信号搬移到载波的频点左右，按载波的频率发射电磁波信号。一个典型的幅度调制电路如图 8-9 所示，频率搬移示意图如图 8-10 所示。

接收机收到的信号通常是高频信号，为了还原出原信号，需要在接收机内部产生一个与载波相同或者固定差值的正弦波信号，利用模拟乘法器进行解调。解调电路如图 8-11 所示。

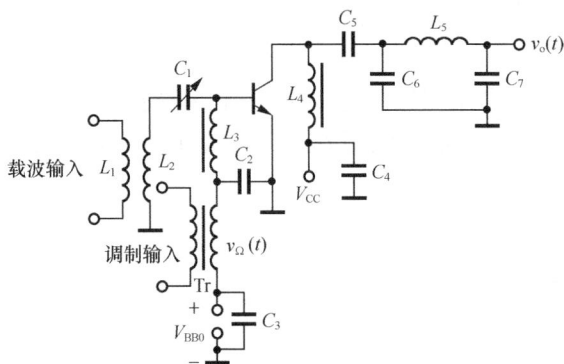

图 8-9　幅度调制电路

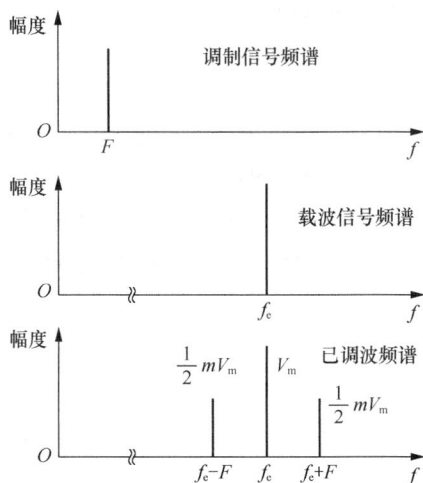

图 8-10　频率搬移图

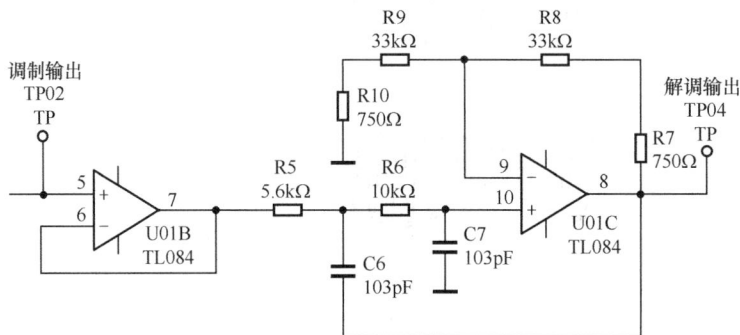

图 8-11　解调电路图

在专业术语中，我们习惯称调制与解调为上变频和下变频。将信号调制到设计的载波频率，一般情况是将信号频率向高频方向搬移，称为上变频；反之，接收到电磁波信号要送入电路处理，又需要将高频信号解调出来，因此，称为下变频。

2．频率调制

载波由一个正弦信号表示，幅度调制是利用幅度的变化携带信号。同样的原理，可以利用正弦信号频率的变化来携带信号，这就是频率调制。信号的频率被搬移到载波频率，被调制后的信号的幅度并不随原信号变化，原信号的幅度变化被转换为被调制后信号的频率变化。利用这种方法，同样完成了将信号上变频的任务。

当信号经过无线传输到达接收电路时，又需要解调出来。调制与解调制必须是一致的。也就是说，用什么方法调制，就必须采用同样的方式解调制，否则无法正确还原信号。频率调制与解调制的示意图如图 8-12 所示。

3．其他调制方法

电磁波在空中传播，工作在一定频段。一般情况下，信号围绕在载波附近，属于窄带信号，近似地可以看成是载频的正弦信号。一个正弦信号的 3 个要素为：幅度、频率和相位，变量只有这 3 个，可以携带信息的也只有这 3 个变化量。因此，实际上对应的调制方法，也只有 3 种，分别是幅度调制、频率调制和相位调制。

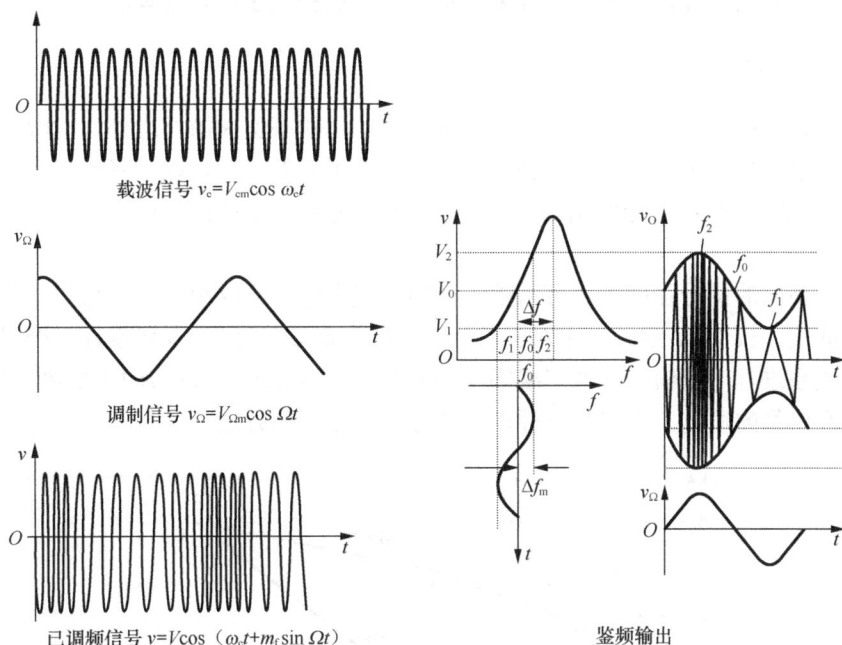

载波信号 $v_c = V_{cm} \cos \omega_c t$

调制信号 $v_\Omega = V_{\Omega m} \cos \Omega t$

已调频信号 $v = V \cos (\omega_c t + m_f \sin \Omega t)$

鉴频输出

图 8-12　频率调制与解调制的示意图

　　然而，工程实际的应用方式有很多种，每种调制又有不同的技术手段，如幅度调制，又可以延伸出双边带、单边带调制等。随着电子技术的发展，还有综合调制的方式，如 QPSK 调制、OFDM 调制方式等。在此，不深入讨论。

8.4　数字信号编码和解码

　　在计算机技术中广泛应用的数字信号本身其实也是一种编码。模拟信号转换为数字信号，二者是有对应关系的，即自然数与二进制数的对应，这就是一种编码。在实际应用中，某些时候还需要重新编码，按一定的规则，将自然数与二进制数重新对应。为什么需要这样重新编码呢？在工程应用中，自然的编码形式不一定是最佳的形式；数字电路处理的二进制数，在传输过程中，并不是最好的传输编码；在某些涉密的信息通信中，也不希望别人知道编码规则，需要重新保密编码；另外，根据信息的特点，直接编码的信号中通常包含大量的冗余信息，可以通过一定的规则压缩编码，提高信息传输效率。

1. 数字编码

　　模拟信号转换为数字信号，一般采用直接的二进制编码。不论模拟信号，还是数字信号，都是定量的物理描述，其间有直接对应的数学关系。但在数字信号处理中，并不都是模拟信号与数字信号之间的定量关系，有些信息不是定量的数学关系，而是特定的信息含义。例如文字对应二进制数码，就没有数学定量的关系。对于英文 26 个字母和一些特殊符号来说，数字电路并不需要对这些信息进行复杂的数学运算。但是，电路要存储、表达这些信息，电路中只有二进制数码，所以必须将文字信息对应为一定的代码。中文的处理又与英文不同，需要专门的编码，也需要专门的编译软件来支持电路对这些文字进行处理。

2. 声音信号的编码与压缩

声音信号是模拟信号。我们人耳，对声音信号除了频率变化敏感之外，对幅度信号也敏感，但是对幅度信号的敏感度在不同强度条件下，是不同的。如，在声音比较弱的时候，信号幅度变化 1mV，人耳能够分辨出来；但是在声音信号幅度很强的时候，变化 100mV，人耳也分辨不出来。

因此，在不同的信号强度下，可以按不同的等级设计声音模拟信号与数字信号的数学关系。在数值低端，按 1mV 设计一个对应数字；在数值高端，按 100mV 设计一个对应数字；采用非线性关系进行声音信号的数字编码，如图 8-13 所示。这样，既节约了二进制数字长度，又不影响声音信号的质量。这就是一种声音信号的压缩编码方式。

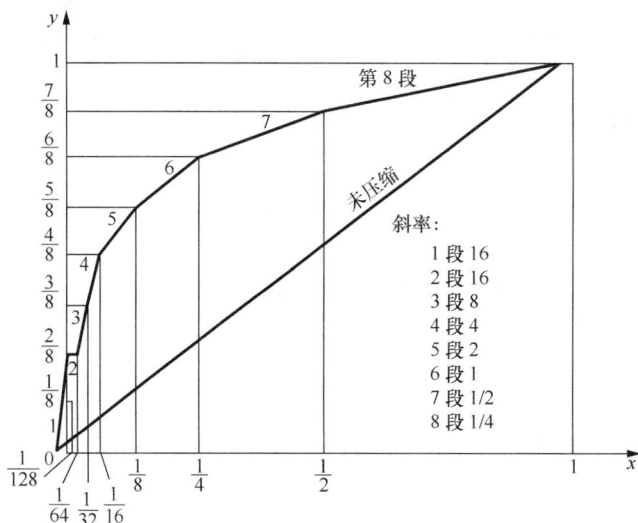

图 8-13　非线性声音信号编码方式示意图

反之，我们将数字信号还原成声音信号的时候，按这种非线性编码规则，采用相反的对应关系输出模拟声音信号。在工程实际中，这种方法已经被广泛应用。在电话通信系统中，已经实现了数字化。如在手机中，声音信号转换为数字信号的过程如下。

（1）声音信号经过话筒，转换为模拟电信号。

（2）滤波，3.4kHz 以上的频率被过滤掉。实验测试表明，尽管人耳可以听到 20Hz～20kHz 的声音，但人类说话的声音，90%的能量集中在 20Hz～3.4kHz 之内。过滤掉少量高频，不影响人耳对声音信号的识别，也不会影响通信的质量。

（3）利用 8kHz 的采样频率，采集 3.4kHz 以下的模拟信号。根据奈奎斯特采样定律，采样频率大于信号最大频率 2 倍以上才可以恢复出原信号。

（4）8kHz 的采样频率对 8 位二进制编码的信号采样，这样，数字信号的码率就是 $8 \times 8 = 64kbit/s$。如果不采用压缩技术，声音信号占用带宽 64kbit/s（数字信号中的带宽是指单位时间内链路能够通过的数据量），传输效率低。因此，一般采用压缩编码技术压缩数字信号码率。压缩编码的技术有多种，常用的有 PCM（脉冲编码调制）、WMA（Windows 音频）、ADPCM（自适应 PCM）和 LPC（线性预测编码）等使用这些压缩编码技术可以将声音信号带宽压缩到 2kbit/s。

（5）当声音信号变换为数字信号，并按一定规则压缩编码后，就完成了模拟信号到数字信号的转换，信号进入数字电路中，按数字信号的处理规则处理信号。

（6）声音信号转换为数字信号后，手机电路可以对数字信号再编码，并调制到发射频率进行发射；基站接收到信号，将编码信号送入通信网络中。

3. 图像信号的编码与压缩

图像信号的编码更复杂一些。一幅图像，也是一个矩阵。每个点元素，就是一个像素。图像精度的要求不同，对应的像素多少也不同，高清晰度要求像素多。如一幅 $10\times8\text{cm}^2$ 的图像，每 cm^2 用 100 像素表示，该图像的总像素就是 $100\times80=8000$ 像素。这个图像的分辨率较低。同样尺寸的一幅图像，如果像素是 $1000\times800=800000$ 个像素，清晰度就高得多。但是，像素增加了 100 倍，信息量也大幅度增加。

我们常用的电视制式是 PAL 制式，选择的分辨率是 $720\times576=40$ 余万像素。高清晰电视节目选择更高的像素。我们日常应用的电视节目，主要还是模拟信号，属于 PAL 制式，模拟图像信号采用的频带宽度是 6.5MHz，加上伴随声音信号，每个频道的频率宽度是 8MHz。

同样电视图像的数字信号，需要的频率带宽就很宽。按 PAL 制式计算，电视图像的分辨率是 720×576 像素，每秒 25 帧。因此，每秒需要 $720\times576\times25$ 像素，如果每个像素用 8 位（bit）表示，所需要带宽 $720\times576\times25\times8=82\ 944\ 000\text{bit/s}$。仅图像信号（不含声音信号）的带宽就需要约 83Mbit/s。如果直接应用彩色图像，根据三原色原理，像素还要再乘 3。因此，很有必要对图像信号进行压缩。

目前选择的数字电视标准是 MPAG-2，可以将连续视频图像信号带宽压缩到 2Mbit/s 左右。在网络上传输的图像信号，需要更大的压缩，选择 MPAG-4 标准可将带宽压缩到 200kbit/s 左右，但图像的连续性会受到一定的影响。

关于图像信号压缩的方法和技术手段很多，是一门专门技术，在此不深入讨论。

4. 加密编码

压缩编码主要是利用信息的冗余度，按一定规则减少信息的表达代码，从而减少传输和处理的任务，节约电路资源。对于某些图像信号的传输，不仅节约资源，也节约时间，促成工程上的可应用性。

有一种编码，并不是为了节约资源，而是为了加密，为了不让信息被非合作方知道所采用的加密编码方式。这样，非合作方截获了信号，由于不知道约定的编码方式，无法很快解码，也就不能很快获得信号表达的信息内容。

这种编码很早就开始应用，传统的电报中就有"密电码"一词。传统的加密方式，很容易被目前具有高速计算能力的计算机"破译"，因此，新的加密编码技术不断出现。这种加密和解密技术的发展，还引出了不少新学科，如信息安全学科、信息对抗学科。

8.5 信道的编解码

随着人类信息技术的发展，信息运动空间不断延伸和扩大。信息以信号的方式表达，信号要在不同的物理形态之间转换；信号需要在电路之间、系统之间交换；信号长距离传输，需要在不同的地域之间建立信号通道。不论哪种信号的运动，都需要路径。不同的路径，有不同的特性；不同的特性，影响信号的传输能力和效率。如，信号在电缆、光纤、自由空间等路径中传输，其性能和效率都不同。

因此，在利用这些不同路径传输信号时，需要将信号转换为适合在这种路径中传输的模式，并选择合适的编码方式。

1. 信道特性

信道是信号的传输媒质，可分为有线信道和无线信道。有线信道包括电线电缆、光纤光缆等。无线信道有空气、短波电离层、微波视距中继等。

空气：空气是人类最早利用的自然信道，用于传输原始自然信息——声音。声音是以波的形式传输信号，属于机械波。声音在空气中传输速度为340m/s，称为音速。声音也可以在水、铁轨等物体中传播。凡可以被利用作为传输声音信号的路径，可认为是声音信号的信道。

声音信号在空气中传输，功率衰减很快，一般人发出的声音，作用距离在数十米范围之内，不可能实现远距离传输。如果需要适当远距离传输信号，则需要采用一定的技术手段，如图8-14所示的号、鼓等可以实现较远距离的传输。通常实现声音信号远距离传输的技术有：增大声音输出功率；采用共振的方式使声音功率集中在某段频率中；选择特殊的工作频率，可以让其在空气中传输更远。

图8-14 小号、鼓

电线电缆：人类发现电荷运动规律后，电线电缆就作为一种重要的信息传输信道。在电场作用下，金属导线内的电荷形成有序运动，表现为电流或电压。电流沿金属导线运动，形成电路。根据金属导线特点设计的电缆，可以实现电流信号的远距离传输，如图8-15所示。金属导线不仅可以传输信号，还可以传输能量，这就是电力系统。

电离层：电离层的发现和利用是伴随着电磁波的发现和利用而发展的。电离层是地球大气层中的一个电离区域。由于受地球以外射线（主要是太阳辐射）对中性原子和空气分子的电离作用，距地表50千米以上的大气层处于部分电离或完全电离的状态，其中存在相当多的自由电子和离子。电离层作为一种传播介质，能使一定频段的电磁波在其中产生折射、反射、散射，从而实现远距离信息传播。人们可以收到大洋彼岸的短波广播电台，就是通过电磁波信号在大气层上空的电离层反射得到的，如图8-16所示。

光纤光缆：光纤是利用光的全反射原理传输信息的。光纤是由两层折射率不同的玻璃组成。内层为纤芯，直径在几微米至几十微米，外层称为包层，直径 0.1～0.2mm。最外层是加强用的树脂涂覆层,如图 8-17 所示。一般纤芯玻璃的折射率比包层玻璃大 1%,根据光的折射和全反射原理,当光线射到纤芯和包层界面的角度大于产生全反射的临界角时,光线透不过界面,全部反射。由于光在光纤的传导损耗比电磁波在电线中传导的损耗低得多,并且光纤还有频带宽、重量轻、抗干扰力强、保真度高等特点,因此,光纤被用作长距离的信息传递。

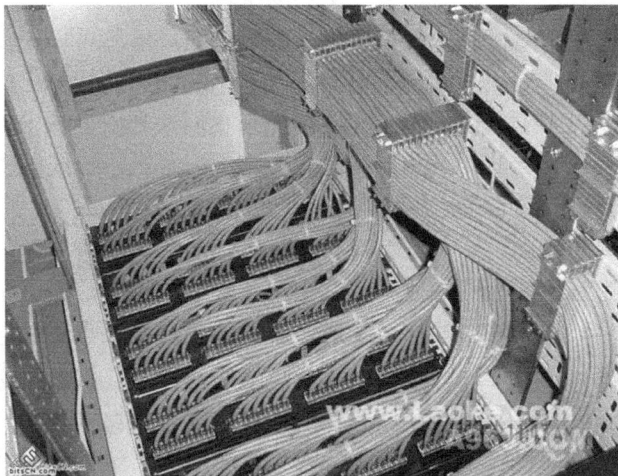

图 8-15 电缆

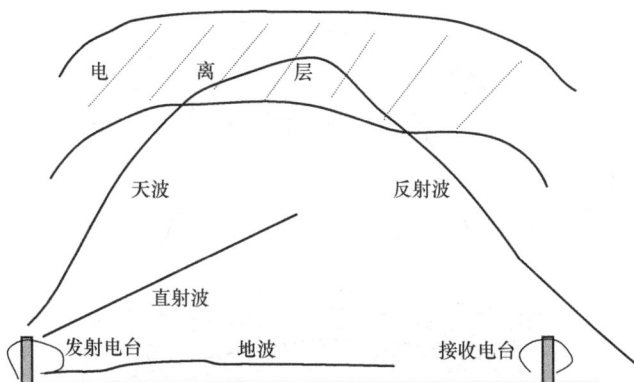

图 8-16 电离层反射电磁波示意图

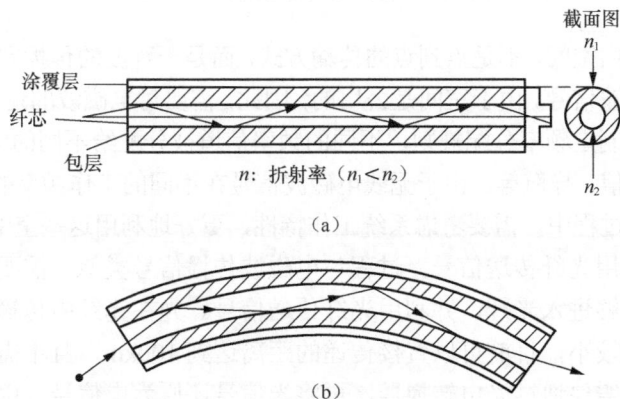

图 8-17 光纤传输

2. 信道特性的利用

信道实际上是物质运动的路径，不同的物质运动，具有不同的特性。我们为了有效传送信号，需要了解其运动特性。如希望信号在传输中，能量衰减更小，作用距离更远；在某些时候，希望沿指定的路径运动；信号的转换更容易实现等。

电线电缆的利用：电缆是一种很好的电信号传输信道。信号可以直接从发射电路到接收电路传送。由于电缆本身是金属导线，不需要在发射电路输出端转换电信号（需要设计阻抗匹配），同样在接收电路中也就不需要信号转换。如果我们要利用一条电缆同时完成多路信号的传输的时候，就需要设计分配类型和电路。在一定频率范围，电缆能实现电信号的有效传输；当信号频率超过一定值的时候，信号在电缆内传输的衰减就很大。所以，高频率的信号，在电缆线内无法远距离传输。

电离层的利用：电信号在电路中运动，远距离传输成本较高。为了充分利用电离层的散射特性，需要将电信号转换为电磁波信号发射，并在接收端将接收到的电磁波信号转换还原为电流信号，从而实现电信号远距离传输。这个重要的转换器件就是天线，如图8-18所示。天线分发射天线和接收天线，很多时候，发射天线和接收天线设计在一个天线体中，一个天线既完成发射信号，又完成接收信号的作用。收、发之间的信号可采用频率分离，也可以采用时间分离。

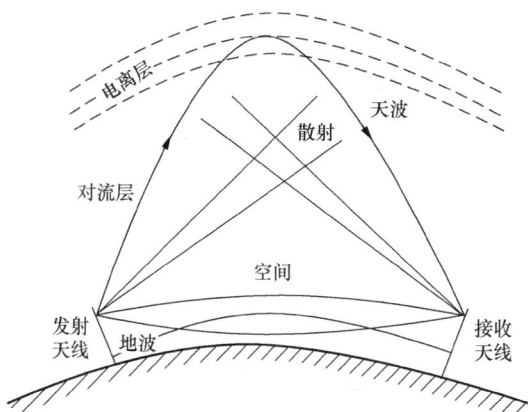

图 8-18　利用天线转换电磁波传送信号

电磁波发射到自由空间，不是点到点的传输方式，而是一种波的传播方式。在自由空间中，存在各种不同的电磁波信号。由于空间是公用的，因此，需要对电磁波的使用制订一定的规则。无线电管理委员会就制定频率分配规则，不同的频率信道被分配给不同的电子信息应用领域，如广播电台、无线通信、导航等。由于无线电磁波信号在不同的工作频率的传输特性不同，所以，在电子系统设计过程中，需要考虑系统工作特性，更好地利用这些空中信道资源。

光纤的利用：利用光纤传送信号，过程与电磁波传播信号类似，需要将电路中的电信号转换为光信号，才能够进入光纤，并利用光纤传送信号。光在光纤中传输。光纤对某些特定波长的光信号其损耗较小，目前可以直接传递的距离达到100km，且不需要中间放大。光信号到达接收电路后，需要通过光电转换器，再将光信号还原为电信号。由于光的速度快，信息容量大，目前光纤已经广泛应用到通信、网络系统的主干线路中。

现代电子信息技术、网络系统遍及全球，信息的运动也环绕全球。目前主要的信道包括电缆、电离层、光缆，信息需要不断地从一种运动形态转换到另外一种运动形态，借助各种载体高速运动。每次信号的转换，不仅需要考虑信号在不同载体物质运动性质，还要考虑信号在不同载体中运动的有效性。

3. 信道复用

信号在载体物质中运动，借助不同载体物质传送信号。为了更充分地利用这种物质运动特性，提高信道使用效率，通常会考虑信道复用问题，即同一条路，可以传送多路不同的信号。例如，如果用同一根电缆，可以同时传输 20 路声音信号，也就可以满足 20 人同时利用这根信道通信。这样，可以大大节省信道资源，提高信道利用率。

如果在同一空间，很多人同时说话，必然会造成相互干扰，通话的质量很差。同理，如果在同一根电缆上，20 人同时讲话，也会造成相互干扰。这时我们就需要采取一定的技术措施，在信号占用的信道资源上，进行合理地分配，避免信号的相互干扰，满足 20 人同时无干扰地通信。

频率分配复用：一般信号的带宽比较窄，如数字声音信号带宽为 32kHz；模拟电视信号带宽为 8MHz。相对而言，电缆容许的频率带宽比较宽，一般可以到 800MHz 的范围。因此，可以将不同的电视信号调制到不同的频段，如图 8-19 所示。通过频率分配复用，一根电缆可以同时传送 100 个电视信号。

时间分配复用：光纤的带宽相对于电缆更宽，一般光纤采用数字信号的传输模式，利用脉冲的方式传输"1"和"0"信号，其信号码率在 1Gbit/s 以上。也就是说，每秒钟可以传输 10^9 个"1"和"0"信号。1 路压缩后的数字电视信号（MPAG-2）码率是 2MHz。如果采用复用方式，1 条光纤可以同时传输 400 多路电视信号。

其采用的复用方式就是时间分配复用。如图 8-20 所示，在一条光纤中传输 400 路电视信号，那么，将时间按需要分配为 400 份，将将每 1ms（千分之一秒）分配为 400 份，每份为 1/400ms，也就是 2.5μs；按先后顺序将时间编号，每个时间编号中传输一路电视信号；再按编号顺序连接起来，称为复接。复接在一起的信号，统一经电光转换器转换为光信号，送入光纤传输；接收端收到信号后，经光电转换器，转换为电信号，再按约定的编号，解复接，还原为 400 路不同的电视信号，再由电路处理。

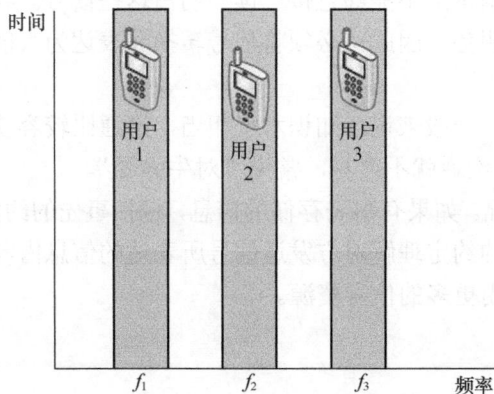

图 8-19　频率分配复用

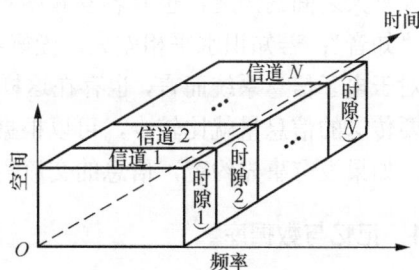

图 8-20　时间复用模式

4．信道容错能力编码设计

信号在信道中运行，由于信道的特性，会受到一定的干扰。如电磁波在空中传播，可能会有其他干扰信号或噪声传入信道中，引起误码。在现实生活中，人们在交谈过程中，也可能因为噪声的干扰，不能完全听清楚对方的语言，人可以通过自己的理解，将语言的前后语义联系，正确理解对方表达的信息内容。如果信息漏掉太多，确实无法理解，我们通常会请求对方重复一遍。同样，在电子信号的通信中，也可以做到类似的功能，这就需要信道编码。

信道编码，要实现信号模式的转换，使其有利于信号在信道中有效传输。信道编码还有一个重要的任务，就是设计一定的容错能力。信道中存在不同的干扰，可能带来一定误码。为了解决这类问题，我们通过信道编码，可以部分解决这个问题。

例如，设计信号字符串，前后按一定规则建立关联性，按约定的规则，重新排列数字信号字符串。经过信道传输之后，对收到的数字信号按约定的规则解码，如果不满足设计的规则，说明在信道中出现误码，需要纠错。如果满足约定规则，说明没有误码，信号可按程序正常运行。

最简单的一种查错编码是奇偶纠错编码，如在 7 位数字加入一位校验码。

$$0010101 \qquad 1 \qquad 00101011$$
$$1010101 \qquad 0 \qquad 10101010$$

前 7 位是数字信号，如果有奇数个 1，第 8 位插入 1；如果是偶数个 1，第 8 位插入 0；构成 8 位的数字串。这样，当接收的 8 位数字信号，如果是奇数个 1，说明有错码出现；反之，如果是偶数个 1，说明收到的信号应该是正常的。当然，如果在 8 位数字信号中，出现两次错误，该方法就失效。所以，这种奇偶校验的编码方法简单，一般在精度要求不高的地方应用。

8.6 信号的理解与识别

不论是模拟信号还是数字信号，人很难直接理解信号所表达的信息含义。如果是声音信号，这种模拟信号可以通过电声转换器（扬声器），将电信号转换为声音信号，人可以接收和理解。对于已经转换为二进制的数字信号，人基本上不能够直接"读"明白这些信号。我们所设计的电子信息系统，其主要目的是为人类服务。因此，必须将信号转换和表达为人能够容易理解的表达形式。

人与人之间的沟通，也有容易和困难之分。一般来说，知识水平相当，沟通比较容易，称为"知音"；若知识水平相差大，爱好不同，沟通就不容易，常说"对牛弹琴"。

对于电子信息系统而言，也存在这样的情况。如果有事先存储的信息，包括事先的约定，那需要传送的信息量就比较少，可以根据事先的约定理解对方发送信号所表达的信息内容。相反，如果没有事先约定，信息的交流需要占用更多的信号资源。

1．记忆与数据库

随着计算机技术的发展，存储空间足够大，所以在大量的电子信息系统中，存储了大量的约定的信息，或者说标准的数据。这些以一定方式储存在一起、能为多个用户共享、具有尽可能小的冗余度、与应用程序彼此独立的数据集合，称为数据库。当接收到某些约定信号后，信号所表达的信息，可以通过数据库查找到所表达的具体信息含义。这样，大幅度减少实际传送的信号量。

数据库的建立，可以帮助电子信息系统快速交流信号，并能够快速正确理解和识别信号的信息含义。对于各种专业领域，需要大量原始数据存储在电子信息系统中，形成各种专业的数据库，可以完成信号的翻译、信号的识别、信号的表达和信号的正确理解。就像我们在实际生活中，经常会使用一些缩写词。比如，UESTC（University of Electronic Science and Technology of China），中文的意思是电子科技大学。在熟悉的双方交流中，采用缩写方式，双方可以理解。因此，采用缩写时，一般需要考虑前后的关联信息。

2. 特征信号与模糊度设计

人类对信号的识别能力很强，如人能够记住朋友的面孔，人的大脑可以存储很多人的面孔。当我们看见朋友时，一般不会出错，能够很快识别并提取朋友的相关信息。但同样的任务，如果让"机器"来完成，其难度就非常大。

计算机在处理一幅图像时，将图像看作由几十万个像素构成的平面矩阵，并将全部像素存储在计算机存储空间中。但是，同一个人，在不同环境下的照片像素不可能完全匹配，那么计算机可能认为这两张图像不是同一人。

人脑可以很轻松识别，并不是记忆存储照片的所有像素，而是记忆某些特征信息。因此，如果我们利用计算机完成人脸的识别，也需要利用特征信号，先将图片中人脸的特征信号提取出来，比如眼的大小和形状；双眼的距离；眼、鼻位置信息；眼、鼻和嘴的比例、尺寸等。按此规则，提取特征信号，存储在计算机中。当我们再次遇到某一位"熟人"的时候，计算机会再提取"熟人"的特征信号，并与已经存储在计算机中的所有人的特征信号对比，找出与该"熟人"特征信号最匹配的数据，并认定就是这个人。同时，这个"熟人"的所有档案可以对应找到，并被快速提取出来，显示到计算机屏幕上。

目前，利用计算机完成人脸识别的技术已经很成熟，并经广泛应用到工程实际中。

另外还有指纹识别技术。指纹的特征很明显，据说，全世界没有两个人的指纹是完全一样的。指纹识别技术就是将提取指纹的图像特征信号，存储在存储器中，每当接收到一个新的指纹图像，就比对指纹特征与原存储的所有指纹特征，找出最接近的那一个，确定所对应的人。如果所有存储的指纹特征都不能匹配，"机器"可以认定这个人的指纹没有在存储器中，报告不认识。

这种利用"机器"识别和理解的技术，很多时候需要利用特征信号。特征信号一般需要对原始信号的再加工。在实际工程应用中，就是利用了特征信号进行事物的识别。同时，很可能还会遇到不能确定的含义，如某人的特征信号与存储器中的某人的特征信号相似度60%，能否认定就是同一人呢？这种情况，就是模糊度问题，有些像，但是又不能确认。模糊度不仅计算机会出现，就是我们人自己也可能会出现，特别是通过图片来识别一个人。如果人能够直接面对，还可以通过声音信号帮助识别。

因此，在利用电子信息系统完成信号的识别的时候，还需要设计一定的模糊度。如果完全不允许模糊度，识别率会很低。如果允许很高的模糊度，出错率又可能很高。

在信号识别中，还有一种情况是歧义问题：同样一个信号对应有多种表达含义。这种情况在人类的生活中也常见，如，TA，有多种含义，包括 Teacher Assistant，Technical Analysis；或者汉语拼音，表示他/她，这在网络语言中也常用。因此，如果从单纯的特征信号不能确定，我们可以通过信息的前后关系，明确理解这个信号具体的信息含义。对于"机器"来说，就可能会出现错误理解。所以利用"机器"翻译人类语言的时候，常常出现很多低级错误。

3. 学习与记忆

学习是人类具备的能力，"机器"没有这种能力，它只是按人设计的程序工作。但是人可以按规则给"机器"设计出一定的学习能力。

随着计算机技术的发展，CPU 速度很高，存储空间也很高，可以给计算机设计一些初步学习能力。如反复出现的信号，可以认为是常用信号，可以被记忆，并自动压缩信号的长度，进一步提高信息处理效率。又比如，多次访问某些特定网站，计算机可能根据你的爱好，主动搜索出相关内容的网站，并提供参考。

数据库的自动更新：当计算机发现所得到的信号以及相关特征，是存储器中没有的新信息时，它可按一定规则自动记录并存储，并可作为数据库中的内容。当这个信号及特征再次出现的时候，计算机可以对比上次信号，认定这不再是新信号，再次将所得信息记录到存储器中。对于人脸识别也有类似的过程：接收到某一个人脸部的图片，如果计算机经过所有"样本"对比，都没有匹配的，可认定这是一个新人，并记录新人脸的特征信号"样本"。下次再接收到这人脸部图片时，可以从存储器中，找到他的"样本"信息，可以自动编号并识别。

4. 表达方式

电子信息系统的主要目的是为人类服务，计算机尽可能解放人的脑力劳动，计算机机器对信号的识别，是为人提供方便。所以，好的电子信息系统是应该有很好的信息表达形式。

人类最习惯接收的信号是声音信号和光学信号，所以，所有电子信息系统的终端是面向人的输出接口。

声音信号输出表达方式有很多种，如铃声。在扬声器出现之前，电铃已经开始应用。铃声只能表达很简单的一些信息，如上课、下课、有情况等。语言信号输出表达是扬声器，扬声器可以直接还原人类语言，也可以合成人类语言信号，人可以从语言信号中获得比较丰富的信息。音乐信号也是声音的表达方式，音乐表达的信息也很丰富，特别是对于具备音乐素养的人，可以获得音乐的丰富信息。

光学信号输出表达，人眼接收可见光信号，反映在人眼的是图像信号。图像信号的表达模式有多种。

符号模式，如图 8-21 所示。文字、数字、字母是符号模式。符号模式是由形状解决信息含义，与表达的大小，色彩无关。文字可以表达各种信息内容。

图像模式，客观世界的影像，如图 8-22 所示。照片、影像等是图像模式。古代人们没有掌握摄影技术，用笔描画出图像，表达相关信息。目前图像的表达手段已经很多，如传统的显像管电视机、液晶显示器、等离子显示屏、LED 显示屏等。

数学公式与图表：数学公式也是一种文字符号，有自己的表达含义；数学中常用的图表，可以更直观表达变量之间的关系，如图 8-23 所示。

西方数字	0	½	1	2	3	4	5	6	7	8	9	10	50	100	500	1000
罗马数字			I	II	III	IV	V	VI	VII	VIII	IX	X	L	C	D	M
阿拉伯和土耳其数字																
马莱和波斯数字																
东阿拉伯																
海德拉巴阿拉伯																
印度（梵文）																
阿萨姆文																
孟加拉文																
古吉拉特文																
KUTCH																
DEVAVNAGRI																
尼泊尔																
西藏																
蒙古																
缅甸																
泰国和老挝																
爪哇																
一般中国、日本、韩国	零	半	一	二	三	四	五	六	七	八	九	十	十五	百	百五	千
中国官方使用			壹	贰	叁	肆	伍	陆	柒	捌	玖	拾	拾伍	佰	佰伍	仟
中国商务使用			〡	〢	〣	乂	〥	〦	〧	〨	夂	十	又十	百	又百	千
韩国	반		일	이	삼	사	오	육	칠	팔	구	십	오십	백	오백	천
格鲁吉亚																
埃塞俄比亚	◆															
希伯来文																
希腊文			Α	Β	Γ	Δ	Ε	Σ	Τ	Ζ	Η	Θ	I	N	P	Φ	Α

图 8-21　文字符号

信号灯：信号灯是最简单的光学表达模式。比如，交通中用的信号灯，绿灯行，红灯停，利用光学的不同颜色，表达不同的信息。信号灯还在很多地方表达简单的信息。如电路中，常用一个发光二极管，表达电源是否正常。如果灯不亮，说明电源不正常；灯亮说明电源输出正常。

在人类社会生活中，还有很多信息表达模式是通过光学信号传递和交流的。如舞蹈，是人类长期生活的一种信息表达方式，利用光学视觉接收相关信息。手语，人类还可以利用手势表达信息。

信息表达：是电子信息技术领域的一个重要技术手段。好的表达方式，可以很好地服务于人类，提高人们的生活水平，改善人类的生活方式。

图 8-22　图像

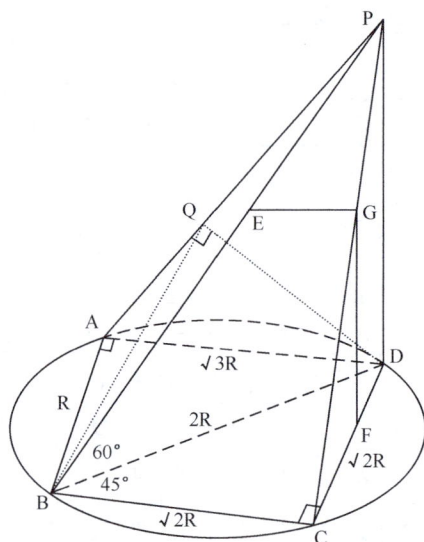

图 8-23　数学图形表达模式

电子信息系统本身是一个"机器"。机器本身具备物质运动的特征，一旦这种物质运动被人类赋予信息含义，物质运动就被变为信息运动。人类通过对电子运动的控制，实现了对信息运动的控制。

因此，电子运动本身是物质运动，电子电路和系统是毫无生气的机器，如果没有赋予信息，那电路与系统毫无意义。当人类将信息以电信号的方式赋予电子运动之后，信息运动的方式就发生了巨大的变化，伴随电子运动的信息运动显得生气勃勃。由金属、硅片等组成的电路构造成了"计算机"，并安装在人造"机器"上。飞机、船、汽车等设备的电子化、智能化水平不断提高，电子信息系统技术成为现代科学技术的主流。"电子"与"信息"几乎成为了同义词。

第9章 电子信息系统实例

电子信息系统是以电子运动为基础，以控制信息运动为主要目的的系统。随着科学技术的发展，电子信息系统的发展也不断扩大。信息运动的空间不断扩大，系统的很多部分已经超出了电子运动的范围，光和电磁波也成为电子信息系统的组成部分。因此，现在所说的电子信息系统，已经超越单纯的电子运动，是以电、波、光等物质运动携带的信息运动。

电子信息系统很多，本章选择几种典型实例介绍。

9.1 通信系统

自从人类了解电子运动规律后，就开始将电子运动与信息运动相关联，并设计出通信系统。最早的通信系统是1839年发明的电报。从有线电报到无线电报，从机械式交换电话到今天的第4代移动通信技术，展现了通信系统的快速发展和广泛应用。

通信系统的发展，极大地改变了人类的生活方式。200年前，人类的信息传输速度很慢，今天，我们可以很容易与地球另一端的人通信。

1. 通信系统基本结构

通信系统的最基本结构可由五部分组成，包括信源、编码、信道、解码、信宿，如图9-1所示。

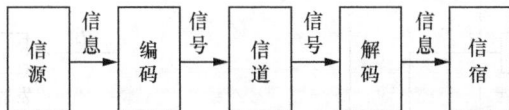

图9-1 通信系统基本框图

信源是信息的来源，可以是人、机器、自然界的物体等。信源发出信息的时候，一般以某种形式表现出来，可以是符号，如文字、语言等；也可以是信号，如图像、声响等。

编码是把信息变换成特定形式的过程，是按一定的符号、信号规则进行的。按规则将信息的含义用符码编排起来的过程通常被认为是编码的第一部分；编码的第二部分则是针对传播的信道，把编制好的符码变换成适于在信道中传输的信号序列，如电信号、光信号等。例如，信息源产生的原始信息是一篇文章，用电报传递的时候，就要经过编码，转换成电报密码，然后通过电路转换为电信号，才能经过信道传播。

信道是信息传递的通道，是将信号进行传输、存储和处理的媒介。信道的关键问题是它的容量大小，要求以最大的速率传送最大的信息量。

解码是对信息进行与编码过程相反的变换过程，把信号转换为信息，如文字、语言等，这是第一步。第二步解译码则是指将信息还原为原始意义的过程。

信宿是信息的接收者，可以是人也可以是机器，如收音机、电视机等。

通信系统并不一定专指电子通信系统，其他形式的通信也需要这最基本的 5 大部分。如我国古代的烽火台，就是一种通信工具，也包含这 5 个部分。

2．通信方式

自从电子技术诞生以来，电信号以光速传播，能够快速有效传输信息。另外，电子沿电路运动，很容易设计电路实现对电子运动的控制，信息可以按一定的规则编码，对应到电子运动中。从而实现电信号按通信路径完成信息传输。在通信的发送方，信源按一定编码方式，将信息转换或变换为一定形式的电信号；再由信道将电信号传送到接收端；接收方接收电信号，按约定的规则进行解码，将信息还原或表达输出。

以上说的是最基本的点到点的单方通信路径。实际上双方通信，需要将通信的双方，按同样的线路，再反向设计一条通路就可以了。

单向通信，通常称为单工；双向通信，称为双工。在简单的通信电路中，为了节省资源，通常采用时间分配复用的方式，属于单工通信，但可以实现双向通信。这种方式，只有一条信道，A 向 B 发送信息时，B 不能发送信息（只收）；B 向 A 发送信息时，A 不能发送信息（只收）；所以，当 A 发送完信息后，说一声 Over，电路切换；B 再发送信息；B 发送结束后，也说声 Over；来回切换，也可以实现双向通信的目的。

双工通信原理如图 9-2 所示，在接收信息的两个节点，都设计有发射和接收装置，收发天线可以共用，同一时刻可以进行信息双向传输。常用的电话就是一个典型的双工通信系统。

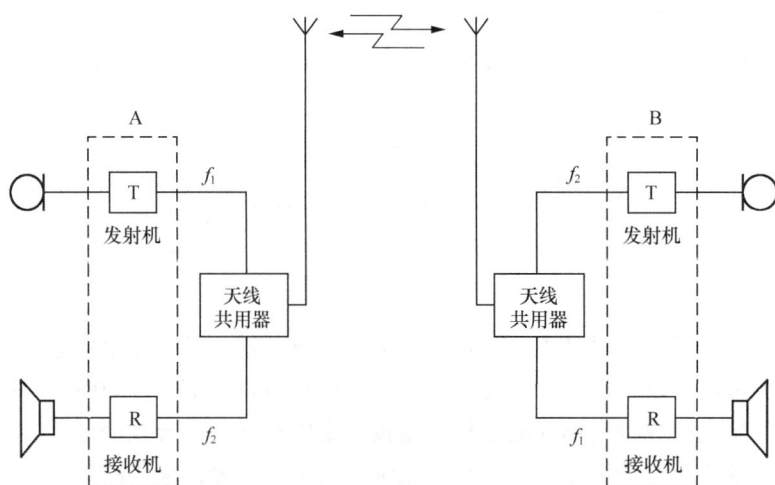

图 9-2　双工通信原理

3．通信电话网

通信最基本的模式是点到点的通信；随着社会发展的需要，不再只满足点到点之间的通信，希望任意两点之间都可以建立通信联系，这就形成了通信网络结构，如图 9-3 所示。在网络内，任意两点都可以通信。但在设计电路的方案时，为了节省资源，不会在每点之间建立直接连线，而设计一个中心点，完成线路的交换，这个中心点就是交换局或交换中心。在每节点到中心点间设计一条连线，任意两点之间的连接，通过中心点内部的开关进行切换。

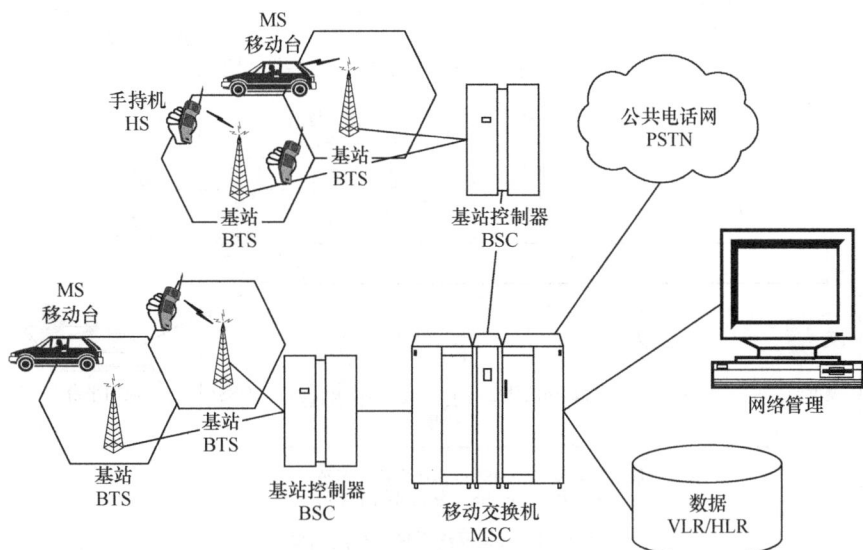

图 9-3　通信网络结构

最早的交换任务是由人工完成的，也就是由接线员完成。其工作的方式为：如果 A 点需要与 B 点建立联系，并进行通信，首先 A 点人工拨通中心电话，要求接线员连接 A 到 B 的线路；接线员利用金属导线接通 A 和 B，实现 A 与 B 之间的导线连接，从而实现双方的通信。

随着电子技术发展，人工交换变成了程控交换机交换。利用程控交换机的通信系统，对网络内所有电话机分配一个固定号码，也就是电话号码。我们需要与网络内任一部电话通信，先拨对方的电话号码，话机发送一组数码到交换中心，交换中心接收并按号码找到对应的电话接口，然后连接两个电话之间的线路。从而自动实现拨打电话之间的连接，并可以完成任意两点之间的通信。

早期的程控交换机是用继电器完成线路的切换。继电器可以由电流驱动，其基本原理是通过一个开关阵列，按号码的区域和一定规则完成任意两点的连接。这属于硬件连接方式。虽然这种程控交换机方式比人工交换方式先进，但是，开关数多，需要占用很大的机房，仍然制约着通信技术的发展。随着集成电路工艺的发展，计算机被广泛应用，不再使用这种硬件的交换方式，而是采用软交换模式。

4．数据交流

由于计算机技术的发展，通信技术进入数字信号处理时代。由于不再采用模拟信号，所有的信号都能够进入计算机，并通过计算机完成数据的分配和交换，从而建立通信双方的连接。

由于处理的信号是二进制的数字信号，不论是声音信号、图像信号，还是其他数据信号，都表现为数字信号流。因此，交换机得到广泛应用，计算机参与数字信号传输和处理的很多环节。通信网络遍及全球，在实际应用中通常分很多区域、局域，形成很多层结构，如图9-4所示。

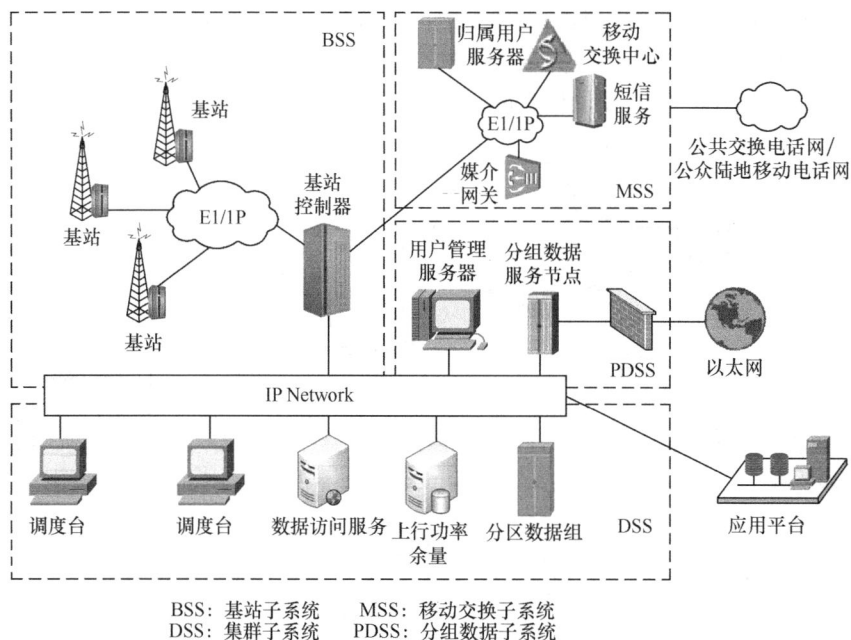

BSS：基站子系统　　MSS：移动交换子系统
DSS：集群子系统　　PDSS：分组数据子系统

图9-4　通信网络系统的分层结构

随着电子技术的发展，电话通信已经深入人类生活，电话的应用已经十分便捷。如果你与你所在通信小区的人通信，所拨电话号码通过小区交换机自动转换、寻找并连接你需要的人。如果你与大洋彼岸的人通信，你的拨号会通过小区交换机，连接到地区交换中心，再通过国际交换站转接到对方小区交换机，并接通对方电话，从而方便地实现远洋通话。所有交换点的工作均由计算机完成，按程序进行软交换。

由于移动通信技术的出现，无线连接技术也被广泛应用。目前的无线基站已经遍及很多城市和主要交通线，深入到人类社会生活的大部分领域。

由于移动电话随人的活动而不断移动，移动电话信号的连接，通过空中与所在地的最近基站连接，如图9-5所示。每部手机被分配一个号码，也是手机的地址信息。当你打开手机，手机会自动与最近的基站联系，通信系统中心会记录你所在地区和基站。当你需要通信，发送拨号请求时，通信系统会立即知道你所在的地区和基站，按你拨号的信息寻找对方，如果对方的信息也记录在通信中心，系统很快会寻找到，并确认对方的地区和基站。然后，建立你与对方的数据连接。

通信技术的发展，得益于电子信息技术，特别是集成电路工艺与计算机技术的发展。计算机技术的广泛应用，已经渗透到各个领域。比如，手机内的计算机芯片，其功能越来越强大，不仅可以实现通话，还可以发送短信、图片、上网浏览、摄像等。因为这些信号，都转换为二进制的数字信号，计算机可以十分方便地处理。计算机的体积越来越小，功能越来越强大，被嵌入到很多传统的电子设备中，并发挥巨大的作用。

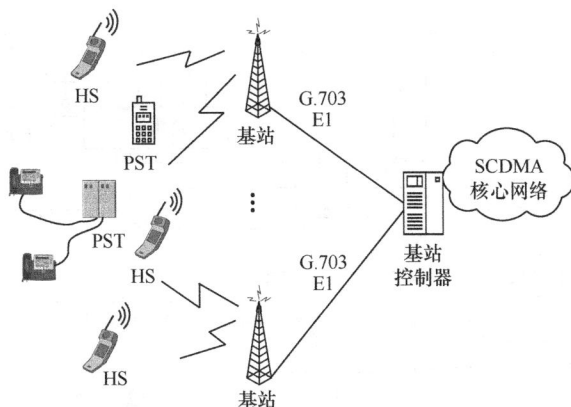

图 9-5　移动通信示意图

9.2　广播电视系统

在通信系统中，网络系统内任意两点（或多点）的信息交流是双向的。广播系统是很早就应用的另一种电子信息系统，其工作模式是由系统中心发送信号，由多点接收信号，不需要反馈通路，因此，是单向通信。发送中心，称为电台。收听人一般是不受限制的，任何人只要有接收机都可以收听（或收看）。当然随着商业广播电台的发展，很多电视节目需要收费，所以在编码上加密，限制接收范围。

1．广播系统的基本组成

广播系统是利用电信号或电磁波向一定区域内单向发送信号的传播系统，根据信号传播方式分为有线广播和无线广播。一般在有限小区，如工厂、校园内，使用有线广播系统。对于一个城市，则很难采用有线广播方式，而是利用无线电台，直接通过空气向广大市民广播。由于无线电台很多，而频率资源有限，所以需要划分不同的工作频段。

广播系统结构如图 9-6 所示，主要包括放声系统、扬声系统和控制系统。其中放声系统包括：话筒、唱机，调音台等；扬声系统包括：功率放大器、分区扬声器等；控制系统包括：计算机播放控制、系统控制、分区选择控制等。扬声系统中的信息通过控制系统的选择，将信息向指定区域广播。由于不需要信息反馈，因此系统只包含发射装置，而通常没有接收装置。

2．电台

最早的广播系统只发射声音信号，即语音广播称为电台。利用调幅模式将声音信号调制到电台指定的频率发射，在一定的空间范围内，接收机可以接收到声音信号。

随着电视技术的发展，出现电视台发送电视信号，包括图像和伴音。电视台也是一种广播电台，是单向的，只发送，不接收。电视信号占用频带很宽，一般一套模拟电视信号占用8MHz 的带宽。

有了电台这样一个设备，人们就可以围绕电台展开相关工作，包括新闻报道、故事小说、音乐、政府通告、股市、交通、教育、广告等。电台加快了信息流动的速度和范围。目前，几乎所有城市都有很多各种类型的电台，电台成为人们生活的一部分。

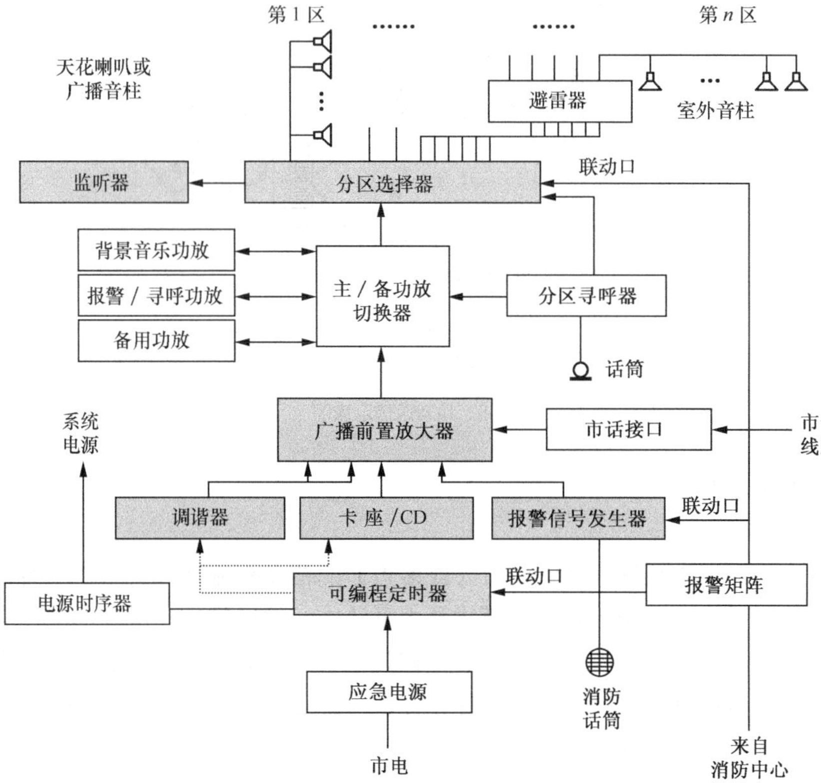

图 9-6　广播系统示意图

由于采用无线电模式，电磁波沿直线传播，遇到少量的遮挡，电磁波可以绕射，因此，电台的发射天线建设在城市的高点，可以覆盖的范围更宽。很多城市的电台天线高塔都经过专门设计，并成为城市的观光点，如图 9-7 所示。

图 9-7　电台高塔

3. 接收机

无线接收机是接收无线广播电台信号的装置，通常包括信号选择电路、前置放大电路和功率放大电路等部分。收音机可以接收无线电广播的声音信号，电视机可以接收电视信号。

目前音频接收机原理主要采用超外差式的接收机，如图 9-8 所示。其中本地振荡器和混合检波器用于信号选择，由于本振频率和被接收信号的频率相差一个中频，且频率比高频已调信号低，中放的增益可以做得较大，工作也比较稳定，通频带特性也可做得比较理想，这样可以使检波器获得足够大的信号，从而使整机输出音质较好的音频信号。

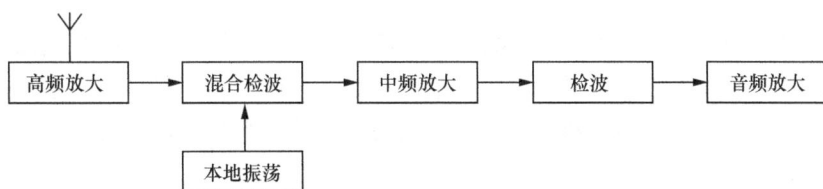

图 9-8　超外差接收机基本原理

随着数字技术的广泛应用，也有用数字接收机方式接收信号的，基本工作原理如图 9-9 所示。

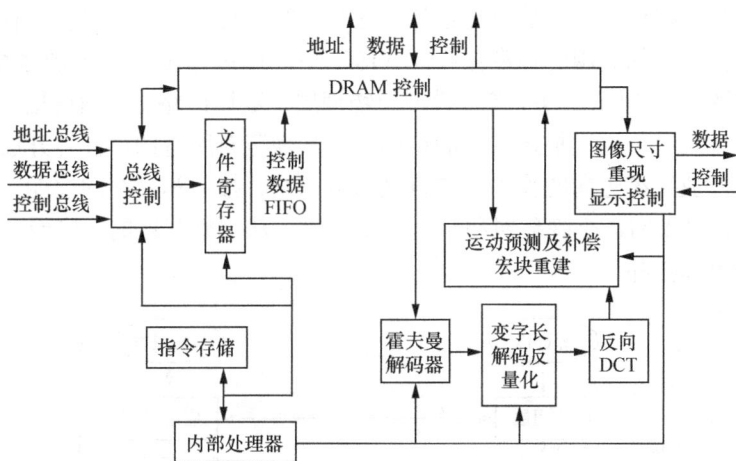

图 9-9　数字接收机基本工作原理

4．有线电视广播网

有线电视（CATV）网是高效廉价的综合网络，它具有频带宽、容量大、多功能、成本低、抗干扰能力强、支持多种业务连接千家万户的优势，它的发展为信息高速公路的发展奠定了基础。由于电视信号占用频带宽，大量无线电视频道的应用，会占用很多信道，一方面会影响其他无线电设备的使用，同时其他无线电设备也可能影响电视信号的质量。另外，电视事业已经商业化，电视信号不再免费使用。因此，有线电视发展起来。

有线电视接入家庭的一端一般采用同轴电缆，可以覆盖比较宽的频率。由于采用有线方式，不会干扰其他电子设备。电视节目广播站将很多电视节目打包，按不同频道通过有线电缆发送出去。电视信号线通过光纤接入社区，然后再分配，由电缆转接入户。有线电缆通过电视机的射频（RF）信号输入端，将电视信号送到电视机上，不再由天线接收信号。

随着数字技术发展，电视机也可以通过网络线直接接收数字信号，可以获得数字电视信号。另外，随着高清晰电视技术的发展，传统的电视体制发生了变化。电视接收机已经数字化，其内部由计算机控制，基本上等同于一台计算机的图像处理部分功能。反之，随着计算机技术的发展，也可以通过网络直接接收数字电视信号，计算机可以当成电视机使用。

9.3　网络

网络是信息传输、接收、共享的虚拟平台，通过它把各个点、面、体的信息联系到一起，从而实现这些资源的共享。网络是计算机发展到一定阶段的产物，最早的网络是为了将几台内部计算机连接起来，方便传输数据。现在的网络已经遍及全世界，成为人们生活的一个重要工具。

网络系统与电话通信系统类似，但终端不是电话，而是计算机。现在手机功能已经很强大，也成为网络的终端机。

1．网络体系结构

网络体系结构是指通信系统的整体设计，它为网络硬件、软件、协议、存取控制和拓扑提供标准。它广泛采用的是国际标准化组织（ISO）在 1979 年提出的开放系统互连（OSI）的参考模型，如图 9-10 所示。OSI 参考模型用物理层、数据链路层、网络层、传输层、对话层、表示层和应用层七个层次描述网络的结构，它的规范对所有的厂商是开放的，具有指导国际网络结构和开放系统走向的作用。它直接影响总线、接口和网络的性能。常见的网络体系结构有 FDDI、以太网、令牌环网和快速以太网等。从网络互连的角度看，网络体系结构的关键要素是协议和拓扑。

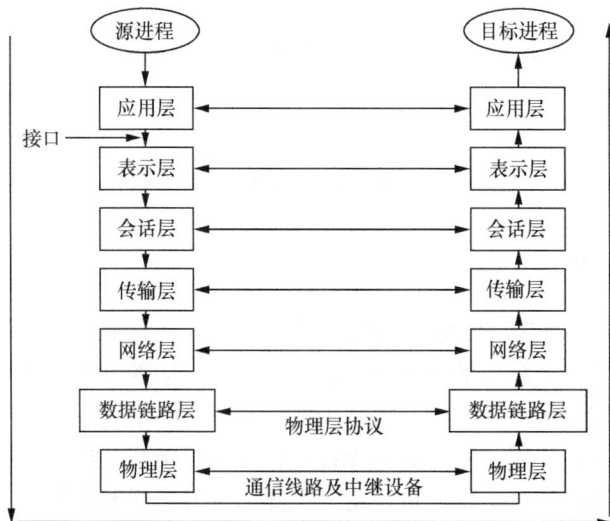

图 9-10　OSI 七层网络体系结构

第一层：物理层。物理层规定通信设备的机械、电气、功能和规程的特性，用以建立、维护和拆除物理链路连接。具体地讲，机械特性规定了网络连接时所需接插件的规格尺寸、引脚数量和排列情况等；电气特性规定了在物理连接上传输比特流时线路上信号电平的大小、阻抗匹配、传输速率距离限制等；功能特性是指对各个信号先分配确切的信号含义；规程特性定义了利用信号线进行比特流传输的一组操作规程，是指在物理连接的建立、维护、交换信息时，数据终端设备和数据通信设备双方在各电路上的动作系列。在这一层，数据的单位称为比特。物理层的主要设备包括中继器和集线器。

第二层：数据链路层。在物理层提供比特流服务的基础上，建立相邻结点之间的数据链路，通过差错控制提供数据帧在信道上无差错的传输，并进行各电路上的动作系列。数据链路层在不可靠的物理介质上提供可靠的传输。该层的作用包括：物理地址寻址、数据的成帧、流量控制、数据的检错、重发等。在这一层，数据的单位称为帧。数据链路层主要设备包括二层交换机和网桥。

第三层：网络层。在计算机网络中进行通信的两个计算机之间可能会经过很多个数据链路，也可能还要经过很多通信子网。网络层的任务就是选择合适的网间路由和交换结点，确保数据及时传送。网络层将数据链路层提供的帧组成数据包，包中封装有网络层包头，其中含有逻辑地址信息- -源站点和目的站点地址的网络地址。地址解析和路由是第三层的重要目的。网络层还可以实现拥塞控制、网际互连等功能。在这一层，数据的单位称为数据包。网络层协议的代表包括：IP、IPX、RIP、ARP、RARP、OSPF 等。网络层主要设备为路由器。

第四层：传输层。传输层负责获取全部信息，因此，它必须跟踪数据单元碎片、乱序到达的数据包和其他在传输过程中可能发生的危险。第四层为上层提供端到端（最终用户到最终用户）的透明的、可靠的数据传输服务。传输层协议的代表包括：TCP、UDP、SPX 等。

第五层：会话层。在会话层及以上的高层次中，数据传送的单位不再另外命名，统称为报文。会话层不参与具体的传输，它提供包括访问验证和会话管理在内的建立和维护应用之间通信的机制。如服务器验证用户登录便是由会话层完成的。

第六层：表示层。这一层主要解决用户信息的语法表示问题。它将欲交换的数据从适合于某一用户的抽象语法，转换为适合于 OSI 系统内部使用的传送语法。即提供格式化的表示和转换数据服务。数据的压缩和解压缩，加密和解密等工作都由表示层负责。例如图像格式的显示，就是由位于表示层的协议来支持。

第七层：应用层。应用层为操作系统或网络应用程序提供访问网络服务的接口。应用层协议的代表包括：Telnet、FTP、HTTP、SNMP 等。

2．数据格式

网络、计算机的信号流是数字信号。由于计算机模式的电路只处理数字信号，所以，网络的各个环节，不论数据的收发、分配、信号的去向等，基本上是由计算机模式电路处理。

网络的数据流动与电话通信不完全相同，网络采用了数据包形式。每个终端计算机，被分配一个 IP 地址；IP 地址按区域分配；计算机运行时能够自动获取一个 IP 地址，如果无法获取 IP 地址，就无法连接到网络。

网络运行的基本原理是读"信号"。计算机安装有浏览器软件，开机时，一般操作系统会自动运行浏览器，也同时自动获得 IP 地址号，计算机就进入网络系统；当访问网页时，系统发送信号，访问点击的网页 IP 地址；可以进入对方服务器或者计算机，阅读的数据被送回到计算机中。那么计算机网络数据是如何准确传输的呢？

每台计算机登录网络时，获得一个 IP 地址号，这个 IP 号在全球是唯一的，没有重合。要访问的服务器，也有唯一的 IP 码。当发送数据时，采用如图 9-11 所示的 IP 包模式，数字信号按标准格式分段，称为 IP 包。数据在网络系统中传输，每个电路节点知道访问者需要访问的服务器 IP 号，按这个信息去寻找 IP 地址，并找到想访问的服务器。同样，在返回的信息中"贴上"访问者的 IP 地址号，网络系统自动将数据发回来。

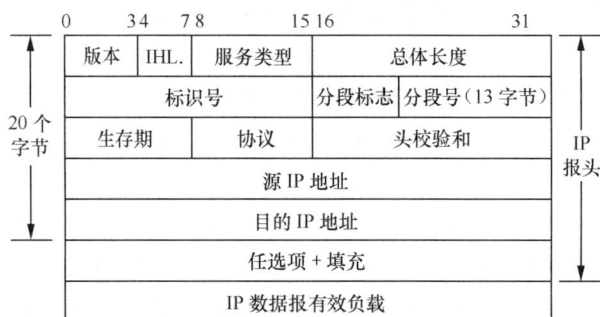

图 9-11　IP 包格式

图 9-11 所示的 IP 包格式很像传统信件的传送模式：写上对方的地址，寄出信件；对方收到信件，再写上你的地址，寄回信件；区别是，信件不是纸写的，也不是物质的传送，所有环节是由计算机电路处理的，以光速运动。IP 包的长度是有限的，有规定的标准，大信息量可以被分配在多个 IP 包来传送。由于 IP 包没有规定线路，如果某路径被占用，它会自动等待，或者选择另外一条路径将 IP 包送到目的地址。所以，同一段信息，可能经过不同的物理路径到达目的地。由于网络主干线路一般采用光纤，容量大，能够满足信息的高速流动，所以也称信息高速路。

3. 操作系统和浏览器

网络之所以能够得到广泛应用，与操作系统和浏览器的作用密切相关。计算机能够处理二进制数字信号，但是其具体的过程还是很复杂的，非专业技术人员很难操作。浏览器将复杂的处理程序标准化，并规范为一些简单的操作。如点击网页，浏览器就知道你要访问网页的 IP 地址；然后浏览器启动一系列程序，包括将数据按标准格式打包、送出，返回的数据解包，按网页格式表达出来等，完成对网页信息的访问。

浏览器有很多不同的版本，被安装在操作系统中，如图 9-12 所示的 Windows 操作系统界面，系统安装有 IE 网络浏览器，用鼠标点击图标就可以启动网页浏览器。浏览器启动后，很多人将常用的网页设计为主页，如图 9-13 所示。浏览器一启动，浏览器自动连接主页，并打开页面。这样，我们可以很轻松地上网，并不需要具备专门的网络系统知识。

4. 数据库与页面

从网络上获取的信息，计算机会自动保存在指定存储空间。当你再次到网络上获取信息时，可以直接从计算机存储空间读出历史数据，旧的相同信息被保留，只需要更新不同数据。数据被分门别类保存，需要时可以随时调出。也就是说网络浏览器程序，可自动建立了一个网络信息数据库。数据库存储的数据一般是原始数据，也就是二进制数字码。当需要表达的时候，转换为一定的表达画面。画面信息并不是完全从网络上传输过来的，而是浏览器本身设计的表达格式，称为网页。网页是构成网站的基本元素，是承载各种网络应用的平台。网络上实际存储的数据量可能不大，但表达出来的页面却很丰富。不同的计算机、不同的浏览器程序，可能表达的形式有所不同，但数据内容是相同的。

图 9-12 Windows8 操作系统界面

图 9-13 浏览器窗口

网页的设计，有专门的设计软件和专门的语言，如 Java。其表达形式按照自己的约定设计。

由于网络系统的广泛应用，一些新的应用也出现，如 Facebook、Twitter、QQ 等社交网络软件的应用，让虚拟社交越来越接近现实世界的社交，并不断降低管理和传递信息的成本。安装相关应用软件，当你登录时，它会自动访问相关网站，联系相关登录的网友，并显示在你的计算机窗口中。当你与网友发送信息通信时，对方很快接收到信息；如果对方回复，返回信息也会很快送回来；如果安装视频或话音设备，还可以直接与网友进行"面对面"的交流。

9.4 导航系统

大航海时代，导航依靠天文信息、指南针等技术。自从电子技术发展应用以来，电子信息技术也用于导航领域。无线电定位是一门经典的技术，已经发展成为一项青少年科技运动。

1. 导航信息与技术

导航信息主要包括位置、运动方向和速度等数据。传统的导航信息的获取技术如下。

航标灯：在大海中航行，很容易迷失方向。因此，航道上设有航标灯，为过往船只提供参考位置信息。航标灯的位置是固定的、已知的，可以通过观察航标灯的位置，确认自己的位置与方向。

无线导航电台：大雾条件下，航标灯光学信号受到遮挡，无法提供信息。白天，光学信号受背景干扰，也很难认别。因此，无线电信号就发挥作用了。由于电磁波受大雾的影响较小，设计导航电台发送无线电信号，航船上接收机通过接收的信号的强度，推测自己与导航台的位置信息；通过接收信号的方向，确认自己与导航台的方向信息。原理如图 9-14 所示。

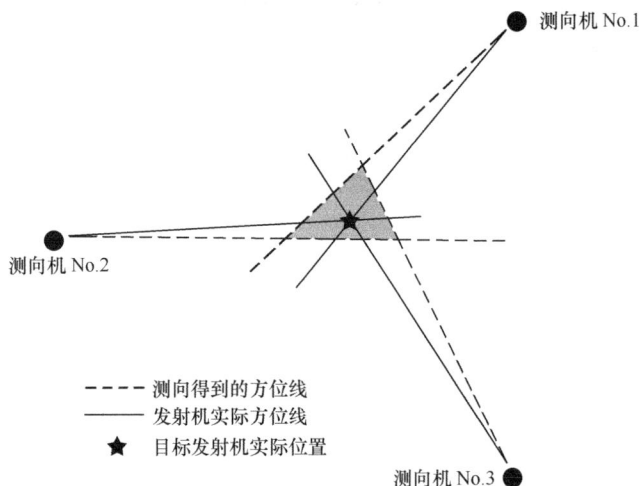

图 9-14　利用导航电台获取导航信息

应答式导航电台：航船主动发射无线电信号，导航电台回答询问，可以获取导航电台的位置信息和方向信息。

导航雷达：利用雷达的观察距离比人眼观察距离远的特点，观察四周参照物获得自己的位置信息。

以上介绍的导航技术，需要知道自己在某一区域，也就是事先知道自己大概所在的地区。因此，导航技术有一定的局限性。

2. 全球定位系统（GPS）

全球定位系统（Global Positioning System，GPS），起始于美国军事应用，其主要目的是为陆海空三大领域提供实时、全天候和全球性的导航、情报收集、检测和通讯等服务。系统建成开放部分功能于民用。GPS 利用 20 多颗低轨道卫星群，可以覆盖全球 98%的地区，很有应用价值。由于 GPS 可以准确定位自己在全球的位置，已经广泛地应用到了各种导航领域。

GPS 定位原理如图 9-15 所示。接收机同时收到 4 颗卫星的信息，就可以计算出自己的精确位置，包括经度、纬度和海拔高度的三维信息。

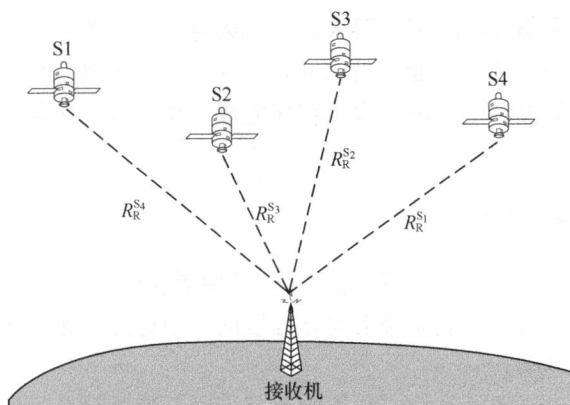

图 9-15　GPS 定位原理

3．地理数据信息

GPS 接收机可以准确计算出自己的位置坐标，但还需要完善的地理信息，才能准确知道自己的具体位置、方位信息和周边的地理信息。因此，地理数据信息很重要。通过获得的 GPS 信号计算出坐标信息后，匹配地图信息，就可以完全知道自己所在的地理位置信息了。原理如图 9-16 所示。

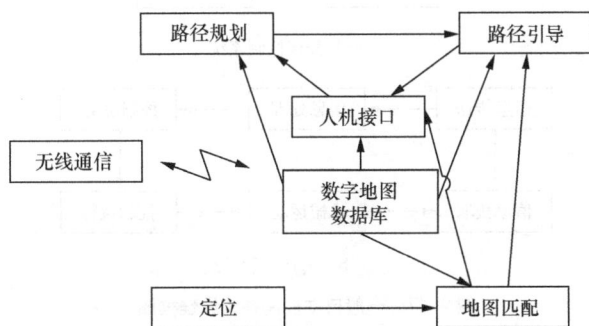

图 9-16　GPS 信息和地图匹配图

地理数据信息，需要存储在接收机内。当接收机利用 GPS 计算出自己的坐标点，可以在存储的地理数据中寻找到相应的坐标点。这样，接收机在地图上的点可以被标注出来。随着接收机所在交通工具的运动，其变化的坐标点能够由 GPS 接收机实时计算机出来，对应在地图上的标注点也形成一个运动轨迹。根据自己的位置和运动速度，再通过地理数据信息，可以很清楚地完成导航任务。

GPS 接收机不发射任何信号，只接收卫星提供的信号，因此，接收机成本低，而且用户不受数量的限制。因此，GPS 已经应用到各种交通工具中，包括汽车的导航。GPS 接收机甚至已经被嵌入到移动电话手机中，成为手机的一个附加功能。

9.5　自动控制系统

自从工业革命后，机器将人从繁重的体力劳动中解放出来。但是传统的机器，主要还是由人操作，如飞机需要人驾驶，汽车需要人开，机床也由人操作。

随着电子信息技术的发展，智能化技术开始出现。由人控制操作的某些简单动作，逐步由计算机来控制。具体的控制动作和步骤由程序完成。程序根据收集到的信息，经处理后做出相应对策。

1. 自动控制系统基本原理

在无人直接参与下可使生产过程或其他过程，按期望规律或预定程序进行的运行的系统，称为自动控制系统。衡量自动控制系统自动化程度的一个标志，是人工参与得多少。人工参与得越少，自动化程度越高。

不同的系统，有自己特殊的结构。按控制原理不同，通常可分为闭环控制系统和开环控制系统，如图 9-17 所示。开环控制系统，是由计算机控制机械系统按程序执行任务，系统的输出端与输入端之间不存在反馈，系统的输出量不对系统的控制产生任何影响。闭环控制系统，首先获取机械系统以及加工对象的信息，相关数据通过信息传送模块送到信息处理模块，经分析处理后，再输出控制决策指令，控制机械系统按指令运行。开环控制系统一般是人工事先设计好的固定程序，结构简单，同时也比较经济。闭环控制系统可以根据系统的不同运行模式，及时做出响应。

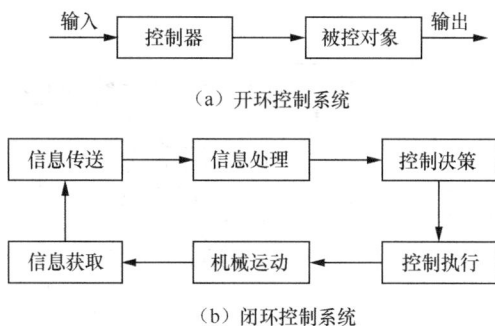

（a）开环控制系统

（b）闭环控制系统

图 9-17　一般自动控制系统原理框图

2. 传感器和信息采集

自动控制系统的反馈信息，依靠传感器将物理信号转换为电信号；再将电信号转换为数字信号；数字信号送入计算机进行后续处理。自动控制用计算机与一般计算机基本原理一致。通常工业用计算机（又称为工业控制计算机）也有专门的设计考虑，特别是可靠性要求高。

计算机在分析处理信息时，可能需要各种不同信息，所以需要多种不同的传感器，如位置传感器、温度传感器、速度传感器、压力传感器等。

3. 工业控制计算机

工业控制计算机，简称工控机，专门用于工业系统，特别是机械系统的控制。对于某些自动控制系统，其数据处理任务不一定很大，但数据的转换和交换很多，要求多种形式的电路接口。而某些机械系统动作简单，也不需要复杂的信号处理，所以也设计了一些专门的控制芯片，满足各种不同的控制需求。

现代的自动控制系统，其核心控制电路就是计算机。控制程序按不同的系统设计，针对机械系统运动的各种可能状态设计应对方案。所以，根据系统采集的数据信息，能够及时输出对应控制方式。但不允许出现计算机程序没有的应对状态，否则，会出现错误。

大型系统的任务可能被分解到多个计算机进行数据处理和控制。如大型飞机，飞机上有很多不同功能的系统，包括导航系统、通信系统、雷达系统和自动驾驶系统等。靠单个计算机已经不能满足信息处理的要求，所以可能设计多台计算机分布在飞机上，利用网络公用数据线将其连接起来。

飞机的自动化程度已经很高。在飞机起飞和降落时，主要还是依靠飞行员操作；一旦进入正常飞行阶段，就可以启动自动飞行系统，由计算机控制飞机飞行。

目前，无人机已经广泛应用，无人机几乎完全由计算机完成操作。人所设计的飞行程序或者远程发送指令，是为完成任务，而不是操控飞机。

自动控制系统也应用到许多很小很简单的设备。例如电饭煲内，设一个简单的计算机芯片，可以根据指令，自动完成做饭、做菜的任务。

4．控制驱动电路

计算机在对反馈信号处理后，发出的指令格式也是二进制数字信号，一般很难直接控制机械系统，需要"翻译"成能够操作的信号指令；另外一般还需要将信号放大，才能够驱动机械系统。因此，具有这类功能的电路称为控制驱动电路。

如电力机车，其动力系统接到信息处理中心的指令后，指令被放大，并开启功率开关器件驱动电机运行；达到信息中心要求的速度后，系统保持稳定。

又如空调，设定房间环境温度为 25℃（预设值）。冬天环境温度低，温度传感器接收到温度低于 24℃（-1 度设定）时，空调系统开机工作，加热，房间温度必然逐步上升；当房间温度上升超过 26℃时，空调关机，停止加温；房间温度受环境温度影响，必然回落，当温度下降低于 24℃时，传感器将接收到的温度信息传送到计算机芯片中，空调系统再次启动，加温。就这样循环往复，理论上房间温度保持在 24～26℃之间。夏天，正好相向反，空调反向工作，在一个预置的范围内降温。空调的开机比较简单，传统的控制方式，只需要一个开关（继电器）就可以完成任务，理论上说，也相当于一种驱动电路。

变频空调，其控制驱动方式就复杂一些。它不是靠继电器的开关控制导通时间，而是利用输出驱动电流的频率变化，来实现对输出能量的控制，从而完成对房间内空气温度的控制与维持。空调压缩机是由电机驱动，电机是由电流驱动，电流频率的变化，可以控制电机转速的变化，从而实现控制输出能量的调整。变频空调工作原理如图 9-18 所示。

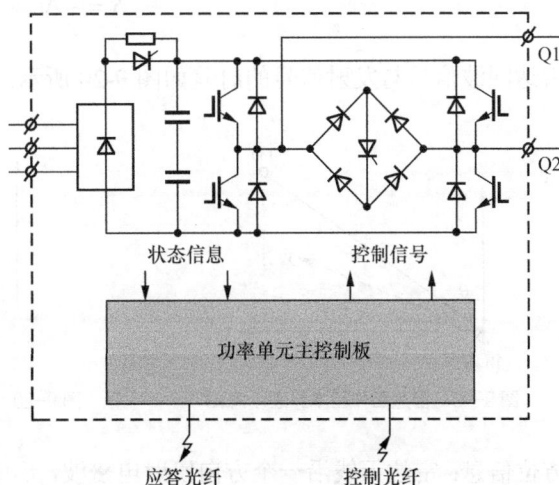

图 9-18　变频调速空调的基本工作原理

9.6 雷达系统

雷达（Radio Detection And Ranging，缩写为 radar）直译为无线电检测和测距。它是利用无线电的方法发现目标并测定它们的空间位置。因此，雷达也被称为"无线电定位"。雷达的作用与人的眼睛类似，但它延伸了人眼的能力，被称为"千里眼"。人眼只能接收可见光，作用距离有限；而雷达发射和接收的无线电电磁波，受到云雾的影响较小，作用距离远大于光学设备。雷达使用的波长可以从米波到毫米波，不同波长的电磁波具有不同的功效，可以利用不同的波长设计不同功能的雷达系统。如远程预警雷达，观察距离可以达数千公里；气象雷达，专用于观察云层；车载雷达，用于测量前后车的距离，提示驾驶员注意；船用雷达，用于导航和预防碰撞等。

1．雷达工作基本原理

雷达工作的基本原理是利用电磁波的反射如图 9-19 所示。雷达系统发射机发射无线电磁波，当电磁波照射到目标物体时，会反射电磁波；雷达接收机接收到反射回波，计算出时间差，可推测雷达到目标的距离 S，根据回波的方向可定位目标的方位（θ, α）。

2．雷达信息参数提取

雷达是信息获取的一种专用设备，早期雷达主要用于军事。飞机的使用使战争工具向高速化方向发展，使得预警任务变得很重要。雷达的发明，解决了这个问题。可以远距离发现飞机，获得适当的预警时间。

雷达信息参数由任务的要求和雷达本身的功能决定，一般需要获取目标的距离、方位、运动速度、运动方向、高度、目标大小等信息。

距离信息：电磁波传播速度为光速 c，电磁波从发射到接收回波所经过的路程为 $2S$，发射信号与回波信号的时间差可以检测到，为 Δt，因此，可以计算出雷达到目标的距离 S

$$S = \frac{c}{2} \Delta t \tag{9-1}$$

雷达回波信号与发射信号的时差如图 9-20 所示。

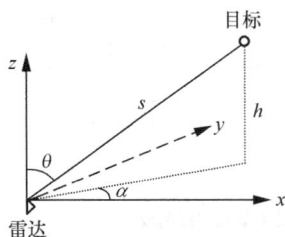

图 9-19　雷达工作基本原理示意图

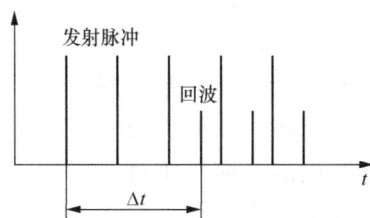

图 9-20　回波信号与发射信号在时间上的差异示意图

方位信息：雷达天线沿一个方向发射电磁波，形成一个波束。天线 360° 旋转，称为扫描。发射和接收信号在同一方向上，因此，通过天线面对的机械方位，可以获得目标的方位。这就像我们使用手电筒，发射的光线照射一个方向，所看到的目标也必然在光照的方向上，容易获得方位信息。早期的雷达显示屏，是一个 360° 的圆盘显示屏，显示屏上标注了方位坐标，目标显示为一个光点，可以直接从雷达屏上读出目标的方位，如图 9-21 所示。

目标速度：获取目标速度的方式有多种，可以利用多次扫描获得的距离信息之差，推算出目标运动速度和运动方向。也可以利用多普勒效应测速，当向运动目标发射电磁波时，电磁波的反射频率随运动速度发生改变，运动速度越快，信号频率变化也越大。利用多普勒效应，可以计算出目标运动速度（在电磁波运动方向上），其原理如图 9-22 所示。

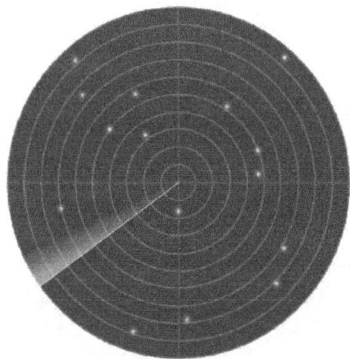

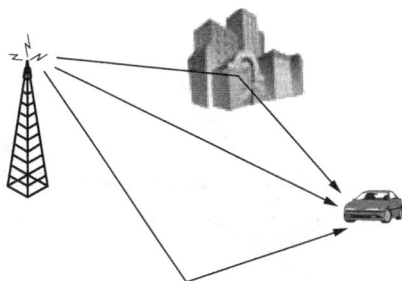

图 9-21　雷达 360° 扫描显示图　　　图 9-22　车速测量雷达可以根据多普勒效应检测汽车速度

目标识别：目标识别分一定的度。如我们远距离观察目标，很难分辨是什么样的人，但可以分辨是人还是其他动物；很难分辨汽车的型号，但可以分辨是大客车还是小轿车。同样，预警雷达可以分辨目标是大型客机还是小型高机动飞机，至于什么型号的飞机很难区分。

一般情况下，目标越大，雷达反射面积（RCS）也越大，回波信号比较强；反之，目标小，反射面积小，回波信号弱。反射不仅与目标面积有关，还与目标的物质材料有关，金属反射信号强，非金属反射信号弱。

实现目标的准确识别，需要训练过程，通过获取不同目标的信息特征，建立必要的数据库；当发现目标时，可以比对数据库中的特征信息，做出识别的判决。

飞行目标的高度：飞机目标另一个很重要的信息是高度。雷达如何获得飞机的高度信息？由前面介绍可知，从飞机反射电磁波信号可以计算距离信息，根据几何中三角原理，还需要知道俯仰角度，才能够计算飞机高度信息。

雷达一般 360° 扫描，可以准确获得方位信息。如果不需要高度信息，可不再专门设计俯仰角（角度从 0~90°）扫描。如果需要获得飞机高度信息，就必须俯仰扫描（或者专门配套测高雷达）获取俯仰角度，从而推算飞机飞行高度。

这里还有一个很重要的补充：由于地球是一个球体，当距离较远时，就不能忽略地球曲率的影响，需要根据距离的远近，考虑地球曲率带来的误差，从而获取准确的高度信息。

3. 雷达种类

雷达利用电磁波信号获取目标信息，电磁波的工作频率和体制不同，对目标特性信息获取的能力和信息不同。因此，出现了很多种不同的雷达系统。

预警雷达：其工作频率不高，在几百到 1 000MHz，波长以米计，称为米波雷达。该频率电磁波会受大气电离层反射，作用距离远，可以观察数千公里，但是精度不够高。所以，此种雷达用于预警，其工作原理如图 9-23 所示。

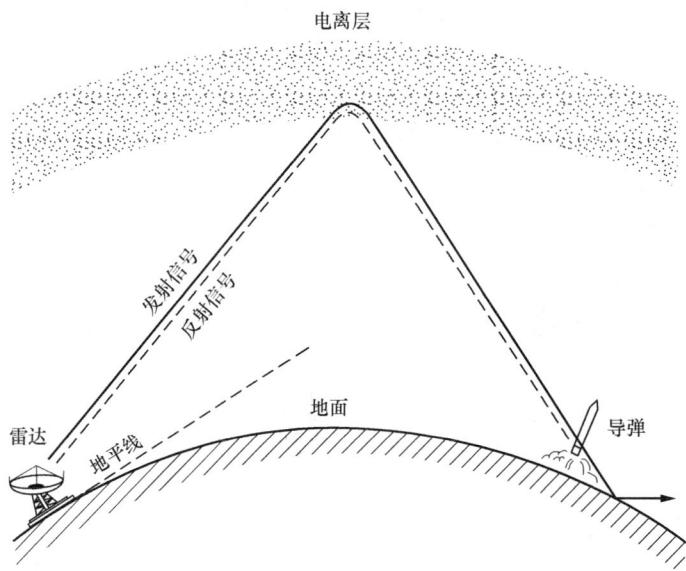

图 9-23　电离层反射

跟踪雷达：其工作频率可以在 2～18GHz 之间，波长以厘米计；精度高，作用距离在 100～200km，可以获取多个运动目标的参数，并关注目标的运动状态。

导航雷达：工作频率与跟踪雷达一样，不仅能获取运动目标的参数，同时也提取固定地形或海面的信息，如山、海岛等；匹配地图或海图，可以获得地形或航道的信息，如图 9-24 所示。

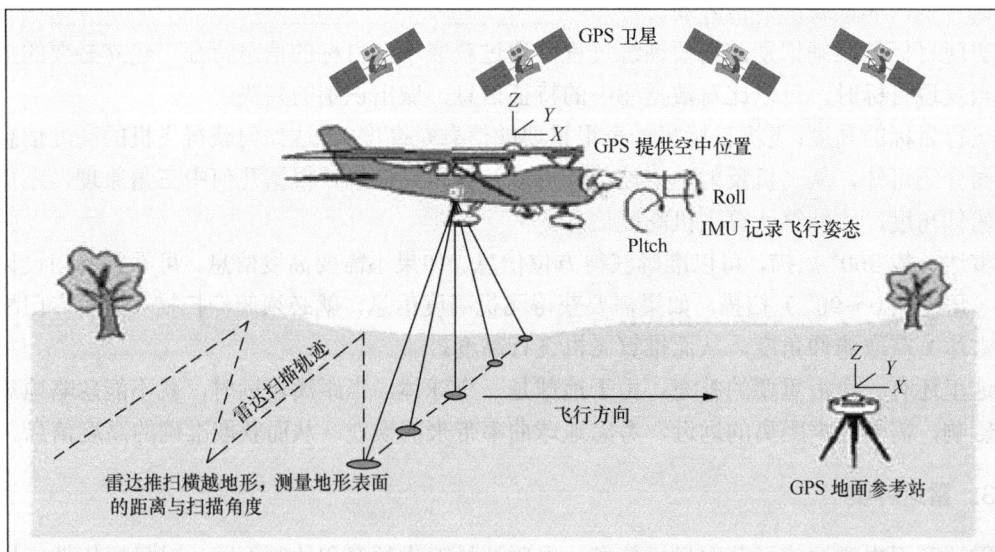

图 9-24　导航雷达示意图

探地雷达：采用宽带脉冲信号，天线对地，电磁波深入地下。利用不同物质的不同电磁波反射特性，可以获得相关的电磁波反射信息，从而推测地下物质的大致形态及特性。探地雷达主要用于探测地下矿藏，也用于检测地雷。

毫米波雷达：工作频率在 40～80GHz 之间，波长以毫米计；精度很高，但作用距离不远。由于波长很短，相对于物体的几何尺寸，物体不再被看成是一个点目标。物体不同位置反射回来的电磁波信号不同，因此，能够获取物体的几何轮廓信息。毫米波雷达可以设计为成像雷达，可以清楚地看到目标的图像。

阵列天线模式，相当于动物的复眼，如图 9-25 所示。在一个阵列上，排列安装多个天线接收器和独立的接收机。由于目标反射电磁波到各天线的信号有相位差别，通过阵列天线接收到的反射电磁波信号，可以计算出目标面的影像。这种影像一般没有光学影像清晰，但是随着技术的发展，已经可以获得物体形状、地形、地貌等信息。由于电磁波不受云雾等气象影响，所以具有很高的实际应用价值。

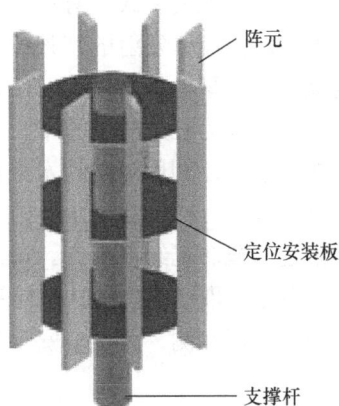

图 9-25　阵列天线雷达系统天线示意图

成像雷达也有多种不同的体制，如合成孔径雷达（Synthetic Aperture Radar，SAR）。雷达接收天线安装在运动平台上，随着天线的运动，在不同时间天线接收的电磁波信号也有相位差异。等效为一个阵列天线，其成像的原理也类似。

医学雷达：对于人体内部的探测，已经有多种手段，如 X 光、超声波、CT、核磁共振等。每种工具有自己的特点，均已经广泛应用。考虑到 X 光对人体有一定的损害作用，而电磁波对人体的损害作用小，因此，也考虑开发医用人体雷达，用于检测某些特殊疾病。其基本原理是利用病变组织与正常组织对于某些特定频率电磁波的不同反射特性，如果能够寻找到其必然的关系，就可以利用这种雷达检测这类病变。

安全检查雷达：随着安全检查的需要，X 光机大量使用。由于 X 光对人体有影响，因此毫米波雷达被应用。毫米波雷达可以很容易穿透人体和衣服。如果存在金属物体，会出现很强的反射，采用成像雷达技术，可以观察到金属物体的形状。

生命探测仪：利用电磁波的多普勒效应，探测埋在地下的生命体。有生命体，就总会有机械运动，包括肢体的移动。任何机械活动物体，对电磁波的反射信号总会产生多普勒频率变化。通过一定的技术手段，可以检测出这种微弱的多普勒频率移动，也就发现有生命信息。活体人如果受伤，其心脏也总是跳动的，所以，电磁波反射会有很微弱的多普勒效应。这对多普勒效应的检测技术要求比较高。这种雷达主要应用到抗震救灾中。在地震灾害中，探测到地下活体生命，有利于及时救灾。利用声波来探测也是一种手段，但是，声波受干扰很强，在施救现场往往机械声很大，所以利用雷达来探测是一种有效手段。

防撞雷达：汽车防撞雷达也开始应用，主要采用毫米波技术。因为频率高，波长短，波束可以设计得很窄，像一束光。雷达被安装在汽车前或后部，天线发射波束很窄的电磁波。当波束方向上在数十米之内出现汽车或障碍物，雷达会发出预警，提醒驾驶员。雷达不仅能够准确显示前车的距离，还能够计算前车运动速度。当车距很近或车速发生快速变化，面临危险时，雷达可以设计自动刹车，及时制动。

以上介绍了一些实际应用雷达。雷达这种利用电磁波获取信息的方式，已经广泛应用到人类社会生活中。其实雷达对于电子信息系统而言，它只是一个传感器，获取需要的信息。利用类似的工作原理，人们也设计了其他信息获取的电路与系统。

如，利用超声波检测物体的距离，汽车的倒车"雷达"实际上就是利用超声波回波完成测距任务的。激光雷达，利用激光，发射激光，反射激光被接收，与雷达类似原理，获取目标的距离等信息。还有红外线雷达，利用红外线的发射与接收，可以获取目标的相关信息。红外线信息获取的方式，有所不同，因为物质有温度，就会自己发射红外线，而且不同的物质，不同的温度，发射的红外线强度不同。所以，利用红外线获取相关信息，分为主动和被动两类。被动型，不需要发射红外线，只靠接收红外线信号，就可以获取目标的一些信息。可以成像，称为红外成像技术。

在水下，还利用声纳技术来获取目标的信息。其工作原理也类似，电磁波无法有效在水中传播，因此，声纳就是水中的"雷达"。

雷达的概念已经被推广。通过声、光、电磁波等物质运动形态获取相关信息，均被认为是一种雷达获取信息的模式。这些设备被广泛应用到人类生活中，包括军事、交通运输、地理探测、物理探测、医学、安全等领域。

第 **10** 章　生物信息与人类进化

电子信息系统是人类利用物理世界中电荷的运动来传递和处理信息。电荷运动是目前最有效的一种信息载体，实现了信息运动的光速化。但电流并不是信息的唯一载体，各种物理运动都可能成为信息的载体。回过头来观察人类本身，其实人本身就是一个完美的信息系统，人体中的某些信号也的确是利用电的方式来传递的。如，大脑发送给肌肉的控制信号就是电流形式；人类大脑的信息处理活动也伴随电荷的运动，脑电波就是一种证据。其实，动物的运动完全是依靠电信号控制来实现的，这种设计并不是依靠人类智慧，而是大自然"设计"的结果。

本章从信息运动的观察角度，重新审视人类本身。人类社会是物质世界的一部分，不同于物质世界的运动规律，人类具有思维能力和主动行为模式，能在一定范围内适应和利用环境，获得生存和发展的有限主动权。人类不断地认识世界，利用环境。认识是一项复杂的信息运动，信息运动是生命的基础，生物运动是物质运动与信息运动的有机组合。

10.1　物质运动与生命诞生

宇宙起源学说，宇宙有形物质由原子核和电子构成是源于大爆炸。物质的运动满足其自身的运动规律。有人推测宇宙中存在暗物质，由于不能直接感知，无法认识其运动规律。

就人类目前的认知，宇宙中适合生命生存的环境不多。按唯物论的观点，生命也是一种物质运动，与单纯的物质运动不同，生命运动包含大量的偶然性。单纯物质运动，按其本身的规律运动，如太阳系运动，行星绕日运行，循环往复。而生命的诞生和运动是一种概率事件，生命具备主动性，可以感知物质环境，并适应环境。地球是一个适合生命生存的行星，环境的变化，选择了生命的形态，反之生命选择了地球作为家园。

尽管目前还没有证据证明地球外生命的存在，但是宇宙中适合生命存在的环境应该是存在的，从产生的概率推测，外生命的诞生和存在是可能的。

太阳系物质元素最多的是氢，主要集中在太阳。氢是一种简单结构，由单质子和单电子组成，估计也是宇宙中存在量最大的物质。地球上存在氢、氧、碳等元素，氧化物——水（H_2O）充足，占地球表面的 70%。氧、氮、二氧化碳（CO_2）存在于大气中，给生命的出现提供了物质基础。也可以反过来说，生命载体选择用氢、氧、碳作为主要成分，其中水是生命体的最主要成分，如人身体中水的比例约占 70%。

化学元素周期表上的大多数元素，地球上都存在，只是含量有所不同。各种元素估计在宇宙形成时就产生了，因为简单的化学反应很难生成新元素，除非是核反应。各种元素相互组合，可以产生丰富多彩的化合物。自然界的火山、雷电等产生局部高温，氢、氧、碳、氮等元素，可能生成有机化合物，如氨基酸。生物体内的各种蛋白质是由 20 种基本氨基酸构成的，单纯蛋白质的元素组成为碳 50%～55%、氢 6%～7%、氧 19%～24%、氮 13%～19%。蛋白质占人体总重的 16%～20%。脂肪也主要由氢、氧、碳构成。脂肪与蛋白质结合可组成细胞膜，保护细胞组织，脂肪还存储能量。动物和植物油都是脂肪的一种形式。

正是自然界丰富的氢、氧、碳、氮等元素，通过偶然的化学反应，生成氨基酸、蛋白质、脂肪等构成生命体的基本材料。

由氢、碳、氧三种元素构成的碳水化合物，如单糖、双糖和多糖等物质，也是生物体的重要组成成分。单糖，如葡萄糖、果糖，可以直接被人体利用。双糖，如麦芽糖，可水解得两个单糖和一个水分子。双糖不能被人体直接利用，需水解为单糖后再被人体利用。多糖，如淀粉、纤维素，加 n 个水分子，可分解为 n 个单糖。

核酸，由各种糖、氨基酸、脂肪分子组合而成的生物大分子，是生物细胞最基本和最重要的成分。一般认为，生物进化始于核酸，因为在所有生命物质中，只有核酸能够自我复制。现在已知核酸是生物遗传信息的储藏所和传递者，生物蓝图就编码在其核酸分子中。

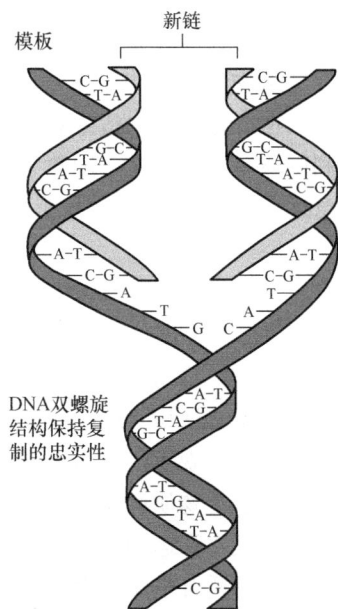

图 10-1 DNA 螺旋结构及复制

核酸分为核糖核酸（RNA）和脱氧核糖核酸（DNA）两大类。这两类核酸有某些共同的结构特点，但生物功能不同。DNA 储存遗传信息，在细胞分裂过程中复制，使每个子细胞接受与母细胞结构和信息含量相同的 DNA；RNA 主要在蛋白质合成中起作用，负责将 DNA 的遗传信息转变成特定蛋白质的氨基酸序列。正是因为这个作用，完成了细胞的自我复制，也是生命"复制"的基础。DNA 结构及复制过程如图 10-1 所示。

我们知道物质本身是不能自我复制的，而信息的主要特征就是能够自我复制。信息的存在需要载体，因此，生命信息在复制过程中，完成物质载体的自我"组装"。

就目前的研究所知，生命体的基本单元是细胞。细胞主要成分为核酸、蛋白质、多糖、脂肪，基本元素包括氢、氧、碳、氮等。细胞的繁殖生长模式表现为细胞分裂，即一个细胞分裂为两个细胞的过程。分裂前的细胞称母细胞，分裂后形成的新细胞称子细胞。在分裂过程中母细胞把 DNA 传给子细胞，遗传信息被复制。这个过程不断重复，生命得以繁衍。

在单细胞生物中，细胞分裂就是个体的繁殖；在多细胞生物中，细胞分裂是个体生长、发育和繁殖的基础。1855 年德国学者魏尔肖（R.Virchow）提出"一切细胞来自细胞"的著名论断，即认为个体的所有细胞都是由原有细胞分裂产生的。现在除细胞分裂外还没有证据说明细胞繁殖有其他途经。植物细胞有丝分裂过程如图 10-2 所示。

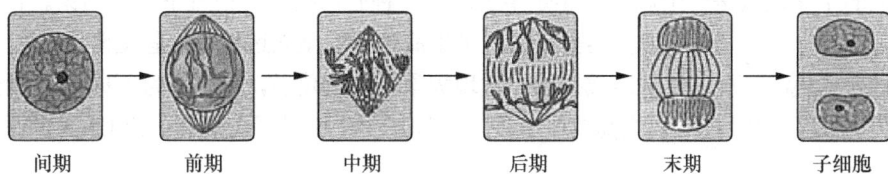

| 间期 | 前期 | 中期 | 后期 | 末期 | 子细胞 |

图 10-2　植物细胞有丝分裂图解

因此，生命本身也是一种信息运动，信息的载体是核酸。为什么物质元素构成的大分子核酸能够成为生命信息载体？为什么生命信息能够控制生命形态的千姿百态？这些问题还有待人类去揭秘。

据现代科学揭示，生命是物质运动产生的一种形态。地球是宇宙中一个普通行星，其独特的自然环境，给生命提供了一个舞台。生命体的诞生，不知道是一个必然，还是一个偶然概率事件。生命系统的发展，从简单到复杂，从无序到有序，从被动到主动，经历数十亿年的进化，直到人类的诞生，以及今天人类社会的出现。

人类是一个复杂的生命系统，由各种细胞有机组成。一个人体，细胞总数是一个天文数字，据说有 500～600 万亿个。人体由一个受精细胞发展而成，细胞经过多次分裂，并发展成各种不同类型的细胞，不同的细胞具备不同的功能。如红血细胞，负责输送能量；白血细胞，负责抵抗外来细菌；脑细胞，负责处理信息。

10.2　生命繁衍与遗传信息 DNA

生命存在的基本单元是细胞，细胞是反映生命存在的最小个体。在适宜的条件下，活体细胞吸取物质和能量，不断分裂、繁殖。细胞一旦死亡，失去生命特征，不再分裂和繁殖，细胞体成为一个无生命的物质体。核酸物质没有消失，但是已经没有分裂复制能力，一个细胞及其所载的信息运动已经停止，其生命也就终结。

一个细胞死亡，不再分裂（生长），生命信息失去活力。而细胞体的物质形态保留，蛋白质依然存在，其物质可以被其他细胞吸收，转化为新细胞的物质或能量。例如，一个动物死亡，其尸体可能成为其他动物的食品，或者被微生物分解吸收。因此，生命的核心是信息。这种生命信息对物质具备某种控制作用，包括分裂与复制，一旦信息失去对物质形态的控制作用，单纯的物质就失去了生命活力。

生命信息存储在物质材料中，这就是 DNA。DNA 是由 4 个碱基 A、T、C、G 按一定顺序排列而成的，根据这 4 个碱基的某种隐藏规律就可以把 DNA 序列分类。由这 4 个字符组成的 64 种不同的 3 字符串，其中大多数用于编码构成蛋白质的 20 种氨基酸。那么，在这 64 种不同的 3 字符串中，是否隐藏着最能表征 DNA 类别的 3 字符串呢？这还是个谜。从信息编码理论可以清楚地知道，简单的"二进制"数"1"和"0"组成代码，就可以组成无数的信息；DNA 靠这 4 个代码，理论上也可以表达丰富多彩的生命信息。

地球上生命的进化，显然不是人为设计的，而是大自然长期进化的结果。这种长期的进化包含生命信息代码的组合、随机概率的偶然性，从而带来了生命信息编码的多样性和复杂性，加上大自然的选择，进化出当今的生物世界。

地球上的生命发展是一个偶然，还是宇宙间的一种必然模式，很难下一个结论。目前为止，还没有参考的样本。尽管科学家在实验室重现了生命形成的某些过程，但是很难证明这一定是宇宙间的一种普遍现象。科学家从地质探索中发现大量的生物化石，可以作为证据，证明地球上生命的发展历史以及演化过程。我们简单来重现一下地球上生命发展历史和信息 DNA 的重要作用。

1. 生命繁衍进化历史

生命遗传信息存储在细胞中，细胞是生命的基本单元。生命体从简单的单细胞到复杂的人类，经历了漫长的进化历史。人类是最高等级的生命体，尽管具备很高的智慧，但是，其本身肌体还是由各种细胞组成。其生命繁衍的关键信息存储在 DNA 中。生命还发展出大脑，控制和协调生命体的运动，存储的信息是以脑细胞为基础，很多信息还没有固化到生命 DNA 中，所以大脑获得的信息很大部分是后天学习所获得的。后天获得的信息，无法在生命体中传承，只有固化到细胞 DNA 中的生命信息，可以通过生命体传承。

地质年代与生物进化如表 10-1 所示。

表 10-1　　　　　　　　地质年代与生物发展阶段对照

宙	代		纪	距今时间（百万年）	生物发展阶段
显生宙	新生代		第四纪	1.6	人类时代　哺乳动物　被子植物
			新第三纪	23	
			老第三纪	65	
	中生代		白垩纪	135	恐龙时代　爬行动物　裸子植物
			侏罗纪	205	
			三叠纪	245	
	古生代	晚古生代	二叠纪	290	两栖动物　蕨类植物
			石炭纪	365	
			泥盆纪	410	鱼类时代
		早古生代	志留纪	438	藻类繁盛时期
			奥陶纪	510	无脊椎动物大发展
			寒武纪	570	三叶虫时代　生命大爆发
隐生宙	元古代		震旦纪		动物开始出现
			青白口纪		
			蓟县纪		
			长城纪	1800	
				2500	细菌、蓝藻时代
	太古代			4600	生命形成时期

地球有 46 亿年的历史，早期地质运动剧烈，经过 10 多亿年的各种化学反应，大气中含有丰富氢、氧、碳、氮等化学元素，产生某些有机大分子，奠定了生物的物质基础。随着地球温度的稳定，给生命的发展提供了物质基础和活动空间。

40 亿年前～18 亿年前，细胞、蓝藻出现，主要以单细胞形式存在。细胞诞生后，经历了漫长的时间，进化速度慢的原因估计是大气中氧的含量很低，直到植物的大量繁殖，固化了碳，并释放氧气。大气中氧的比例逐步提高，为动物的进化提供了环境基础。

18 亿年前～6 亿年前，细胞组织体、各种藻类植物出现，细胞之间的交流开始，单个细胞向多细胞合作生存的方向发展。

6 亿年前，寒武纪生物大爆发，生命从简单的细胞、藻类发展为复杂的生命体，出现三叶虫等。从纪录片《生命的形态》中可以了解到，最早的动物被锁定为海绵，没有大脑，没有肢体，形态很随意。实际上是海绵细胞为了适应生存环境，组合成一个联合体，形成一个海绵组织。其生命的遗传基因，保存在细胞中，而细胞之间出现信息交换。显然，在长期的生存进化中，细胞群体的生存优势体现出来。

寒武纪，动物进化的同时，植物也大发展，各种藻类出现。植物的发展为动物的发展提供了动力，植物通过光合作用，直接从大气中获取二氧化碳，生成碳水化合物，不断提供和积累生命体的物质材料，为生命的进化提供基础。而生命形态发展内在因素，来自自身的信息存储、复制和表达。生命信息由 DNA 信息编码组成，细胞分裂工程中，编码的排序可能出现"偶然"的"误码"现象，造成遗传中的变异，变异可能的结果是使新生细胞或生命体更适应环境，得以进化发展，而不适应环境者被淘汰。

5 亿年前，无脊椎动物出现。早期动物生活在海洋中，能够自主运动。自主运动必须有机械体和控制信号，对于动物而言，就是肌肉和神经。运动模式越简单，对肌肉和神经的需求也越低。一些软体动物，按条件反应运动，还没有复杂的控制中心（大脑），也没有脊髓（脊髓是神经控制主干线）。

4 亿年前，蕨类植物、鱼类出现。鱼已经是很复杂的生命体，已经具有信息控制中心（大脑），也有脊髓，能够十分自如地控制自身的运动。

3 亿年前，两栖类动物出现。随着地球稳定，陆地面积越来越大，生命开始离开水，向陆地进发，出现两栖动物。

2 亿年前，裸子植物、恐龙出现。随着地球环境适宜，资源的丰富，很适合生命繁衍，动物形体越来越大，恐龙出现。恐龙的极度发展，导致资源不足，再加之天灾，致使恐龙走向灭亡。

6500 万年前，被子植物、哺乳动物开始出现。恐龙灭亡后，小型哺乳动物开始走向前台，并逐步进化，适应环境，分化出食草、食肉、杂食性动物。

160 万年前，猿类出现，人类祖先开始登上历史舞台。

10 万年前，现代人类出现，智力越来越发达。

1 万年前，人类社会性态出现，文明开始。

300 年前，工业革命。

200 年前，电的发现和利用。

40 年前，集成电路、电子计算机、网络等出现，人类进入信息化社会。

2. 生命繁衍密码

早期对生命进化的研究主要是从化石获取信息资料；现代的研究模式发生了变化，主要针对基因开展研究，对比基因编码、序列的相似度、差异度，推断生命体的亲疏关系，以及发展演化规律等。

目前人类还没有掌握基因代码与生命体生长发展的一一对应关系，仅探测到某些特定的基因代码对应某些特定的表达；还没有掌握自己修改基因信息代码、改变生命进化发展模式的技术。人类能否自己读懂和修改人类自身这本"天书"，还是个未知数。

现代研究已经表明，简单的生命体，如细胞，代码简单，其 DNA 有 1000 个碱基对；复杂的生命体，如人类，代码很复杂，有 30 亿个碱基对。所以，越是复杂的生命系统，所携带的信息量越多。

物理世界，包括物质和能量运动；生命世界，包括信息、物质和能量运动。信息运动是以物质为载体，随着物质和能量运动而运动的。信息运动不能等同于物质运动，信息运动具备主动性，并改变物质运动的形态和轨迹。生命信息运动，是随机产生的，还是神秘的外力产生的？现在也还是个未知数。

生命信息的表达犹如一段程序的运行，当软件损害，生命物质形态虽然存在，但是生命特征消失。因此，可以给生命下一个定义：生命就是一种信息运动的一种表达形式。生命和非生命的区别就是：生命具备主动运动能力；非生命只在外力作用下运动。

3. 生命的基本特征

（1）组成动植物生命体的基本物质元素

生命体是物质构成的系统，生命体的物质成分，已经可以测量。如，人体的主要元素有11 种：氧、碳、氢、氮、钙、磷、钾、硫、钠、氯、镁。微量元素有 14 种，约占人体体重的万分之五：铁、锌、铜、钴、铬、锰、镍、锡、硅、硒、钼、碘、氟、钒。构成生命的基本元素比例如图 10-3 所示。

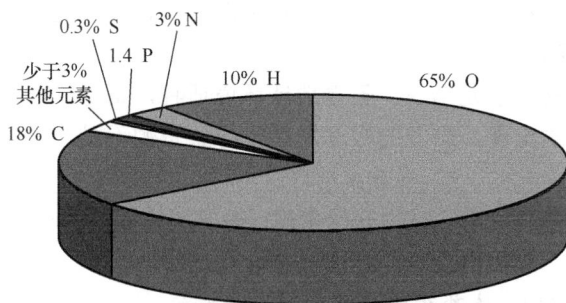

图 10-3　生命元素组成

氢和氧的主要形态是水，约占人体的 70%。从某种意义上讲，人是地球的缩影，人体内的水占体重的比例为 2/3，正好和地球上水与陆地的面积比相似。

人脑组织中水的比重占 85%。水不仅是一个减震器，保护脑不受震荡；而且水形成良好的电解质，有利于各种信号的传递。如钙和钠溶于水中，很容易形成离子态，是良好的电信号导体。地球上丰富的水资源，维持了生命、人类的生存；地球上的生命形态基本上需要水为基本物质，离开了水，生命的发展受到限制和影响。如，沙漠化会威胁生命生存和发展。

碳，也是一个重要元素，不仅是生命体的物质材料，还在生命体的能量循环中发挥重要作用。

（2）生命体的基本单元——细胞

生命体的外在形体千姿百态，表现形式丰富多彩，但从微观来看，都是由细胞组成的。动物体，大到鲸鱼、大象，小到各种细菌；植物体，大的有千年古树，小的有各种苔藓，均是由细胞组合而成。

细胞由物质元素构成，但是它不是一个简单的物质组合，而是一个有生命的物质体，这真是一个奇迹。细胞具有感知环境信息的能力，并不断适应环境。单个生命体周期是有期限的，生命体具有遗传能力，遗传信息存储在细胞中。

细胞从环境中吸收物质材料和能量，维持自己的生长和生存。细胞生长以分裂的方式进行，受到环境和能量的制约，细胞的繁殖不可以永远进行下去，到一定时候，达到相对稳定值。

细胞有生命周期，会自然死亡，也可受外界条件影响而死亡。细胞死亡，其物质元素不灭，但是已经没有生命特性，它不再具备主动性，也不再繁殖。更明确地说，它的信息处理功能丧失，即存储的信息消失，对信息的处理能力消失。

复杂的生命体，细胞分工明确，如，有专门负责处理信息的细胞组织，有负责将光能转换为化学能的细胞组织，也有专门负责输出机械能的细胞组织。再复杂的生命体也是由各种不同的细胞组织构成。

（3）生命体中能量的流动

太阳系的能量，绝大部分来自太阳。生命的一个重要特征是吸收、存储和应用能量，也就是生命系统的能量流动。地球上的生命，已经形成了一个生态系统或者生态圈。植物系和动物系共生，也称为生物链。生命体的生存和发展，需要物质和能量，对于动物来说，就是食物，食物既提供物质材料，也提供能量。

地球上生命系统中最重要的一个能量来源是光合作用。光能合成作用是植物、藻类和某些细菌，在可见光的照射下，经过光反应和暗反应，利用光合色素，将二氧化碳（或硫化氢）和水转化为有机物，并释放出氧气（或氢气）的生化过程。光合作用是一系列复杂的代谢反应的总和，是生物界赖以生存的基础，也是地球碳氧循环的重要媒介。

生物链的简单基本链接形式是：食草动物从植物中获取能量；食肉动物吃食草动物，并获取能量；杂食动物吃植物和动物，多路径获取能量。动物消耗能量，吸收氧气，释放二氧化碳；植物吸收能量，吸收二氧化碳，释放氧气。这两者形成了一个平衡系统，如图 10-4 所示，也就是我们所说的生物系统，或者生态系统。

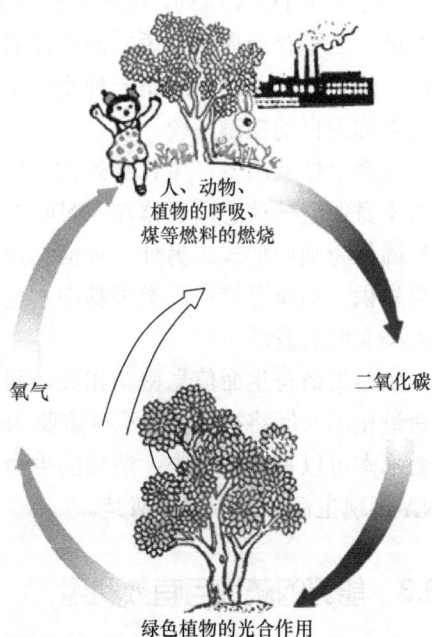
图 10-4　生态系统

植物生长，需要稳定的阳光、水和二氧化碳；动物生长，需要稳定的食物、水和氧。生命系统的运动，表现出一种特殊的物质和能量的运动。生态系统形成一对化学反应：动物吸收氧，身体内发生化学反应，释放二氧化碳，获得能量，可视为氧化反应；植物吸收二氧化碳，释放氧气，可视为还原反应。正好构成一对化学反应，保持物质的一种平衡；靠太阳能促进循环，也可以看成一种能量流动。

生态系统长期以来保持一种平衡，大气中维持二氧化碳在一定的稳定比例值。近年来，人类的工业化活动，对这种长期形成的生态系统造成一定的冲击，生态环境问题也被提出。如果人类社会生活破坏这种上亿年形成的稳定值，有可能对地球环境的生态平衡造成波动，从而影响人类生活。

（4）生命体中信息的处理

细胞是一个最简单的信息处理单元，不论是植物细胞还是动物细胞，都能够被动和主动接受环境的各种信息，逐步改变自身的形态和运动方式，适应环境。如植物喜欢阳光，如果阳光和水分充足，植物的生长会更旺盛。

生命的诞生与信息运动密切相关，细胞中生命信息被存储、被复制；同时，信息指令又控制生命的表达。现代研究显示，地球上所有生命，来源于同一生命源。生物代代进化，信息被 DNA 遗传基因保留、传递和演化。30 亿年的演化，地球环境给各种生命体提供了表现的舞台，根据各自的环境形成各自形态，形成今天的生命系统。

生命个体物质不断组合、演化，所携带信息也从简单到复杂，也就是遗传和变异的作用。特别是高等动物的有性繁殖，遗传信息被重新组合，不断产生新的信息代码，选择更高等的生命体形态。

当今科学技术发展，使得人类已经开始人造生命实验：在细胞中除去原信息载体，利用化学产生一组 DNA 序列，植入去掉原 DNA 的细胞中，成功得到新的生命体。新生命体是一种细菌，尽管存活周期很短，但是开启了人造生命的尝试。这个实验也证明，信息是生命体的活力的体现，生命形态是一种受信息控制的系统，与人造机器受控运行是等同的概念，也可以称为自动控制系统。

生命个体从出生、生长到死亡，生命的信息被一代又一代传承。信息又分两种，一种是生命本身的遗传信息，载体在 DNA 中，可以理解为已经固化的信息，或者说是将生命"程序"固化为硬件形式。另外一种信息是人类文明信息，主要由人类大脑传承，这种信息也被称为知识，不仅存储在人类大脑中，也可以存储在人类发明的各种信息载体中。这也就表现为人类文明的发展。

生命繁衍与生命信息密切相关。科学家设想，如果能够人工破解生命 DNA 信息，那么生命进化的时间将被突破，不再需要 46 亿年的时间。新生命体的创造也可能实现；高效智能生命形态可以被演绎出来；消失的生命，如恐龙也可能重新构造出来。能否利用人工制造的 DNA 再现生命？现在还不清楚。

10.3　能源的获取与有效利用

离开能量和合适的环境，生物世界难以生存，生物活动的基础是能量的获取和利用。生物链自己形成一个能量的循环系统，植物通过光合作用从太阳获取能量，吸收二氧化碳，释放氧气，碳被固化，并合成碳水化合物，成为一种能量的存储方式。地球生物能量的主要来源，就是依靠植物从太阳接收的能量。植物获取的能量，存储在各种食物中，包括草、种子、果实等。动物，食草动物，通过吃草获取能量，维持自身热量和运动所需。食肉动物，猎食食草动物，获取能量维持热量和运动所需。

地球上所有动物能量的获取与利用的模式是相同的。长期的自然进化与繁衍，已经形成一个生态圈，各种自发挥自己的特色，分工明确，整体能量的利用效率很高，也形成了生态平衡状态。能够长期生存的各种动物，有自己主要的食物来源，有共生的伙伴，也有天敌。每当生态平衡被打破，可能带来生态问题，形成很大的波动，也就是人们常说的灾难。如恐龙的兴盛，可能导致其他物种的限制。当出现环境的突变，食物短缺，恐龙无法获取必要的能量，导致灭绝。

其实人类的繁荣，也影响到其他动物的生存空间，导致很多物种的消失。人类如果不能尽快保护环境，平衡生态系统，很可能会影响人类自身的发展。人类还无限制地开采数十亿年地球存储的能源，导致大气环境的破坏，也可能给人类发展带来影响。任何生命体系统的发展都离不开能源，人类对能源的需求量超过所有动物，人类需要利用其智慧解决自身发展需要的能源，否则，不可持续发展。

不论是生命系统还是电子信息系统，能量都是系统正常工作的基本保证，能源的获取能力和利用效率是衡量系统的重要指标。自从电子技术的应用，人类已经掌握了能源的高效利用方式，即电能，其实电能是一种能量的传输方式，专业上称为二次能源。发电需要消耗其他形式的能源，如水能、煤能、太阳能等。换句话说，在计算电能时，需要计算产生电能的效率和利用电能的效率。单从电能的利用率来说，电能的效率是最高的。

但是生命系统没有采用和选择电能模式，而是选择化学能方式。下面我们简单介绍生命系统获取和利用能源的基本模式。

1. 细胞能量的获取

细胞利用能量的方式比较简单，直接从环境获取资源，当环境资源不能满足时，细胞难以生存和繁殖。例如，细菌，是简单的生命形式，直接从环境获取养分，通过细胞分裂不断繁殖。病毒，比细菌还小，目前认为病毒是介于生命和非生命之间的形态。病毒不能单独存在，必须寄生在生物体上，通过寄生体获取能量，来实现自身的繁殖。

单细胞的生物等级很低，在生存竞争中没有优势。随着进化的发展，单细胞向多细胞组织进化，获取能量的方式也发生变化。多细胞的分工，提高能源获取效率，整体优势逐步体现出来；通过有组织的行为，在竞争中逐步取得主动地位。

2. 植物能量获取与利用

植物也是由细胞构成的，但不再是单细胞的生存方式。植物的细胞完成了分工，出现组织形式。植物有根、茎、叶、果实等，各有自己的任务。根从土壤中吸取水分，通过树干传送到叶，叶接收阳光，完成光合作用，构成一个经典的"化工厂"。植物从阳光中获取能量，将二氧化碳转化为碳，也就是人们常说的碳的固化。其实这就是一种能源存储方式，一般以碳水化合物方式存储。

光合作用是地球上最基本的一项化学作用，也是地球上所有生命赖以生存的基础。因此，光合作用也称为地球上最重要的化学反应。植物获取并存储能量，不仅满足自身发展的需要，也为动物世界提供能量来源。

大部分植物也选择两性的繁殖方式，有些是自身授粉，有些是交叉授粉。在植物中，有一个大家熟悉的杂交优势，实际上就是生物遗传信息 DNA 的混合编码，带来编码的多样性，产生可能的优势结果。

植物利用光合作用获取能量，自然界中其利用效率可以达到 5%。尽管按现代科学技术的要求来看，效率不算高。但是，大自然的这种造化，足以获取丰富的能源，满足生物系统能量的需求。

至今为止，人类科技还无法实现人工的光合作用，还没有任何一台人造机器可以模仿植物的工作原理，完成这一复杂的化学反应。人类的食物来源在很长时期还是需要植物的这种光合作用。

3．动物能量获取与利用

动物的食物来源更丰富一些，可食草、果实，获取植物的能量；也有食肉动物，主要靠俘获猎食其他动物，获取能量。

由于植物的能量密度低，食草动物，如马、牛、大象等，其进食量大，每天需要花十多小时进食。动物的蛋白质和脂肪能量密度高，食肉动物，如狮、虎，进食量相对同等体积的食草动物的少，每次进食可以满足几天的能量需求。

一般动物能量的存储基本方式有 3 种：糖、蛋白质、脂肪。在人体中，三者可以相互转换。糖可以转化为脂肪，存储在体内，脂肪存储效率更高；糖也可以转化为蛋白质。人体本身构成一个能源存储与利用系统，当运动加量时，需要消耗更多能量，人体中的糖可很快转化为机械能。而脂肪需要先转化为糖，再提供人体消耗。人体肌肉的能量转化效率大约为 30%，大部分能量转为了热量。这种转换效率与电机比较很低，电机效率很容易达到 90% 以上。人体肌肉能量转化效率与内燃机类似，所以，内燃机的散热部分的设计是很重要的一环。

动物的能量系统中，其实包含能源的获取和能量的应用，以一个能量系统来看，是能量的输入和输出。动物选择利用化学模式，进行能量的获取与利用，对于人体来说主要是包括消化系统和运动系统。这样就决定了人体的构造，选择用管道方式输送物质（含能量）到人体的各个细胞。对比电子系统，主要是选择金属导线来传输能量。

动物能量供应系统中，"设计"了输送管道，如图 10-5 所示的血管循环系统。由红血细胞负责携带糖和氧，通过血管输送到身体的各个组织，为各种细胞提供能量。

血液中的糖是能量的缓存模式，应尽快使用掉，如果不尽快应用，高糖含量可能对机体造成损害。因此，糖通过胰岛素转换为脂肪。脂肪不仅存储效率高，还能够长期保存。人的身体就像一个复杂的化工厂，通过不同的化学作用，进行化学物质的反应与转

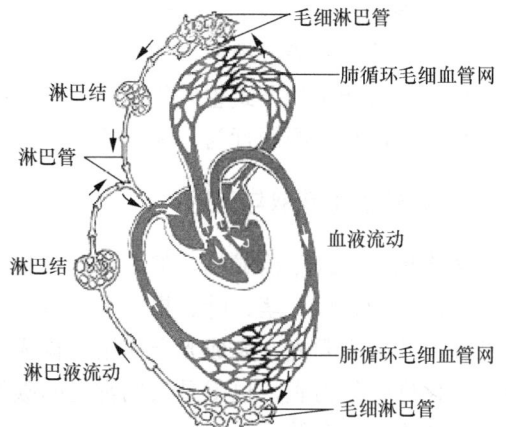

图 10-5　血液循环系统

化，其主要目的是完成能量的获取与应用。

生命体的繁衍不仅需要能量，还需要物质材料。因此，人体在获取能量的同时，也补充物质材料，特别是在动物的生长阶段，需要从外界补充大量的物质材料。动物所需要的主要物质材料与能源同类，如蛋白质。人体吸收的糖可以转化为蛋白质，当然，人体直接食用蛋白质效率更高，而蛋白质在一定条件下，也可以转化为糖，为人体提供所需能量。

除了主要的物质材料之外，人体还需要各种微量元素，这些微量元素虽然很少，但是在人体的运行中发挥重要作用。微量元素不能为人体提供能量，只是化学反应的催化剂或者其他功能。我们猜想，微量元素主要是协调控制人体运行，协调控制身体的各部分之间的联系和沟通，也就是协调控制信息的运行。人体需要的微量元素，一般来说也是大自然中普遍存在的，我们很容易获得，一般不需要专门补充。如铁是人体需要的微量元素，也是地球上普遍存在的，一般不需要专门补充。如果是地球上稀有的元素，在长期进化中，可能不会选择这种元素为人类所用。

总之，动物的特点就是要运动，运动需要能量，必须为动物体提供能量，也必须有获得能量的方法。而如何运动，需要控制系统。运动行为越是复杂，需要的控制系统也越复杂，对于信息处理的要求也越高。人体本身就是一个最复杂的自动控制系统，加之大脑的超强信息处理能力，也可以说人体是一个复杂的电子信息系统。

4．电子信息系统能量的模式

目前，人类设计的电子信息系统，也是以能量为工作的基础。人工系统的能量主要是以电能的方式存在，一般采用如下几种模式。

（1）市电工作模式。市电为一种标准的供电系统，可以为各种电子信息系统提供稳定的电能，维持其正常工作。

（2）电池工作模式。在很多时候，电子信息系统是移动的，如手机等，无法直接利用市电，所以采用蓄电池的方式提供电能。

（3）自发电模式。如汽车、轮船、飞机、移动平台等，其平台上的电子信息系统需要大量的电能，也无法直接利用市电，蓄电池也不能长时间满足其工作的需要，因此，需要设计自身的发电系统，以供应电子设备的正常工作。图 10-6 所示为混联式混合动力电动汽车的原理结构。

从以上的介绍我们可以认识到，不论是天生

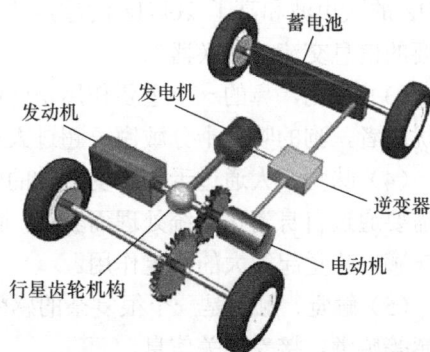

图 10-6　混联式混合动力电动汽车的原理

的生命系统，还是人造的电子信息系统，其工作的基本条件是能量系统，能量系统是确保信息系统工作的基础。

10.4　信息的获取与有效利用

一个信息系统，不论生物系统还是人工系统，都与环境相关。生命系统的生存与发展与环境条件密切相关。动物的最大的特点就是能够及时感受环境变化，调整自身的状态以适应环境，或者迁移寻找适应自己的气候条件。如候鸟根据气候变化，远距离迁徙。不仅跟随适宜的气候，也寻找食物。

动物生存的目标，就是更有效地利用信息"技术"，获取能源。而植物只能被动地利用环境：当适应时，植物就很快发展；当不适应时，就保存实力，等待更好的气候。所以，农业丰收，主要依靠"风调雨顺"；而工业和科技的发展，主要靠的是人类的智慧。

1. 生命体对环境信息的感知

对于人类来说，信息感知器就是五官，如图 10-7 所示。

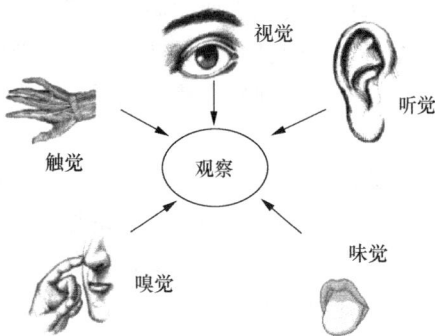

图 10-7　人的感官

（1）视觉，人类利用光学信号获取信息。人眼能够识别可见光，其波长大约在 300～700nm 之间。大于 700nm 的红外线和小于 300nm 的紫外线，人眼不能识别。人类的很多信息依靠视觉获取图像资料，送给大脑处理。

（2）听觉，人还利用声音信号获取信息。人耳可以识别 20Hz～20kHz 的声音信号，低于 20Hz 的次声波和高于 20kHz 的超声波无法直接接收到。声音信号对于人类来说是一个十分重要的信息交流"转换器"。

（3）嗅觉，鼻的一个重要作用是能够分辨气体中的不同气味。人的嗅觉，并不是动物中的优胜者，狗的嗅觉十分敏锐，超过人类数百倍。

（4）味觉，人通过舌头感受食物的味道。食物是人类获取能量的输入端口，人类获取能量需要通过自身消化系统处理而获得，而对于食物的选择和预处理，以及对于食物的需求度、美味感，味觉起很大的决定作用。

（5）触觉，触觉是一个很复杂的感受器官，我们接触到的物体，产生压力、温度、质感、痛感等感觉，接受相关信息。

大自然中的生物系统，或多或少都需要利用信息感知技术，感知环境，感知相关生命体。利用获取的信息，改变自身的状态，适应环境的变化，或者从环境中最大限度地获取资源。

2. 电子信息系统的信息获取

对于人造的电子信息系统来说，也必须设计各种不同的信息接收单元，也就是我们常说的传感器。前面章节中我们专门介绍了电子信息系统获取外界信息的主要元件——传感器。如，话筒，是声音传感器，它可以将声音信号转换为电信号。典型的通信系统，利用话筒将声音信号转换为电信号；电子信息系统对电信号进行处理和传输，当传送到目的点后，再由扬声器将电信号还原为声音信号。

　　人造的电子设备在某些方面的性能远远优于人类自身的信息探测能力。如红外线探测器，可以利用红外线获取与传递信息；雷达，如图 10-8 所示，被比喻为"千里眼"，可以获得远距离的信息。

图 10-8　远程雷达系统

　　因此，电子信息系统不仅加强了人类的信息处理能力，而且还扩展了人类感知信息的范围和空间。

3. 信息的有效利用

　　信息的利用一般来说是针对获取的信息，根据信息反馈自动反应，向适合于自己的方向运动。简单信息反馈系统，一般称为自适应系统。对于低等动物而言，已经具备条件反射式的行为，它们能够感知环境的变化，采用有效的应对行为，以适应环境的变化。如，变色龙，可以感受环境的光线颜色，自动调整身体外表颜色，以加强伪装，提高自身的安全系数。

　　高等一些的动物具备很强的信息处理能力，因此，当感受到环境变化时，能够做出应对的办法和行为计划。如候鸟能够感受气候变化，做出长远预测，并寻找迁徙的方向和目的地。

　　人类的信息利用水平已经达到了很高智慧：能够规范自己的行为；计划自己的目标和路径；根据环境和自身的条件与兴趣，修改自己的计划。进一步，人类能够设计制造各种工具，探索未知的问题。人类活动，就是利用信息，或者说利用智慧，为人类的生存和发展的谋求更大的利益。

　　在电子信息系统设计中，信息处理的水平决定系统整体的水平。简单的控制系统，一般来说是一种单纯的条件反射模式，不需要复杂的信息处理。而高等的信息系统，需要复杂的信息处理，能够应对复杂的环境条件变化，并且能够多模式应对。先进的信息处理系统，很难超过人脑的信息处理水平，但是在某一些方面，信息处理能力远超人类。如计算机的运算速度，远远高于人类大脑，在局部领域替代人脑的劳动。

10.5　群居与社会

　　系统的进化总是由简单到复杂。以生物系统为例，单个生命体，是由细胞构成，细胞分工使每一种细胞功能"专业化"。由于细胞的专业化，生命系统依靠不同的细胞完成不同的任务，生命系统总体能力很强，进化出各种不同的"版本"，呈现出千姿百态的生物世界。每个细胞虽然很弱小，但组建成为一个生命体，其能力就很强。

生命在进化过程中，由于信息编码和环境选择的综合作用，选择有生存能力的物种。大自然并非单一"输出"，能够提供足够大的生存空间，容纳不同的物种存在。原则上，更强、更快的动物，具备更多优势。因此，个体的发展，总是越大越强，生存优势越明显。而某些个体动物并非最强，在单个竞争中无优势，但如果这种动物选择群体方式，就可能战胜单体比自己强的动物。如狼的群居方式，虎虽强但孤单，不一定是狼群的对手。

群居生活，对外合作抗敌，对内也相互竞争。要适应群居生活，需要处理群内的关系，对个体动物的智力水平和交流能力有较高要求。

1. 群居促进遗传优化

自从生物进入有性繁殖时期，生命个体之间的联系就开始产生。繁殖后代这项任务，必须由两个生命体共同完成。植物的两性繁殖，借助自然条件，如风、昆虫等；动物的两性繁殖活动，一般需要交流，从而家庭模式也开始诞生。

群居动物，选择配偶的机会更多，比较样本也多，动物本能地选择优势异性，这是自然界的一种普遍现象。独居动物，尽管也需要选择配偶，但是对比的机会少，可以选择的样本少，不利于优势异性的选择。因此，群居更有利于种族的发展。

自从生物进入两性繁殖期，遗传基因信息不断混合编码，加快生命进化的速度。群居生活方式又为两性自由优化选择提供了可能，动物的进化就从随机组合编码，转变为优势选择的组合编码。

2. 群居促进信息交流能力

群居模式中，动物之间需要协调，保持统一行动；同时，动物之间也存在资源分配问题，需要协商和妥协。这些问题的处理，需要信息交流。因此，凡是群居动物，总存在信息交流方式，或利用形体语言，或气味，或声音语言。处理这些信息，一定需要发达的大脑，也促进大脑的开发。孤独而强势的动物，往往有较强的猎食能力，群居的动物，有较强的交流能力。

人类为什么选择群居？首先是个体的很多优势不明显。力量不是最强，灵敏性也不行，在单对单的竞争中，没有优势。而在以多打少的竞争中，才能体现优势。其次，群居增加安全感。人类早期在丛林中生活，采食果实赖以生存。双眼视角120°，主要是因为要抓住树枝，必须判断准确距离；但后脑盲区很大，对于天敌来袭无预警。而群居状态，依靠群体的力量和多个体的观察视角，防止外敌攻击。如果发现敌情，可以发出预警信息，借助群体的力量抗敌。

群居并不是人类的专利，很多动物也选择群居方式。但只有人类是最成功的利用群居优势发展自己的典范。

3. 群居促进人类社会发展

由于个体的差异，某些人在某些方面很强，其优势会突显，这样促进了分工。如力量强者负责打猎，智商高者负责制造工具。

　　社会学的基本原理就是分工产生效率。而只分工，不合作，无法形成一个整体，必须合作互补，才能整体最强。

　　群居是社会的基础，只有群居生活方式，才能够逐步分工合作，形成社会。而社会化生活，对人类的信息交流能力要求更高。社会化生活，分工与合作需要很精细的约定协调个体之间的关系，达到个体与个体之间，以及个体与群体之间的平衡。因此，高度精准的语言开始出现，在信息交流中发挥重要作用。

　　群居必然促进动物之间信息交流，不论什么群居形式，都离不开信息交流，只是不同的动物采用不同的信息交流"语言"。如蚂蚁主要靠化学气味传递信息，引导群体选择最佳的路径。高等动物基本上都具备形体动作的表现、利用声带和口腔产生声音的能力，能够掌握形体"语言"和声音"语言"。

　　人类长期的丛林生活，上肢发达，其形体语言更丰富。人类声带也很好，可以产生丰富的声音信号。舞蹈和语言，成为早期人类主要的信息交流技术。

　　生物世界以及社会的发展，从简单到复杂，从单体向群体，可以十分清晰地看到社会学效应，也就是分工合作模式。生物，从单细胞发展到高等动物。高等动物的每个单元都是细胞，每个细胞分工完成自己的任务，组织成为一个系统，成为一个高等动物。人类社会由每个人构成，也是分工合作模式，其联系靠社会规则和信息。

　　从信息发展的角度看，生物遗传基因信息主要反映信息对生物本身的作用。遗传信息以物质的形式存储在细胞中，载体是 DNA。社会文化传承，以人类大脑为平台，信息存储和处理的物质基础是神经细胞。细胞死亡，其存储的遗传信息 DNA 一般来说会消失。人死亡或者脑细胞坏死，存储在大脑的信息也"丢失"。

　　人的知识与文化，存储在大脑，并不是天生的，是后天教育和社会活动的结果。人脑只是一个"硬件"平台，具备学习、存储知识，处理信息的能力。而处理信息的能力与后天的教育有重要关系。社会的文化传承是依靠一代又一代大脑的"接力"方式继承，人类不单是继承，还不断地发展。每一个大脑都是一个独立的信息处理器。人类社会，除了个人的高度智能化之外，其社会文化也形成规范的"程序"，也就是我们所说的社会制度。这种社会文化信息，依靠人群的共识，从简单的村规民约，到法律和国际公约，都以某种信息方式存储在群体的大脑中。

　　因此，社会发展越进步，对信息存储和处理的要求越高；反之，信息化水平越高，对促进社会进步越有效。

第 **11** 章 人脑

随着电子信息技术的发展, 20 世纪人类文明史上一个重大发明就是计算机。计算机的出现, 在信息处理方面延伸了人类大脑的能力。人们重新认识自己的大脑, 发现其惊人的超强信息处理能力, 到目前为止, 没有任何计算机在综合能力方面超越人脑。人脑为什么具有如此强大的信息处理能力? 人脑具有多大的开发潜力? 还有哪些未知的能力? 这些都很难说清楚。

我们还是回到生物学分析生物信息的交流与控制。生命体由细胞构成, 细胞进化发展并分工, 构成一个有机组织体。各组织之间的沟通、协调、组织管理工作由什么方式完成? 这就引出一个信息交流问题。这个层面的信息交流和控制, 与生命体的遗传基因信息不同。控制细胞生长与内部结构的遗传信息是 DNA, 其控制范围一般局限在细胞内。而一个生命体, 如高等动物, 虽然是由细胞构成, 但是细胞的分工已经很细, 不同的细胞负责不同的任务, 不同细胞之间的有效组织和联系, 必然需要细胞外部或者细胞之间的信息交流。这种信息交流存在专门的物理通路, 如人体的神经网络。大脑的工作模式是以脑细胞为基础单元, 称为神经元, 神经元之间的通路为神经突触, 类似于电路中的输入/输出线, 如图 11-1 所示。

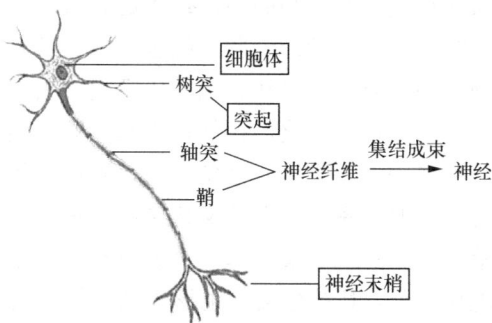

图 11-1 神经元结构

遗传基因 DNA 的信息存储单元是以大分子为基本单位, 而动物体中各组织之间的信息指令的存储和处理是以细胞为基本单元的。神经细胞负责处理和连接生命系统组织, 大脑是信息管理中心, 其功能综合了计算机中的 CPU 和存储器的作用。对于一般动物而言, 大脑是身体协调中心和运动控制中心。人脑的进化超过了所有动物, 不仅对自己身体的控制, 还延伸到对外部世界的控制。人脑为什么具有如此强大的信息处理能力? 是偶然进化, 还是什么神奇的力量? 也是个谜。

11.1 脑的进化

不是所有生物都进化出大脑, 植物没有大脑, 其工作模式固化, 按照一套规定的"程序"

运行。简单的软体动物，也没有大脑，依靠条件反射完成机械运动。

　　高等动物，进化出大脑，主要任务是完成对身体各组织的管理和控制，图 11-2 所示为各类脊椎动物的大脑。人类进化出高度发达的大脑，完成对自身的管理与控制。人们反复问自己这个问题：人类为什么能够进化出高度聪明的大脑？通过人类的进化过程，可以看出大脑的功能和扩展的关键节点。人类进化过程如图 11-3 所示，大致分为 3 个时期：丛林生活期、地面生活期和社会生活期。

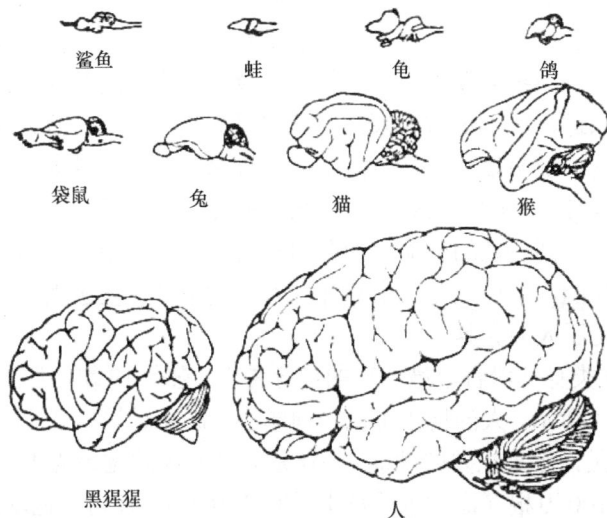

图 11-2　各种脊椎动物的大脑

图 11-3　人类进化过程

1. 丛林生活期

　　人类早期，生活在丛林中，四肢需要适应树上生活。为什么选择树上生活？人们推测，大概主要是因为食物以果实为主，也可能是为了躲避天敌。特殊的环境，进化出特殊的需求。

　　（1）双眼位置，在同一方向上。人类双眼在同一方向，这是食肉动物的特征，但人不属于食肉动物。食肉动物必须计算猎物的距离，以便准确出击。双眼同时盯住一个目标，能准确判断距离，这是食肉动物长期进化出来结果。相反，食草动物是被猎对象，因此，其双眼一般在头的两边，视角很大，视野基本上没有重叠，有的食草动物可以观察 360° 的范围。这样的双眼位置，主要是为了躲避袭击，这也是食草动物长期进化出来的结果。

　　但是人进化出食肉动物一样的双眼，不是为了追击猎物，而是为了在树丛中运动。为了获取食物，人类经常在树上穿梭，需要精确计算树枝的距离。这样长期在树上的运动，进化出我们现在双眼的位置。由于双眼的图像在视网膜上是两副不同的图像，通过两副图像的差异，可以分析计算出目标的准确距离。这需要很灵巧的大脑，操作双眼的视角和聚焦，完成图像信息处理。

（2）灵巧的双手，能够抓住树枝的四肢，这需要特殊的控制系统。采摘果实，防止滑落，双手抓住物体，也需要灵巧的控制系统。

人类由四肢动物进化而来。四肢行走动物的稳定性好，对控制系统的要求低，很多四肢动物，出生后即刻就能够站立行走。人类双手的不断进化，促进人类两足站立。但双足的平衡性不好，要维持稳定，系统需要处于不断的动态调整状态，这就对大脑的控制性能提出很高的要求。我们清楚知道，对于正常人来说，站立很简单，但是一旦人老化或者生病，站立就变成一件困难的事情，说明站立和行走需要大脑快速复杂的信号处理。

双手不仅改变了世界，也改变人类本身。长期的劳动和生活，手的控制精度越来越高，灵巧性越来越好。有双手创造性的劳动，如利用兽皮制衣、利用石头和草盖房。双手还不断制造工具，拓展手的功能，不仅改善了生活环境和生活条件，还极大地改进了人类本身。手的高度进化，再次进化了人的大脑。

现代医学指出，人类身体器官中最精巧的部分是手。它有19块小肌肉，可完成非常精细、灵巧的活儿，如图11-4所示。人的拇指可以转向掌心（称为对掌），又可以转向其他手指（称为对指），对掌和对指是人手最主要的功能。手还是人类神经感觉最为丰富、最为敏感的部位，神经纤维最集中，有100万根（而大鼠前爪上只有3万根），任何其他动物都无法比拟。

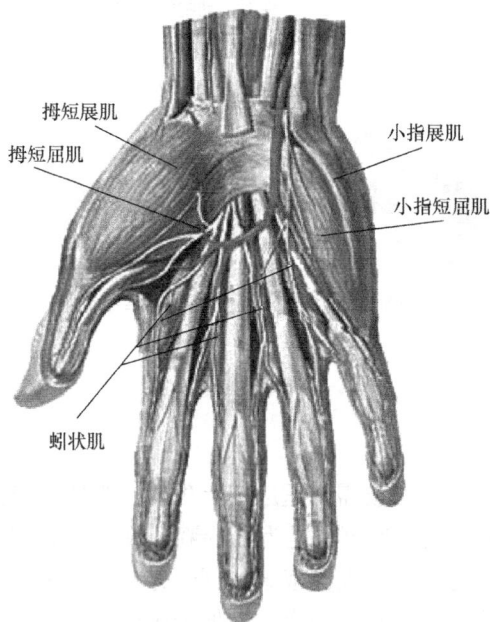

图11-4 手掌肌肉图

最近有瑞典专家研究了手指活动和脑血流量的关系，发现手指活动简单时，脑血流量约比手不动时增加10%；但在手指做复杂、精巧的动作时，脑血流量就会增加35%以上。脑血流量的相对增加，有利于思维的敏捷。这证明了手和脑之间的密切关系。

再从人的大脑皮层显示的信息来看，控制手活动的大脑皮层所占的面积最大，几乎达到整个大脑的 1/4 到 1/3。因此，手的高度灵活是和大脑高度关联。

2．地面生活期

由于早期的人类长期生活在树上，因此，到了地面后奔跑能力下降，往往不是"天敌"的对手。为了适应在树上运动，类人猿的双眼长在同一个方向，这又带来了一个缺点：其可视范围只有正面 120 度，很容易受到攻击。面对新的压力，类人猿没有时间进化并改变双眼的位置，被迫坚定走上一条群居的道路。群居是一个伟大进步，直到今天，人类也没有改变这一生活方式。

（1）语言的应用

对光和声音信号的感受，是动物很早就进化出来的特性。眼和耳分别担任光和声音的"传感器"，其主要作用是采集大自然的光和声音信号。

产生声音信号是动物自己在实践中不断探索而出现的。动物的能源系统中，食物的获取和氧气的获取，几乎都采用了口鼻合用的路径，进入喉以后分道，食物进入胃，空气进入肺。空气的流动，很容易产生气流，发出声音。人类的声带，进化出产生声音信号的功能。某些动物也进化了这种功能。而人类的近亲——猿，却没有进化出声带。

声音的接收和产生需要大脑腾出足够的空间处理。早期，人类声音的产生主要是应对突发事件，发出预警信号。但是随着人类的种群扩展，交流的需求越来越多，使用的语言越来越复杂，对大脑处理信号能力的要求也越来越高。

人类对手的灵巧性控制，其信息处理方式基本上是固化到大脑中，随着人类的进化而天生具备。但人类的语言使用能力并没有固化"写入"大脑中，人类能够掌握复杂的语言是后天学习"再安装"入大脑的。人类大脑在语言问题上，采用的是进化大脑的"硬件"条件，大脑留足了语言安装的空间。具体语言的"编码"是后天学习"写"入的。

前面谈到，控制手的使用的大脑细胞占用大脑 1/4～1/3 的空间，控制语言的大脑细胞估计也占用了大脑的 1/3 空间。因此，可以推断，双手的进化和语言的突破，对人类大脑的智能化做出了巨大贡献。

（2）图像信号的识别

光学信号测距能力。高等动物都具备对光学信号的接收能力，光学成像，通过眼睛的视网膜可以被大脑接收。人类可以通过双眼对图像的处理，比较准确地判断物体的距离，这是长期进化的自然结果。高等动物，特别是食肉动物，为了俘获猎物，都具备测距的能力。双眼测距原理如图 11-5 所示。

图像运动预测能力。人类的大脑具备强大的图像信号处理能力，可以自己补偿图像信号的盲区，在运动中，可以精确计算物体的运动轨迹，并完成预测。比如，运动中，运动员可以准确预测球的落点，提前做好准备动作。运动预测能力不是人类的专长，很多高等动物也具备这种能力。

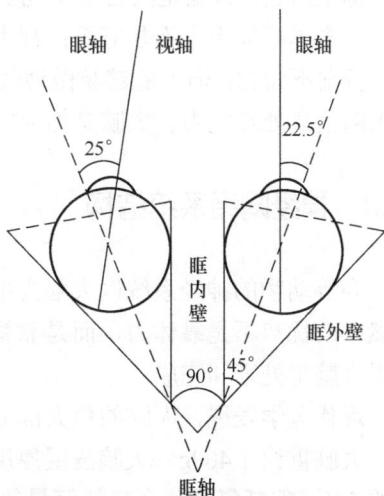

图 11-5　双眼测量距离示意图

图像识别能力。群居生活促使人类需要相互之间的交流，特别是认识自己的朋友，从而产生图像的识别问题。如，对于某个朋友的面孔，大脑能够很轻松记忆其特征，并从众多的人群中很快识别自己认识的朋友。

随着社会规模的日益扩大，人类接触的人群扩大，需要记忆和识别的图像更多，对于大脑的图像处理能力要求更强。强大的图像处理能力估计是人类的特长，某些高等动物，对于其他同伴的识别，不是基于图像信号，而是以气味信号为主来识别同伴。

3. 社会生活期

群居时代，人们交流的主要对象在本族群之内，很少与外族交流，这种交流面还是比较窄。而到了社会生活时期，族群之间的交流变得非常普遍。族群之间，发生多种关系，也产生大量的矛盾。

通婚。古人已经发现，异族通婚，可以产生优质后代。这是遗传学问题，遗传代码的混合产生的差异性更大，更有利于优质性能的表达。

货物交流。社会分工开始，对于某些族群，具备优势技术，产生某种优质货物，对于另外一个族群正好相反，产生另外的优质产品。货物交换的需求产生。

战争。由于人类从动物进化而来，动物的特性并没有改变，当发生利益纷争时，经常采用战争的方式解决问题，主要是为了争夺资源。

合作。靠战争解决问题毕竟是动物解决资源争夺的一种方式。动物解决问题也采用合作方式，是一种双赢的模式。

社会生活时期，人类需要处理大量的人与人之间的社交问题，大脑需要处理比较复杂的社会交流信息。这种信息的处理是人类特有的，从人类大脑的进化过程和能力获得。我们可以通过人类幼儿成长过程了解。婴儿诞生后，逐步经历：声音的产生与接收、光学信号的接收、双手抓物、站立和行走、语言、交流等，从这些过程其实可以了解人类大脑的进化过程。因此，现代人类特别重视人类早期教育，在幼儿时期，是大脑发育生长的高速时期，优质的教育方法和模式，有利于其终身的大脑信息处理方式和能力。

综上所述，人脑是大自然生物长期进化的结果，也是一个一个"偶然"事件带来的产物。人在很多单项能力上不是冠军：视力不如鹰，跑不如马，力量不如牛，游泳不如鱼，不能飞行，嗅觉不如狗。但人能够骄傲地战胜所有对手，"神秘"武器就是大脑，而其核心指标就是强大的信息处理能力。大脑是如何完成超强的信息处理能力的？也还是个谜。

11.2 神经网络系统结构

高等动物的神经系统以大脑为中心，分布到身体的各个部分，称为神经网络。人类在大自然中的优势不是靠体力，而是靠智慧。智慧是高效信息运动的产物，高效的信息运动，由人类大脑来处理和完成。

现代医学发现，人脑的最大部分是控制运动、产生感觉及实现高级脑功能的高级神经中枢。大脑重约 1 400g，大脑皮层厚度约为 2～3mm，总面积约为 2 200cm^2。它虽只占人体体重的 2%，但耗氧量达全身耗氧量的 25%，血流量占心脏输出血量的 15%，一天内流经大脑的血液为 2 000L。大脑消耗的能量若用电功率表示大约相当于 25W，这说明大脑的效率高，其处理信息量与能耗之比是当今任何计算机无法比拟的。人类大脑的结构如图 11-6 所示。

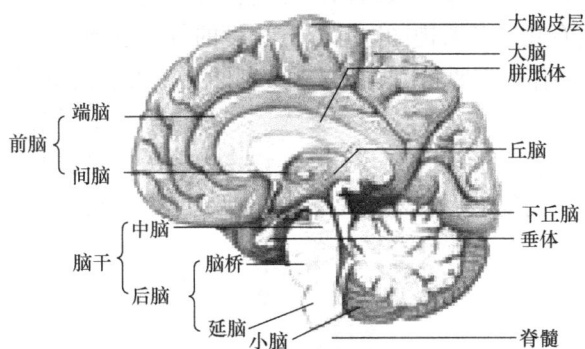

图 11-6　大脑结构示意图

　　大脑与人体躯干联系的神经路径基本上是通过脊椎传输出去的，如图 11-7 所示。脊椎是人体信息传播的主干线（就像是通信网络中的光纤线路），在"设计"上考虑了多方面的因素：它既是人体机械结构的主轴，又是人体信号的干线。脊椎骨节呈积木块，这是脊椎动物的特点，既支撑身体主干，又不影响身体的左右摆动，使运动更加灵活。脊椎块连成一条线，中心空出一条路径，"设计"为神经干线，骨质体起到保护神经线路的作用。信号线很重要，需要保护，就像光纤电缆的外层加装的防护层。

　　一旦脊椎出现问题，不仅影响身体的机械结构，而且可能压迫神经线路，对四肢（根据压迫情况）的活动造成影响。如人类有一种疾病——腰椎间盘突出：患者总会感到腿脚痛，实际上四肢的肌肉很可能是正常的，但由于其神经线路被压迫，给大脑提供了一个错误信号，大脑产生脚或手"痛"的感觉。这种神经线路的故障，在医学上已经证明，可以通过手术消除脊椎骨质增生对神经信号线路的压迫，即可消除病痛。这种疾病，在电子信息系统中是常见的故障，即线路上出现虚假信号。

　　脊椎的一端直接与大脑相连，信号线路呈树形结构分散，从脊椎的各个输出端口分布到身体各个部分，如图 11-8 所示。而全身各处的反馈信号，也是通过神经网络通过脊椎与大脑相连的。

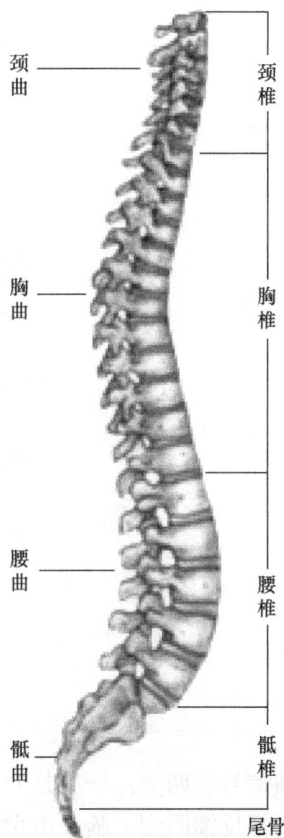

图 11-7　人体脊椎形状

　　大脑是人体的神经中枢，人体是一个高度"自动化"系统。与自动控制系统一样，人对身体的控制行为，其信号通路分为"控制信号"和"反馈信号"两种。

　　控制信号由大脑发送指令，通过神经网络控制肌肉的运动。

人体有600多条肌肉,每条肌肉的运动方式比较简单,只能做收缩和放松的运动,就像机械运动中的活塞运动。大脑向某一条肌肉发送电信号,受电信号刺激,肌肉会产生收缩。人体的一个动作,可能有几十条肌肉同时作不同程度的收缩运动,总体效果构成一个复杂的动作。如人的一个步行动作,需要腿部、脚部、腰部的几十条肌肉协调一致的动作才能完成。这种看似简单的步行,很多动物很难学会。而人的步行也不是生下来就会,需要神经网络和大脑控制信号达到有效平衡才能够完成。很多人说,人老了,腿脚不灵活了,实际上很多时候,不是腿脚的"硬件"功能出问题,而是大脑和神经网络出故障,造成控制信号的协调出现误差而引起的。

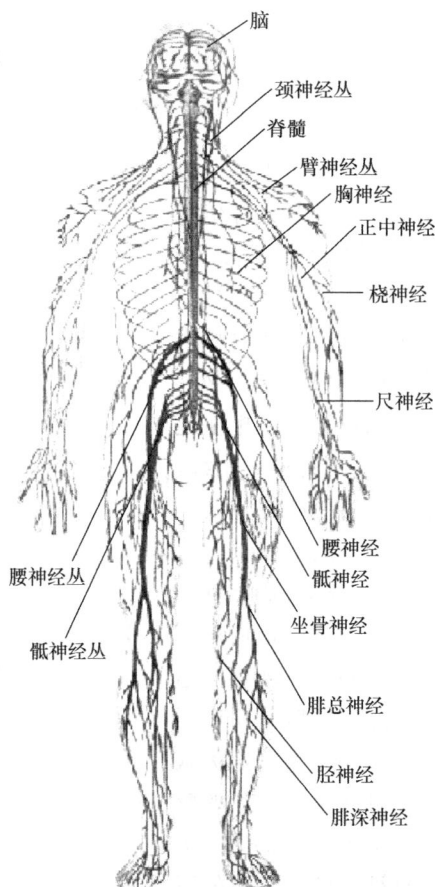

图 11-8 人体神经网络结构

反馈信号有两类:一类是专门的传感器获取的信息,一类是遍布全身的感觉点。所有的感受信息都反馈回到大脑,由大脑处理,并完成感受和对策。

人体专门的传感器就是我们常说的"五官":眼、耳、鼻、嗅、味,利用专门的"元件"将信号转换为神经信号,直接传送大脑。这五种传感器均"设计"在头上,距离大脑的距离很近,方便信号的传输。"五官"获取的主要信息是外界环境信息。

遍布身体的感觉点感受的信息同样反馈到大脑。这些细小的传感器,分布在身体的皮肤上,医学上称为"神经末梢",能够感受温度、湿度、压力等,可以准确向大脑传送相关信息,使大脑感受到温度、痛、痒及硬度等。这些神经末梢,不仅感受环境的变化,也感受内部的变化信息，如，病变引起的痛感，可以提示大脑身体的某个位置可能出现问题。

神经末梢如图 11-9 所示。人体全身几乎布满神经末梢，它是一个信号网络线路端口，如果说人体神经网络是一种树形结构，大脑位于其根，神经末梢则位于其树叶处。神经末梢与大脑之间，总存在通路，但是不一定是直接的通路，而是通过干线、主干线（脊椎）最后与大脑相连。大脑一般能够准确定位，如当某一手指受到针刺，大脑立即可判断受到刺的位置，

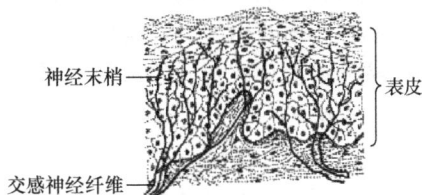

图 11-9　表皮下的神经末梢

并做出相应的反应，可能大脑对每个位置的神经末梢和感受单元都进行了"编码"。

人手上的神经末梢有 100 万个，如果采用每个末梢与大脑直接连线，需要很宽的线径才能够达到；但如果采用树形结构和"编码"技术，会节约线路的路数。这个原理在通信技术中被广泛地使用。

人脑还具备重新编码的能力，如残疾人刚残缺时，其大脑中总保留残肢的编码信息，还会无意中向其发送控制指令。但是，由于肢体已经残缺，没有反馈信息。大脑习惯后，会重新编码，删除对已经残缺肢体的控制指令，转而重点加强完好肢体的控制。常见上肢残疾者能够训练出超常的下肢控制能力，如用脚写字，这再次证明大脑的超强开发潜力。

另外，我们也可以看到，一个优秀的运动员，不仅需要发达的身体，还需要灵巧的大脑。如羽毛球运动，很多时候，不是靠力量而是依靠大脑的快速信息处理，寻找对手的弱点，从而取得主动。

人属于动物，其神经网络"设计"的主要目的就是完成动物的运动控制，大脑与一般动物一样，是其运动控制中心。但人类大脑为什么进化出超越自身控制的能力？这的确是个复杂的问题，至今也没有很明确的解释。

人体本身就是一个完美的信息控制系统，任何人造的"机器人"，综合性能都难以与人体比较。纵观人造机器，包括自动控制系统，实际上总是在延伸人类某个方面的能力，拓展人类的控制范围。如汽车，延伸人的运动能力，大幅度提高人类的交通活动范围；计算机，延伸了人类的信息处理能力；而所有人造机器的操控终端，都是人类大脑。

11.3　信息处理中心

动物大脑的功能是控制身体运动，人类大脑的功能也是控制身体运动。但随着人类进化，大脑能力也在提升，性能超出了原来"设计"的需要，除了对身体控制的功能之外，大脑有空闲做很多其他事情，具备很强的思维活动，可以完成包括创新活动在内的多种信息处理。

人类大脑的很多能力，特别是思考能力，是后天学习和训练所获得的。因此，我们有理由认为，人类大脑的能力分"硬件"和"软件"两个部分："硬件"是先天获得的，与人类的遗传 DNA 有关；"软件"是后天学习和训练所获得的，与教育和训练有关。

1. 大脑是信息处理中心

（1）语言处理

人类的语言能力不是遗传的，而是通过后天学习获得的。人脑是语言处理中心，语言能

力的获得，是在人脑中建立了一个信息活动链路，信息以语言的方式编码存储在大脑中。人脑中由语言编码形成的信息流动极大地促进了脑内信息处理能力，使我们能够借助语言工具收听和理解语言信号、思考问题、表达意见。

按通信原理来说，语言其实是一种信息编码。发射机和接收机双方事前约定了编码，接收到这种编码信号，能够"理解"信号的内容；如果没有约定的编码，收发双方无法理解。语言也是这样，同语言的民族间能够相互理解，不同语言的人交流，就需要翻译。人脑建立的语言体系，完全是依靠大脑的快速信息处理能力。

人的语言能力与学习密切相关。通常，一个人需要掌握数千个词汇才能灵活应用语言；文化程度较高的人需要掌握上万个词汇。语言能力达到一定程度，大脑的思维活动才能够有效进行。大脑能记忆和存储上万个词汇，体现了一种信息处理能力。在语言文字的学习和应用过程中，大量的文化信息元素存储、记忆在大脑中，丰富了大脑中的信息元素。

人脑存储的信息元素，能够受意识控制，能够主动产生信息流动或者说思维活动。这一点与计算机不同，计算机是靠程序设计的模式运动，计算机不会超出程序设置的范围，也不会自主修改程序。

人的思维活动以大脑的物质运动为基础，但是表现为一种信息运动，哲学上称为精神活动。以语言为信息流在人脑中运动，是思维活动的一种基本模式。

（2）图像处理

人的图像处理能力很强。对于符号的识别，与语言形成了联系，这就是文字。文字是一种图形符号，大幅度扩展了语言的功能，具备了简单的存储方式，使人类大脑的信息在时间和空间得到扩展。大脑本身具备信息存储能力，但是大脑的存储精度不是很高，容易遗忘（这本身是大脑的一种自我保护能力，将长时间不用的垃圾信息删除掉）。但是，文字可以离开大脑，用符号的方式记录在客观物质材料上，可以长期保存。

语言是利用人耳获得信息来源，文字是利用人眼获得信息来源。人脑能够轻松识别文字的图像特征；对于不同书写方式，人脑也具备识别能力。这种识别能力看似简单，其实对于信息处理能力要求很高。在利用计算机处理图像识别过程中，简单的图像识别问题一般都需要很大的计算量。

图像处理能力的另一个表现是人脸的识别能力。人脑的这种识别能力很强，不需要复杂的计算就可以识别熟悉的人脸。同样的问题，计算机做起来就很困难，需要提取图像特征、对比库存文件、查询所记忆的全部数据，才能给出识别结果，而且准确率还不是很高。

（3）数学运算

人脑具备很强的计算能力，这种能力也是后天学习的结果。数学有自己的一套规律，从基本的定律和定理，推演出复杂的数学模式。这也是一种抽象的信息语言，或者称为数学工具。

人类接受现代教育，大脑具备数字表达、计数和计算等能力。人脑的记忆和处理信号能力很强，习惯采用十进制的计数方式，加、减、乘、除四则运算都采用十进制模式。计算机的运行比较简单，目前主要依靠电路的设计完成数学运算，其CPU只有两种有效状态："1"和"0"，即计算机采用"二进制"方式工作。对于电路而言，二进制最为可靠，出错的概率相对低。从这点也可以看出，人脑对数字信息处理模式更复杂。计算机的优点在于其超强的运算速度，尽管每一步只能完成简单的计数或加减乘除，但是因为速度很快，所以在人为程序的规划下，能够完成人类大脑无法或者短时间内无法完成的任务。

（4）想象能力

由于人脑存储大量语言、文字、数字等信息，因此，人脑往往有意识和无意识地将各种信息再现处理。如："回放"电影的内容，并按自己的愿望"补充"故事情节。人脑会根据自己的期望，构思的故事情节。

想象完全是一种人脑的信息意识活动。不知道其他动物是否也具备这种能力，但是至少可以断定，动物的想象思维活动很简单，因为其大脑没有丰富的信息存储源。想象的思维活动需要大量的信息元素为基础，没有丰富的信息要素，很难出现想象活动。所以，也可以断言，想象思维活动是人脑的重要特征。

（5）分析决策能力

人类大脑对于关注的对象或者问题，能够利用大脑的思考，不断地观察和分析，发现其中的规律，并关注设计方法去验证这些规律。人脑的能力不局限在思维活动中，对于思考的问题会有计划地变为行动，或者称为决策。

人类大脑具备语言的信息处理能力，能够通过建立抽象的数学模型，利用其函数关系表达不同物理参量的变化规律。针对不同的物理问题，人们学会了寻找其所对应的数学模型，利用数学规律分析物理运动规律。如图 11-10 所示的牛顿运动定律，可以用数学语言表示为：

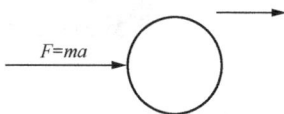

$$F = ma$$

图 11-10　牛顿运动

其中，F 为外力的作用，m 为运动物体的质量，a 为加速度。利用这个简单的数学模型，就可以很准确地反映运动物体各基本运动规律。但是，是否这个数学公式能够很完整的反映物体运动的实际情况呢？不一定。真实运动中，可能还有更多的因素会影响它的运动状态，如摩擦力等。如果需要更准确地描述某个物体运动，还需要增加更多的元素。这个例子就是反映人类认识客观世界过程中，采用数学模型的方法，提取其关键的要素，建立数学关系，并利用数学原理进行分析。

人类的判断和决策能力，也是由大脑来完成的。大脑分析处理信息，能够判断事物的发展规律，在此基础上做出有利的决策。决策可能是某种行动，也可能是某种指令。决策指令导致行动发生，行动的结果验证决策的正确性。决策本身是动物的一种能力，是大脑的天生功能。现代社会，科学技术高度发展，计算机在很多方面替代人脑完成大量的信息处理，但是计算机在决策方面，还无法替代人脑。如自动飞行驾驶，在平稳飞行时，由于需要处理的飞行数据信息相对简单，计算机按程序，可以控制飞机平稳飞行；但在飞行比较复杂气象环境时，飞机计算机就很难完成控制飞行任务，一般转由人工控制。

信息收集和分析越准确，决策越精细化，成功概率越高。随着计算机的应用，为人脑决策提供更多的信息资料，辅助人脑正确决策。大脑是分析和决策中心，具备复杂的信息处理能力，还具有直观地感知能力，一个知识丰富、信息处理能力强的大脑，决策正确概率更高。

2. 信息处理工具

人类制造的信息处理机器，往往被称为信息处理中心。但是这个中心，实际上是帮助人脑完成信息处理的工具。

很早以来，人类就开始利用工具为人类服务。工具本身是人的体力和智力的延伸，设计和利用工具是人脑的结晶，也是信息处理运动的结果。从信息观的角度看，人类的一切活动，都包含信息处理和应用的活动。

从电子信息系统的框架来看，信息运动的几个主要环节为：信息获取、信息存储、信息传输、信息处理和信息应用。人体自己可以完成全部这些环节，因此，人是一个最复杂的自动控制系统。但是人体系统也面临很多局限，如：力量不够强，视力不够远。随着人类大脑的进化发展，其操控的范围逐步扩展。人开始设计制造工具，从简单的工具到复杂的自动控制设备。如图 11-11 所示，石器时代利用石头的形状制造锋利的石斧；农耕时代利用金属制造锄头；现代设计制造了联合收割机。

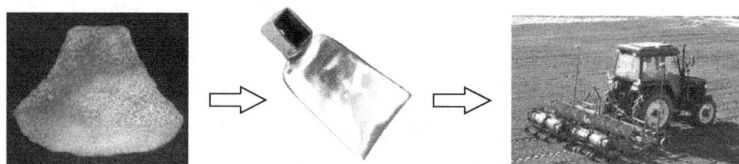

图 11-11　工具的演变

随着科学技术的发展，人类完成了大量工具的设计和应用，范围涉及各个领域，包括工业、农业生产、交通运输、资源勘探和开采、航空航天等，从各个方面延伸人这个"自动控制系统"的能力。

人类设计制造的工具主要是扩展人类的体力和智力，或者说是智力与体力的结合。任何体力行为都需要信息控制，信息控制精度越高，需要的信息处理就越复杂，实际上也就是要求的智力水平越高。单从信息处理角度来说，信息处理系统中的各个环节也是由简单到复杂的过程。以下我们分别讨论。

（1）信息存储

人脑本身具备信息存储能力，然而人脑也容易遗忘信息。人的智慧水平很高，学会利用外界物质帮助存储信息。草绳记事就是最早的一种信息"缓存器"，用来帮助人记住事情，完成一件任务，解开一个节，剩下的是尚未处理的事件。

人类设计和应用文字，使信息记录达到十分精细化的水平。草绳记事是一种很粗的记事方式，无法精准记录事件的信息，只是一个辅助作用，提醒大脑以免忘记。文字不仅可以自己阅读理解，而且还能够让其他人阅读理解，这种信息存储方式，实现了信息存储的现代化，至今人类还在利用这种工具。

随着电子信息技术的发展，声音和动态图像的记录已经成为现实。人类利用多媒体电子信息技术收听广播、观看录像，磁盘记录和光盘记录方式已经成为人们日常生活中的常用工具。数字化的信息存储模式也广泛应用，信息存储技术已经发展到很高的水平。这种超强的信息存储能力，单在记录方面，远胜人类大脑。

（2）信息获取

人类直接获取信息的专用"传感器"以耳和眼为最主要器官，分别接收声音和光学信号。

声音信号是语言的基础。耳接收一定频率范围声音信号（20Hz～20kHz），声音信号振动耳膜，直接为大脑感知，声音携带信息也为大脑接收和理解。电子信息设备的声音信号接收器，可以设计得更精准，频率范围更宽，如超声波信号接收机。电子信息设备接收和存储的声音信息与人相比，已经达到很先进水平，但是电子信息设备对于声音信息的理解，还远远不能与人类大脑比较。

光学信号是人类获取外界信息的一个重要来源。人眼能够接收的光学信号波长大约在280～700nm之间。超过700nm属于红外光，低于280nm属于紫外光，红外光和紫外光人眼无法接收。据说某些动物具备观察红外线的能力，也有些动物具备观察紫外线的能力。

通过对光线的接收，人类获得观察自己生存环境的能力。利用这种能力，人类还设计文字、图片等信息元素，这些信息通过光学信号进入人眼，使人脑能够阅读和理解这些信息。

为了扩展光学观察范围，人类还发明了显微镜和望远镜来获取更多的信息。显微镜可以提高光学成像的分辨率，望远镜可以延伸光学观察的距离。现代人类通过自己设计的工具，大到可以观察宇宙，小到可以观察分子。

人无法接收电磁波信号，通过电子信息设备，人类借助电磁波实现了远距离目标的探测。雷达就是一个典型的电子信息系统，可以利用电磁波信号探测远距离目标。今天，人类的信息获取能力很高，电子信息系统作为重要的信息获取工具，广泛应用在人类社会生活中。

（3）信息传输

人类早期依靠声音和肢体语言传递信息，语言的出现使人类能够传送精准的信息。人与人之间的交流以语言为基本工具，语言与声音由载体传输，但声音的传输距离有限。文字产生后，人类利用书信方式传递信息，大幅度提高了信息传输的距离。书信的传送是一种物质载体的传送，其时效性比较差。古代传送一封家书，往往需要数十天时间才能传递到目的地。自从电子信息技术出现以来，人们利用电子运动作为信息载体来传递信息，信息的传递速度就用光速来计算了。随着电话、网络通信的诞生，当今的信息可以在几秒钟之内传递到全球。

实际上，电子信息技术的最早应用就是在通信领域。摩尔斯电报就是利用一种编码技术，实现了文字与"1"、"0"键对应关系的信息传输。这样，电流运动被人为定义了信息含义，革命性地实现了信息的高速流动。

电子信息系统在信息传输领域发挥越来越重要的作用，网络技术将全球连接成为一个平台，信息不仅高速流动，而且信息容量越来越大。在信息传输方面，人脑包括人体远无法与电子信息系统比较。信息传输帮助人类社会实现了广范围的精准关联。从人类本身来说，大脑获取信息的空间大幅度扩展。

（4）信息处理

长期以来，人类的信息处理基本上是靠自己大脑完成。正是因为人脑的超强信息处理能力，才在自然竞争中获取绝对优势，从动物学的范围来看，人类已经没有天敌了。

由于人类大脑的超强能力实际上超过了原本"设计"的需要，这种运行其实也消耗人类的精力，所以脑力劳动其实也是一种十分辛苦的劳动。一般来说，人类设计一种劳动工具，不仅减轻人类的体力劳动，也简化人类的信息处理运作，提高劳动效率。如开拖拉机的操作程序并不一定比使用锄头的要求复杂，但是其工作效率高数百倍。

人类总希望用最节省的精力得到更多的效果，如算盘，就是一种中国人早期的计算工具。它是一个重要而有效的计算工具，人类借助它完成复杂的计算工作，替代人脑的部分信息处理工作。西方还出现过机械式的计算器，部分替代人脑工作，减轻人脑的工作负担。

当然，随着电子信息技术的发展，计算机的出现是一场革命性突破，在很多应用方面辅助人类完成复杂的信息处理工作。目前，计算机已经在计算速度上超越人类大脑能力，在一定程度上帮助人类解决复杂的计算问题，极大地减轻了人类脑力劳动，极大地提高了信息处理效率。

（5）信息应用

信息处理的一个重要目的就是利用信息处理结果形成有利的应用效果。在长期的人类进化活动中，人类就是不断利用信息优势来战胜竞争对手，不断取得主动权。如，面对强大的动物，群居的人类有信息交流能力，可以利用工具，协调分工，统一号令，利用群体力量战胜强大天敌。又如，在与疾病的竞争中，人类探测到细菌的存在，并获取细菌的相关信息，从而找到战胜某些疾病的方法。

自然规律的相关信息被人类探测和处理，利用这些信息和信息处理结果，可以总结上升为知识。知识是被反复证明了的客观规律，是信息处理的一种应用，也可以称为固化的信息。利用知识再设计出工具，实际上也可以理解为一种信息固化。很多专用工具表现为一种特殊的操作方法和作用。一旦信息已经被固化为一种工具，信息处理的程序就十分简单。因此，很多工具，人们不需要理解其结构和原理，却能够十分熟练地操作。我们把这种信息固化称为信息的物化。

有些知识的应用反映在科学文化上，人类经过不断的认识和实践，总结规律，充分利用这些规律，得到期望的结果。如，通过观察天象，总结四季气候变化，建立天体运动模型，精确计算天体运动规律。利用这种知识，可以指导农业生产。又如，潮汐现象，总结潮汐与天体运行的联系，可以利用天体运行规律，准确预测潮汐的时间。另外，有些自然现象具有比较复杂的因数，影响其演变的原因和条件多，人类还没有完全获取相关信息，更没有总结全面的知识，还有待进一步认识。例如，气象信息，目前还很难准确预报气象信息；地震预报也是一个有待解决的问题。

人类通过认识和实践活动，不断总结和处理信息，形成知识以及科学文化技术。随着人脑以及人脑延伸的信息处理工具的不断进步，信息处理和应用的优势不断提高。

3. 电子信息技术的应用

计算机是人类社会发展史上的一次革命性突破。计算机是电子信息技术发展的结晶，目前的计算机是以现有电路最佳工作模式设计的，其工作模式与人脑的工作模式不同。计算机的应用已经改变了人类社会的生活方式。计算机是人类设计制造的，延伸了人类大脑的信息处理能力，尽管如此，目前没有一种设备具备全面超越人类大脑的能力。

计算机的出现，不仅延伸了人类大脑能力，也反过来促进了电子信息系统的信息处理能力的大幅度提高。大量的自动控制系统、电子信息处理系统，其内核部分均采用了计算机的信号处理方法，在内部植入 CPU 和存储器，并安装相应的软件程序，称为嵌入式系统。电子信息系统电路也越来越模板化，电路框架为一个基本固定结构，不同的功能选择安装不同的控制软件，完成信息处理方式。很多简单的设备也加入了这样的核心电路，如洗衣机，利用单片机技术处理传感器提供的信息，完成洗衣程序设置；家用冰箱，利用简单的计算机芯片，处理冰箱内部的储物信息，设计节省能量的运行方式。当这些简单的电子设备，安装上一个简单的计算机芯片，就被称为智能化设备。如今嵌入式电子信息系统已经广泛应用在人们生活的各个领域，如图 11-12 所示。

计算机的功能很强，可以处理复杂的问题。但是再强的计算机也是人工设计的，其运行程序是人工设计的。一个复杂的问题，需要分解为简单的步骤，再利用程序串联成一步一步的操作步骤。计算机最擅长流水线模型，只要把复杂的任务分解成很多简单的步骤，计算机就能够完成任务。

| 工业监控 | 公共安全 | 远程医疗 | 智能家居 | 智能交通 | 环境监测 |

图 11-12 嵌入式系统的广泛应用

因此，计算机只是一个辅助人类大脑工作的有效机器。我们现代的大量信息处理中心，实际上就是利用大型的电子计算机提供服务。信息处理的核心和本质能力还是依靠人类大脑。人类是否能够设计出仿人脑工作模式的计算机，这也是一个没有解决的问题。尽管有人研究神经网络模式计算机，但是其"思维"活动水平很低，短时间内很难构成对人脑的挑战。

11.4 创新行为

创新意识和行为是人类大脑的一种高级信息处理行为。

大脑高度发达，大脑内的信息容量越来越大，大脑的信息流动也越来越大。大脑的思维是活动的，接收各种信息，包括我们的知识和思想。大脑的思维空间也无限制地延伸。有人这样比喻：比地大的是海洋，比海洋大的是天空，比天空大的是人的胸怀。这里的胸怀其实就是人脑的想象空间。

大脑的工作模式具有自由想象力，不受限制。大脑接收现实世界的信息，经过思维处理，这些信息被影射、变幻和"失真"的转换，出现的信息含量和表达可能是非实现的信息，与实现世界的客观信息不是对应关系。而某些思维结果，可能是新理论或者新方法。假设推论正好与客观世界运动规律吻合，新理论诞生；设想的方法可以实施，可能成为人类的新工具，发明就诞生。所有这些，都是人类大脑的创新行为。

创新，是人脑自由态运行，信息被超常处理发生变异的结果。创新不同于常规的思维活动，常规的思维活动，比较"程序化"，也就是我们说的习惯化。大脑与计算机的不同点就是，计算机只能按程序运行，而人脑随时跳出程序，不按程序运行。

人脑的创新行为，其思维特点有：

（1）想象。大脑随意想象，信息自由流动，也可以用我们说的"异想天开"来形容。这种能力也许并不是人类所特有，动物也应该具备这样的能力。换句话说，大脑的内部信息流动是天生的本能。但是，由于动物没有语言系统，大脑存储的信息很少，很难产生复杂的信息流动和交汇，或者说动物大脑的神经主要集中在对自己身体控制信息处理上。人脑具备语言系统，信息编码完善，语言编码信息与外界世界信息的对应关系明确。人脑内部大量的信息流动，其载体是语言。如，人脑在睡眠时还具备与人交流的信息表达，这就是梦话。梦话不完全受意识控制，是一种比较自由的语言信息流动。

人脑具备想象能力，受意识控制的想象能力可以针对某个问题或者某一些问题，去推测、设想，与现实不一定有关系，因此，有时也称为空想。想象思维活动不一定有目的，也不一定有逻辑关系，在文学领域，称为意识流，也可以认为是大脑中的信息流。

大脑信息自由流动，本身也是大脑的一种生长和自我训练。大脑内部的神经网络通过这种无意识的信息流动，建立了信息流动的通路，网络的信息处理能力自我发展和增强。由于这种信息流，依托语言载体，通过频繁的想象和语言的反复应用，在大脑中被强化，伴随语言的文化模式也深入大脑思维中。

（2）联想与推理。与自由想象不同，联想是大脑中信息流动受到一定的约束，信息流向具有一定的关联。按哲学的观点：万物皆有联系。对于信息容量比较丰富的大脑，很容易从一个事物或者一个问题，联想到另外一个事物或者问题。这种信息的关联，还不清楚是否会在大脑中建立神经突触生长和联系，但是信息的流动必然的。

联想的信息流动是一种串行结构，关注的信息点可能从一个跳到另外一个。联想并不是理论推演，所以，不是严密的数学推论。只要具有一定的相关性，人脑信息就能够将关注点转移，这种转移可能形成一个长串，可能将第 1 个问题与第 N 个问题串联在一条线上，很可能找到其中的内在联系。

经严格数学训练的大脑，不仅具备联想的能力，更具备推理的能力。推理与联想不同，推理每一步都有严密的逻辑关系，信息流也是一个串行结构，从第 1 个问题到第 N 个问题具备必然的逻辑关系。大量定理的证明就是利用这种严密推理所得到。

对于大脑来说，联想和推理，都是一种信息的串行流动。

（3）交替跳跃思维。人脑一般不支持同时进行多问题思考或者并行处理信息。常言道，一心不可二用，指的就是这个道理。这个特点其实与目前的普通计算机类同，普通计算机一般也不支持并行处理，由于计算机的速度很快，可以利用时间分割来完成多任务的信息处理工作。

人脑具备一定的多问题处理能力，其实也是采用时分模式。当面对多问题出现时，人脑也采用跳跃的模式，从一个问题到另外一个问题来回跳动。大脑的信息处理对应的大脑神经区域也会出现转换。跳跃思维，实际就是分时工作模式。对于非常熟悉的事情，大脑具备快速处理路径。

人脑不同于计算机，计算机的分时工作是程序设计好了的，根据程序设计的优先级别，自动中断并切换到新的程序段处理新数据。人脑的切换受意识控制，可以根据事物处理的阶段，暂时中断一个问题，切换思考或管理另外一个问题。

比如，一个训练有素的羽毛球运动员，在击球的时候，利用球在空中飞行的"空闲"时间，观察对手的位置，并快速决定击球的力量和方向，造成对手的被动。但是，对于一个初级选手，没有足够的"空闲"时间思考，只能够被动地应付。

交替跳跃性思维，很容易给大脑提供启示，将多个问题的信息混合处理，从而有可能产生新的思想和解决问题的路径。

（4）偶然性思维。人脑不是计算机，并不是一定按规定的程序运行，大脑的思维活动具备自由流动的模式。这种自由流动的信息，很可能无意识地出现一些新问题和新思路。很多人并没有重视这些新思路，而有心人可以有意识地关注这种偶然出现的思路和想法。

偶然性思维普遍存在，而有价值的新思想和新问题却不多见。因此，人们把这种偶然性的有价值的思维短暂出现，称为灵光闪现，或者称为灵感。灵感在创新思维活动中占有十分重要的作用。对于无准备的人来说，偶然性思维出现，并不能抓住；只有长期思考某一个问题或者某一类问题的人，才有机会抓住这种一闪的而过得灵感。

（5）非规范思维。现代人经过严格的理论训练，大脑中建立了规范理论思想，具备严密的推演能力和清晰的条理。对于理论证明不可能的路径，基本上被排除在其思考范围之外。这实际上等于限制了大脑处理信息的空间。在通常情况下，这种规范模式，减少了出错的概率，提高了思维活动的效率。但是，其排除的事情，也可能隐含了正确的路径和结果。

非规范性思维，包括：离开理论，独辟蹊径，探寻新思路，新方法。逆向思维，与程序的路径反向，寻求可逆思想和方法。研究中常用这种思维方式，通过实际数据拟合得到理论公式。借鉴法，从其他理论体系中，借鉴其基本思路，重构解决对象的新思路和新方法。

（6）实践验证行为。一种新思想或者新方法的出现，来自大脑的构思，但是这种构思是否一定符合客观规律，还需要证明。很多问题的证明不是一个简单的实践操作，需要设计证明的方法和路径。实践活动，不一定是创新活动，但是实践是创新活动中的一个重要环节，实践活动中也包含了很多新方法和路径。

（7）修正思维和行为。一个创新的思想和方法提出之初，不一定是正确的，也不一定是有优势的。当新思想提出，总会与人类信息库中存储的相关信息和知识对比，从而发现其优劣。对于其不足之处，留下修正的空间，不断地被修正、补充，新思想逐步被完善。其结果可能是：新思想或新方法替代旧思想或者旧方法，成为主流思想或方法；或者是实践证明新思想不具备优越性，被淘汰。不正确的认识不是坏事，不论是否正确和有价值，它都是人类进步的阶梯。

修正思维和行为也是进化过程和规律的表现，"混合编码"产生新思想，实践验证像一个滤波器，符合客观规律的认识成为优胜者。每个新思想和新方法，一般总保留合理要素，其优点为人类社会利用，其缺点为人类社会提供一个问题，留给后人解决。

人类大脑最大的一个优点就是能够通过实践来检测、评估各种方法的优劣，从而选择有利的思想和方法。科学技术是这样，社会管理也是这样。

人脑是一个自然的、最精致的信息处理中心，人类进化优势和社会的发展，得益于人类大脑的进化和高效的信息处理能力。电子信息系统是人类制造的高效信息处理系统，也可以说是人类大脑的产物。电子计算机可以部分替代人脑的工作，完成信息的计算和处理。网络系统已经构成全球信息链路，现代社会信息可以在全球范围内高效流动。这种高效的信息流动直接与人类大脑接口，必将加快人类社会的快速发展。

电子信息科学和技术是近 200 年来发展起来的，已经深刻改变了人的生活方式，也必将继续影响人的发展甚至进化方向。由于电子技术是近 200 年才发展起来，不可能对人类本身的生物进化起作用。在此，我们可以预测，随着电子信息技术的发展应用，人类的"空闲"时间越来越多，寿命越来越长，聪明程度越来越高，在足够长的一段历史中，很有可能会再促进人本身的进化。

另外，尽管大脑的生物进化很难在短时间内取得很大的进步，但是，人脑的信息存储和处理量基本上是后天的教育和学习决定的。也就是我们比喻的：大脑的"硬件"是天生的，但是大脑的"软件"是靠后天的教育"写入"的。这种软件包括数据、程序，就是我们常说的知识和技能。实际上，人类的进化已经不再是生物的进化，主要是社会的进化（或发展）。社会的发展水平，决定人类的发展道路。

今天，人类社会深刻认识到，人才是社会发展的最大财富和资源。其实，更直接地说，智慧的人类大脑是社会的重要财富，而一个智慧大脑，不仅需要健康的身体，还需要数十年的学习和实践经验。

第 **12** 章 信息社会

生物进化过程和人类社会的发展，也是信息运动的发展，是从简单到复杂的发展过程。生命是信息的一种载体，生命信息的演变也是从简单到复杂的进化过程。当人类社会发展到一定阶段，分工与合作成为一种普遍生活模式。在社会中，个人既有独立性，也有社会性。社会并不是靠肌体组织连接起来，而是靠文化和制度联系起来。个人在社会参与分工，获取报酬，显然比个人独立生存有优势。比如，我们文学作品中描述的海岛漂流记，显然不是人类选择的生活方式。

社会生活方式是人类的一种选择，社会的文化和制度模式还有很大的发展进步空间。信息是社会交流和运行的必要工具。人类从农业社会、工业社会发展到今天，开始进入现代社会，也有人直接称为：信息社会。

12.1 社会系统结构

人类是群居动物，社会是群居的一种高级形态。

生产是人类特有的行为。群居到一定规模，人虽然在自然环境中取得优势地位，但是，单纯自然的资源很难满足人类发展的需要。于是，主动的生产行为开始出现。

对于任何一个人，当专注于某一项工作时，必然因熟练而提高工作效率。而个人的需求是多方面的，因此，合作生产、共创共享社会财富，成为社会组织结构的基本模式。随着社会发展，分工越来越细，专业领域越来越多，组织形态也发生变化，社会模式不断进步。

1. 社会组织结构与生产模式

社会组织结构的划分主要以生产的形态来区分。

- 野生态：人类采摘自然果实，猎取野生动物，获取食物的方式比较原始。物质文化比较落后，只有简单的生产工具和衣物，没有丰富的财产，也谈不上私有财产。
- 游牧民：人类驯养或者圈养动物作为的主要食物来源。由于自然原因，随着水草的丰盛和枯萎而迁徙。牧民有一定的财产，主要是拥有马、牛、羊的数量。这也算是有了私有财产，虽然不丰富。
- 农耕文明：人类学会了种植技术，利用土地资源种植农作物来获取主要的食物。基本上是自给自足的生活模式，部分多余的粮食用于交换获取生活与生产的必要工具。农耕文明的优点就是人类从此定居下来，为了抵御冬季严寒，建房子，并享受安定的生活。由于从土地上获得稳定的食物，长期积累下来社会财富比较充足。人类开始有较丰富的私有财产。

● 工业文明：随着科学技术发展，人类社会发展到高级阶段，人类的生活与生产方式发生了变化。食物已经解决，人类不再以获取食物为主要劳动任务。工业能源丰富，人类开始掌握能源获取与利用的技术。生产力高度发达，人类掌握的社会财富很丰富。生产的社会化水平越来越高，靠资本、技术和劳动力实行大规模社会化生产经营，实现商业化、市场化运行模式。

从原始文明到工业文明，人类财富的创造以体力活动为主，脑力活动为辅。而随着科学技术的发展，人类社会财富的创造转向以脑力活动为主，体力活动为辅，人类社会进展发展如图 12-1 所示。现代社会中，人主要的消费不再是食物，而是文化型需求，或者说满足人类大脑的需求，提供给大脑 "产品" 的主要方式是信息模式。因此，未来社会的发展模式被称为信息化社会。如果从生产模式上说，信息化社会应该更先进、更智能化，信息技术在其中发挥更大的作用。换句话说：信息社会中，人类的生产和消费是以大脑为主，大脑的输入输出以信息为主。

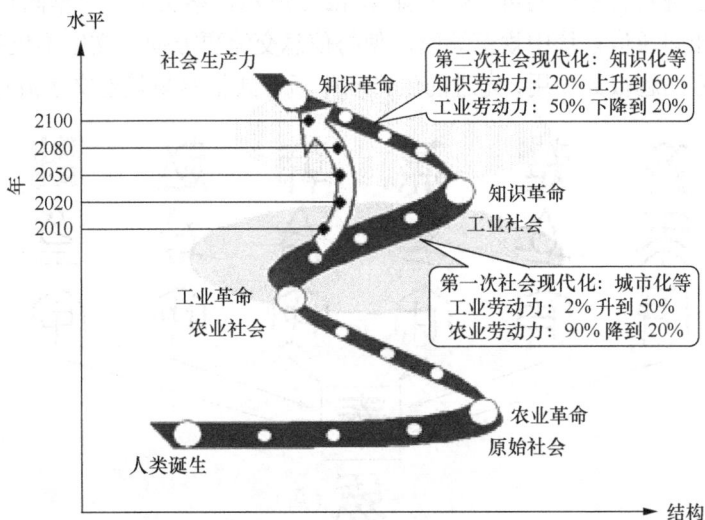

图 12-1　人类社会的进化发展

2．社会发展与信息模式

社会的发展表现出信息利用水平的发展。生产力的一个重要标志是生产工具，生产工具是人类设计制造和利用的，其本身就反映了知识的水平。知识是认识和利用自然规律的理论，从信息论的观点看，它反映了信息应用水平。

人类社会的发展，也可以从信息论观点分类。

（1）语言时代

语言发展的历史很长。群居时期，人类学会使用语言，语言是人类社会交流的基本工具。语言是一种高效的信息编码，是信息交流和处理的基本方式。不同的种族各自独立发展了自己的语言，据说全世界有上千种语言。语言在同族内使用，在交通和通信不发达的时代，同一语言人群范围比较小。

人类掌握了语言使用能力，也就掌握了信息处理的基本能力。语言促进信息交流，使得人们的思想和创造性思维能够发展、交流和传承。当一种基本生产工具被设计出来，因为有了语言，能够通过信息交流推广应用。基本的生产形态，包括放牧和耕田，也是由于信息的交流逐步推广应用。

（2）文字时代

语言缺点是不方便信息的存储，交流的空间范围小，因此，语言时代的信息交流水平比较低。文字是在语言的基础上发展起来的，不同的语系对应有不同的文字。比如，有汉语、英语。文字十分方便信息存储，文字的出现，大幅度增加了信息流动的时间和空间范围。今天，我们所称的文明社会，一般是指有文字记录的社会。文字记录的信息可以长期保存，不受人脑的限制，人个体消失后，反映时代的文字信息并没有消失。文字的载体有树皮，竹子以及纸张等。文字信息不仅可以长期保存，还可以随着载体物质的移动而传输。比如，纸张是一种物质，这种轻便的物质很容易传送，这样信息能够传递的空间也就大幅度增加。

正是因为有了文字，社会组织规模形态开始增加。于是，国家、王朝的概念开始出现。因为，信息借助文字，可传送空间增加，社会管理者可以将其管理指令传递到很远的地方，使得统一的法令法规具有推广的可行性。如图 12-2 所示，秦实现了"车同轨、书同文"。管理者统一文字，如同通信系统中规范编码，使得信息交流更方便。文字不仅统一政令，也在生产方式的推广方面起很大作用，先进的生产和生活方式很容易随着文字流传，并推广使用。

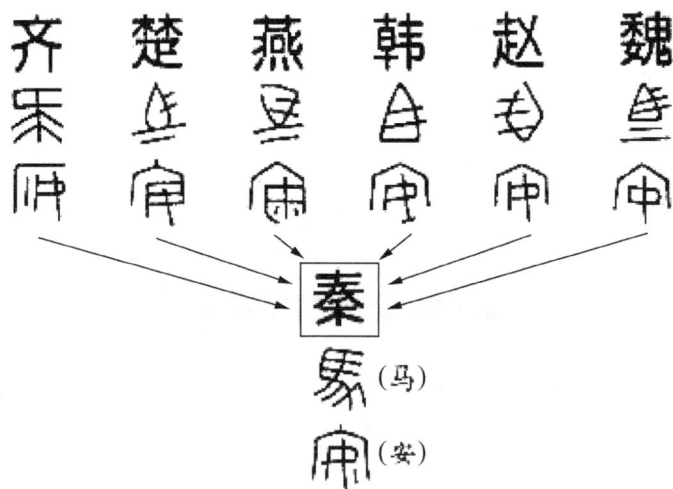

图 12-2　秦统一文字

文字是文明社会最重要的工具，突破了语言时代的信息流动时空限制，社会组织规模从小型向大型方向发展。

（3）科技时代

人类社会发展，通过语言和文字积淀了大量知识，这些知识不是靠单个人或者单个家庭传承。大脑的高度智慧催生了科学技术。随着社会分工的发展，生产效率提高，物质财务富丰富。一部分人不需要从事体力劳动，由社会提供生活保障，专业从事教育和科学研究的人开始出现。尽管科学技术还是少数精英的行为，但是这种行为极大地推动社会发展，其创造的文化和科学知识丰富了人类社会的知识与信息库。这些知识与信息库成为人类社会的共同财富。

科技时代的显著特征包括以下几点。

● 教育社会化。知识成为人类社会的共同财富，青少年从人类社会知识库中获取知识，人类进化已经由生物模式转化为社会模式，人类大脑信息"软件"的安装质量决定个体的素质。社会进步到这个阶段，知识库丰富，单靠个体或家庭无法完成这项信息"安装"工作，教育社会化成为共识。教师成为一个专门职业，承担社会分工，负责向学生"传输"知识和信息。由于知识库巨大，单个教师很难完成系统的知识和文化传承工作。教师也需要分工，所以，教育从初等到高等分为多个阶段，从而诞生现代意义的学校。学校是教育的一个重要园地，负责传承知识和文化。一个先进的社会，全民都能够接受良好的教育，这样就完成每个人大脑"软件"的安装。只有群体高质量的大脑，才可能构成一个高质量的社会。换句话说，每个公民的素质决定社会的发展整体水平。

● 科学技术推动生产和生活方式的进步。科技时代，有了现代教育，个体大脑的"进化"水平高。人类的劳动模式也从以体力劳动转换为以脑力劳动为主。脑力劳动的主要特点是依靠科学技术改善劳动工具、改善生产模式、提高生产效率。脑力劳动对社会生产以及创造财富的贡献率超过 50%，或者说科学技术对社会生产的贡献率超过 50%，所以，称为科技时代，此时，社会生活与生产的各个领域充满了科技元素。科学技术依靠人类大脑的信息处理工作，而高效的大脑主要来自社会化教育。所以，有人提出这个口号：科技兴国，教育先行。的确有逻辑上的关系。

● 人脑成为生产和消费主体。自从人的温饱解决后，食物不再短缺。人类开始追求更高的文化需求，人类大脑不仅推动生产发展，也追求更高层次的消费，如文学艺术、教育体育等。更深入观察，实际上是脑的信息处理能力提高，这种能力既能够提高生产力，也需要更多的知识和信息产品满足大脑的"空闲"。这种满足对于有文化者来说是一件十分重要的事情。因此，我们在这里将满足人类的文化需求理解为满足人类大脑消费。大脑成为生产和消费的一个主体，生产依靠大脑提高效率，消费为满足大脑需求服务。

（4）信息时代

随着电子信息技术的发展，信息流动时空范围发生根本性的变化。电路网络将全球连接在一起，知识爆炸，信息爆炸。据报道，今天我们大脑一周所接收的信息量是 200 年前人一生的信息量总和。计算机已经成为人类生活与工作的必备工具，电子信息技术已经渗透到了各个领域，如图 12-3 所示。信息技术提升和改变了各个领域的运行模式，如：数字化机床使得控制更加精细化，加工更加智能化；飞机的驾驶借助计算机管理，操作更加简单有效；GPS 使得导航变得十分方便和精准；市场经济管理模式广泛应用。

信息时代包含以下特征。

● 分工专业化。单个大脑无法处理海量信息，分工更细，个人不需要熟悉很多领域知识，各个领域的专家从事各自专业领域的工作。同时，也需要专门的管理人才协调各个领域的工作。

● 专业知识平民化。尽管专业知识海量，人不可能熟悉各方面知识，但是，借助计算机，人类能在任何需要的时候获取需要的知识和信息，并能够被人们理解和应用。每个人配有自己的"私用"计算机，随时帮助个人处理大量的信息任务。计算机具备大容量存储空间，替代人脑完成海量信息的存储。对于一般常规的工作和交流，计算机也具备快速处理的能力。

计算机融入到人脑之中，是真正意义的个人计算机。

图 12-3 计算机的广泛应用

● 虚拟空间普及化。电子信息技术高度发达，个人大脑配合私用个人计算机，突破信息流动的时空限制，人们可以随时与世界范围内的朋友交流；也可以通过世界范围的传感器，虚拟旅游世界。全世界任何地点的热点问题，被"近距离"实况观察。基本生产任务可以在家中操作完成，具体实地任务交由机器人完成。

电子信息技术，正在催生信息化时代的出现。那么，信息化时代的冲击会对人类社会的"进化"带来什么样的影响？目前还很难说清楚。

3．社会组织结构与生存方式

先看生物组织结构，生物体中细胞分工，各自具有自己的任务。但是，管理协调必须靠信息联系，否则不可能成为一个完整系统。由于生物信息是长期进化形成的，所以很多信息已经固化为一种物理关系。

再看人类社会发展，信息交流和传输水平越高，社会化程度越高，社会发展水平也越高。社会组织形式也是从人类生产活动的分工开始。因此，不论是生物系统发展，还是社会系统发展，信息交流应该是一种普遍规律。

从物质形态看，生物的基本单元是细胞，生命体由细胞构成，细胞分工完成不同的任务。细胞的繁衍依靠遗传信息，细胞群之间的协调需要信息沟通。生命体中的信息联系是客观存在的，如动物的生长由激素控制，应该是一种化学元素。当生物各组织接收到这种信号，就加快分裂活动；反之，就停止细胞分裂活动，从而有效控制生命的周期。其实，在生物整个生长繁殖过程中，生物信息都发生重要的作用。这种作用一旦失效，可能带来问题。如，癌细胞本身就是身体内的细胞组织，但是，当信号出现故障，导致无限制地生长，打破平衡，致使其他正常细胞无法正常生存。

社会系统与生命系统类似，都是受到信息控制的有机物质形态。信息的特征就是能够自我复制，复制的过程中需要消耗能源，因此，生命体的最重要特征就是获取自身需要的能源。生物从环境获取能源过程中，由于条件的限制，竞争不断出现。而"合作"的方式，有利于本群体获取更多的能源，因此，优势群体选择"合作"模式。就是这样一个简单的原则，生命的进化开始，进化的过程也是一个竞争的过程。

有利于整体发展的合作模式，必定推动系统向优化方向发展，否则不利于进化。自然环境是一个大系统，也称生态系统。各种生命体实际上也是相互依存、相互关联、相互制约的，强弱之间形成一定平衡，构成一个稳定系统。这个系统平衡打破，就找寻下一个平衡点。地球上的生物系统已经形成了一个复杂的体系，各种动物在长期的竞争中不断进化，发展成为今天的格局。人类更显得突出，由于其超强的信息处理能力，战胜了很多强壮的竞争对手。人类繁荣，占据生存空间扩展，挤压了很多生物的生存空间，可能导致大量生物的消失。生物的大量消失，有可能反过来影响人类的生存环境。当人类认识到这个问题，开始关注环境问题，寻求人类长远的生存空间。

人类社会也发展成为一个系统，称社会系统或者社会结构。社会系统（结构）主要由人群构成，人群的社会作用也分工，不同的社会群体承担不同的劳动，或承担不同的社会任务。社会群体按不同方式归类，按劳动模式分工，如农业生产、工业生产、商业经营等。也按生活空间地域划分，如不同的国家、不同的社会制度等。

归纳一下，无论是生物系统，还是社会系统，为了谋求更大的利益，具有结盟的趋势，而结盟需要更高的信息处理能力和协调机制。只有强大的信息处理能力，才能够取得群体内部的平衡，实现系统的优化，在激烈的环境竞争中不断取得优势。因此，信息处理能力和合理的协调机制是反映系统整体水平的重要指标。

利用这样的规则，可以评估系统的优劣。如大型动物——恐龙，尽管形态很强，但是，其信息处理能力差，也就是智力水平差，系统优化级别低。人类在很多技能上无法与某些动物竞争，但是，人类在信息处理能力上远胜其他动物，故在竞争中取得优势地位。同样，一个社会的发展水平，信息处理和交流能力也是一个重要指标。这里所说的信息不仅指硬件条件，也包括其制度、法规、文化、教育等软件体系。实际上，人类社会的所有财富都是人类智慧的结果，从本质上说，就是人类大脑信息处理的结果。当然，包括人类在内的生物世界，也是信息运动的结果。

12.2　信息流量对社会结构影响

信息流量的大小是评价一个系统的重要指标。同样的道理，对于一个社会，信息流量的大小也是评价社会优劣的重要指标之一。

1. 信息流量促进社会变化

社会系统与生物系统一样，是一种开放式系统。开放式系统的特点是环境的信息会进入系统内，系统不仅接收信息，更重要的是要处理信息。通过信息的接收与处理，系统受到信息的影响，其行为可能产生变化。同样，在信息作用下，系统结构也可能发生变化。

信息流量的大小，虽然是一种外在的条件，但是也反映系统信息处理的一个能力。

处理信息的一种有效方式是比较。所谓比较，就是对系统表达的信息进行对比，评价信息表达出来事物的品质。对于优秀者，会向其学习，并将相关信息转变为自己的品质。通俗地说就是学习先进的文化技术。语言时代，属于早期社会，信息交流的空间比较小，超出一定范围，信息交流比较困难，信息流量相对也比较小。这样，社会发展进度比较慢。信息流量越慢，社会发展和进步的速度也越慢。文字时代，信息交流时空增加，信息流量也增加，必然引起社会发展速度提升。实际上，自从有了文字记录，人类才算进入文明时代。信息流量虽然不能决定系统内部的行为，但是，其流量越大，提供的信息越多，可以提供的比较样本越多，对于系统的决策起很大的作用。

由于人类的智慧，人类掌握了信息处理的基本方法。其中一种重要的方法是逻辑推理。对于实例，按其因果关系分析和逻辑推理。而外界输入的信息，也是分析推理的重要数据来源以及结果的验证。

一般来说，信息流量越大，提供分析的数据越多，有效的信息量也越多。所以加快信息流量，必然促进系统本身的发展和提高。

新思想的出现，通常是多种信息、多种方法碰撞所产生的。很难想象，一个封闭系统能够产生新思想。信息流量快，加快各种思想的混合，也可以理解为各种信息的融合。在这种信息融合的条件下，产生新思想的概率增加。在当今社会，由于信息化程度越来越高，信息流量越来越快。人类思维活动十分活跃，新思想的出现层出不穷。

因此，不论是电子信息系统，还是社会系统都满足这个原则：信息流量越活跃的系统，其系统的体系越先进。

2. 信息流量促进社会交流

一个社会的流量越大，交流的机会就越多。一个系统，不仅接收信息，也产生信息。用我们专业术语说，就是双向系统。信息流量越大，交流的机会越多。交流是提高认识水平的一种重要方式。交流越多，促进认识水平，促进科学技术的发展。

交流的工具分为多种形式，如语言、文字和电子信息平台。语言交流，如教学和讨论过程，就是通过语言的方式传输信息，从而完成文化和知识的传送。语言的空间性比较差，只能在一定的空间范围内进行交流。文字交流，如报刊、杂志和书信，借助文字传送信息。文字交流速度比较慢，时效性比较差，但是文字交流拓展交流空间，可以实现远距离的交流。现代电子信息平台使得交流信息水平已经现代化，如语言借助广播电视，可以传送到很宽的地域；电话可以实现远距离的交流讨论；网络更是将交流空间扩展到了全球范围。

只有足够的信息流量，才能够支持各种交流，从而促进社会的发展。

3. 信息流量促进社会发展

信息流量的加快，促进社会发展。反之，社会发展也需要不断提高信息流量，以满足社会发展的需要。

在人类社会的发展进程中，信息流量也是从低级阶段发展到高级阶段。早期，人类通过口信的方式传递信息，信息流量水平很低。到文字时代，通过书信传递信息，信息流量增加。现代，人们通过电子信息技术传送和交流信息，信息流量水平高度发达。

对于电子信息系统而言，信息流量也是一个重要的技术指标。随着电子技术发展，特别是计算机的出现，信息流量大幅度增加的可能性已经实现，目前我们每天接收和处理大量信息，均依靠大流量的网络系统。

　　高流量信息系统支持了我们当代社会的生活与工作，不断促进社会的进步和发展，同时也不断提高各行各业的信息化水平，改变了人类生活的方式。图 12-4 所示的计算机与通信发展历史及展望，电子信息技术对人类生活产生了极大影响，并将加速扩大。

计算机与通信——历史与展望

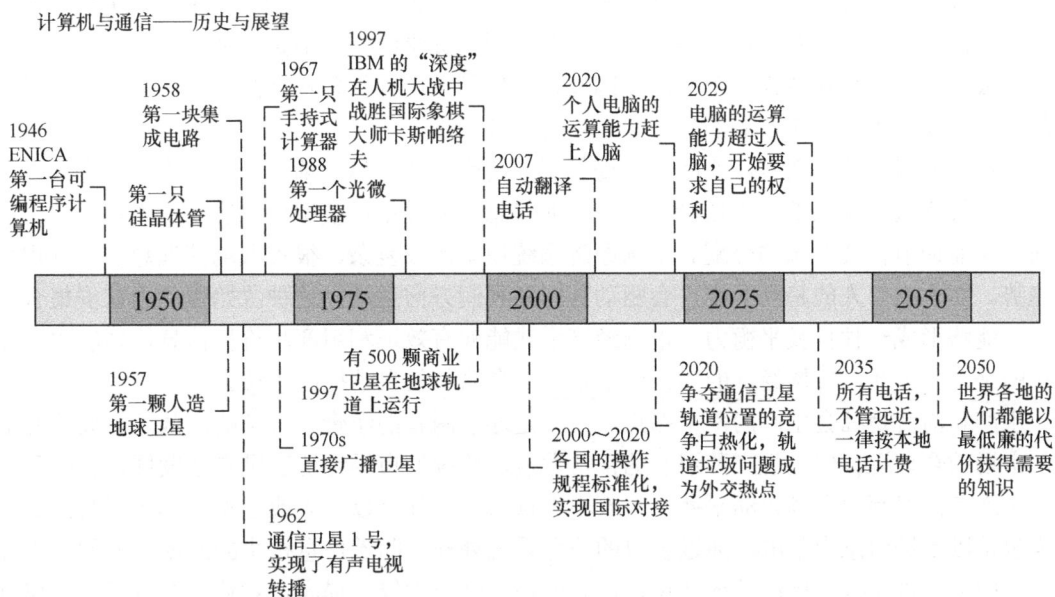

图 12-4　计算机与通信技术的发展历史与展望

12.3　信息促进社会进步

　　自从人类进入社会，人类文明就伴随着各民族的文化传统。人类的文化传统本身是一种信息"产品"。今天，我们很多文化传统也被称非物质遗产，它反映了民族长期以来生活方式的相关信息。人类社会的发展，从本质上体现了信息技术的发展；文化的发展可以视为认识水平的提高和科学技术的进步。

1. 信息促进生活方式的进步

　　维系生存的基本物质条件是食物，从学术上说就是能量的消费。由于人类的发展，直接依靠大自然的"赠品"已经无法满足人类生存和发展的需要，人类必须依靠自己的劳动获取主要的食物，这就是生产。

　　生产和消费是社会的一个基本"环路"。生产的目的是为了消费，消费又反过来促进生产发展，生产和消费应该处于一种平衡状态。生产和消费的水平越高，反映社会化发展的程度越高。生产水平体现社会能力，因此，生产力成为衡量社会发展的指标。每个人都消耗一定的能量，包括食物和其他能量。消费量也反映社会发展的水平，一个低消费社会，必然不可能支持一个高生产社会。

　　社会规模越大，系统越复杂，其系统各元素的调整需要的信息交流越多。信息的流动还带来物流的增加，物的流动，改善地域之间的不平衡，建立更大的社会联系。维持这个社会系统的稳定发展，需要信息传输技术和信息处理技术的支撑。

农业社会对信息技术的需求相对比较小，这是因为农业社会大部分人既是生产者，也是消费者，称为自给自足。社会交流和联系少，社会系统规模相对小。在人和土地资源比例合适的条件下，容易保持社会的基本稳定。

工业社会离不开信息。工业社会的生产方式发生很大变化，社会分工更多、更细，商品经济模式出现。个人的劳动产品不是自己消费，而是提供给别人消费，从而出现大量的产品交换。公平合理的交换成为一个问题，因此，出现了专门提供各种产品交换的市场。市场价格的波动，反过来会影响产品的生产。这就是市场经济。

市场经济对于社会而言，实际上是提供了社会需求的信息。稀缺产品价格高，利润高；一般产品价格低，利润低。市场价格的波动的信息，通过市场模型自动影响资本和劳动力的流向，从而调节社会资源的分配。市场经济系统模型比较复杂，很难预测其理想的运行规律和趋势。而人类个人的趋利思维，会驱动其向高利润方向运动。这种原始驱动力在群集合条件下，能够形成一种自我平衡力。市场经济模式能够有效地利用商品价格信息，调解生产和消费的平衡。因此，市场经济的简化模型就是一个简单的自动控制系统。

生产和消费是社会生产的两个端点，市场是连接两者的纽带。市场的高效运行离不开信息，市场的合理运行促进生产和消费的正常发展。传统的市场经济鼓励自由发展，资金和劳动、生产和消费都由市场自动平衡，政府不干预市场。社会以个人或公司的形式行为，这种行为也是以市场信息为基准，通过各自的信息系统处理。随着信息技术的发展，人们对于社会系统的运行规律有了更清楚地认识，信息处理水平也大幅度提高，对社会经济运行规律有一定的预测能力。所以，政府利用政策调节经济运行，对市场也起到比较积极的推动作用。

今天，直接从事食物生产的人力所占比例大幅度下降，在中国，农业生产总值仅占国民生产总值的 10%左右，美国农业生产总值仅占国民生产总值的 2.2%，大量的人从事工业和服务业。人类的"空闲"时间更多，新兴的产业和领域不断出现。工业农业都进入社会化生产，市场规模越来越大，信息化水平也越来越高。

2. 信息改善人类健康状态和生存质量

自从人类在动物界取得优势，基本上没有了天敌。人类的天敌主要就是疾病，特别是对人类生命危害最大的流行性传染疾病。信息技术促进医学技术的发展以及相关信息的存储和传播，促使人们认识到关于自身的运行规律。经过科学的分析和实践，解决了很多影响人类健康的疾病，延长了人类寿命。

信息技术解决了信息的存储问题，人类对自身的认知才能够不断积累。如《本草纲目》，李时珍著，利用文字和纸张存储和传播其信息与知识。同时，传说中的名医扁鹊，由于没有文字记载，大量医学知识和技术流失了。据报道，在考古文物中发现几千年之前就有开颅手术的物证，但是，没有明确的信息证明就是人类主动的医学行为。也许是由于信息技术的不足，人类已经创造的新技术，随着当事人的死亡，失传中断，人类还得重新再探索和认识。因此，离开了信息技术，人类的很多创造性活动很难有效传承。

信息编码技术对于人类社会来说，最大的一个成果就是创造了文字。文字的出现，使得知识得以保存和传播。人类可以通过学习，接受前人的认识，不用再重复前人走过的弯路。人类很早就开始了对自身的研究与认识工作。在生活中，人自己通过实践，感受到某些植物具备一些特殊的功效，并反复实践证明确实具备某方面作用。有了文字记录，后人再验证，的确有效。这样，某种带有专门药效的草药就被确定下来。当时，人们还没有条件研究药物的内在物质成分，是通过大量的实践得到的结果，这种结论往往需要很多代人的实践和认识。如果没有文字记录，很难完成这种知识的积累。

今天，信息技术很发达，数千年的文献资料、全球的最新研究成果，都能够在很短时间内收集到。虽然，我们还不能够说认识了自身，但是，很多威胁人类的疾病已经被战胜。如，天花、霍乱、痢疾等流行疾病已经不再是人类的天敌。人类的寿命大幅度延长，平均增长了数十年。

但是，人类还没有解决人体自身"设计"上的缺陷带来的疾病。如，高血压引起的心脑血管疾病，目前这种疾病成为人类死亡的第一大原因。人类的能量供应系统，采用了管道模式，主要的一种管道是血管，全身的每个细胞都依靠这种血管输送能量。人体需要保持恒温，是因为人体各机能的工作条件要求比较高，而能量系统的主要任务之一就是消耗能量（糖）维持人体的温度。人体的机械运动也要消耗大量能量。管道模式的能源供应系统与电源模式的电力系统不同，与天然气管道或者石油管道相近。管道模式的一大缺点是容易堵塞，特别是长期使用，不可避免会形成一些垃圾，在管道中形成栓塞。由于人体的需求是一定的，血管输送需要保持是一个定量。当血管不通畅时，系统自动调节，提高压力增加血流量，这就形成了高血压。高血压一旦形成，又造成管道系统的不平衡，很容易导致破裂或者堵塞。破裂如果出现在脑血管，就是脑溢血；堵塞出现在大脑，就是脑血栓。这两种疾病对人类来说都是致命的。如果血栓塞在心脏，导致心肌梗死，也是致命疾病。这种人体的能量供应模式是生物的一种普遍选择，人也不例外，其原本"设计"的寿命平均为50～60年。血管中垃圾积累到一定的程度，其影响就会显示出来。今天人类寿命普遍提高，原先的"设计"寿命极限被突破，高血压问题就显现出来。

随着社会进步，主要是信息技术的进步，类似的医学常识已经普及。人们开始关注自身的健康，随时监测身体显示的信息。针对问题采取积极的保健措施，再次改善了人类生活的质量。信息技术仍将促进人类健康生存。

3. 信息促进社会管理

一个社会的规模与信息处理的能力有很大的相关性。早期社会，处于落后的时代，人们知识水平比较低，社会管理的技术手段也落后。当社会发展到一定的程度时，对管理水平的要求提高，主要体现为信息交流和处理水平的提高。

秦朝统一了全国，管理规模大幅度增加，对信息处理水平的要求也提高。为了解决这个问题，秦朝统一了文字，就是规范了信息编码，减少信息交流中的转换环节，减少信息的失真和衰减。秦朝统一文字，促进社会管理水平，其法规政令可以很快发布到各地，管理效率大幅度提高。

农业社会，商品的交易量相对比较少，对信息流量要求比较低。农业社会发展到集权阶段，管理的规模扩大，控制的地区拓宽，这就要求信息技术水平相应跟上管理体制。在过去，文字是一种有效的信息技术，皇帝的指令基本采用文字方式，为了防止伪造，发明了一种"加密技术"，就是印章。所谓圣旨，还得采用特殊的载体，一般在黄色的布上写文字，再加盖专用印章。指令的传送采用骑马传送的方式。为了加快传递速度，官方还建立驿站，利用马的接力加快传递速度。在军事领域，信息的时效性更强，为了完成这种特殊信息的快速传递，还发明了烽火台。白天放烟，夜晚放火，利用光传递信息。但是由于信息容量太小，只能传递"有敌情"和"无敌情"信息，无法准确了解详情。

由于信息技术落后，农业社会选择比较松散的组织管理模式。中央集权很难控制各个地方势力，多采用分封制度。而在军事领域，前线指挥官更具有指挥权，所谓"将在外，君令有所不授"，主要是因为信息技术的落后，在较大的空间范围内交流信息需要很长时间，很可能造成延误战机。

随着信息技术的发展，工业化时代到来。首先是管理模式的改进，新兴的市场经济模式被社会接受。其实这是向社会大众发出自由经济模式的信息，人们获得这样的信息，就是努力劳动，创造价值，以获得更多个人利益，资本的流向也向利润高的方向运动。知识产权和创造性劳动的价值被社会认可。

管理模式的更新，在利益驱动下，社会驱动力表现出来。社会生产财富快速提升，社会消费能力也随之上升。相互作用下，社会生产力水平进步。信息交流和快速流动，在市场经济运行中发挥很大作用。很多企业已经采用了订单式生产，这不仅要求生产现代化，而且要求信息技术现代化。

今天，电子信息技术更广泛的应用，信息流动和处理以光速进行。社会管理水平前所未有的提高。社会经济活动中，充满了信息流动。特别是在经济活动领域，信息技术日新月异。如图 12-5 所示的股票证券的管理、银行资金的管理，均采用了电子计算机和网络技术。电子信息技术的发展，促进了管理手段，改革了传统的运行模式，大幅度提高了管理的效率。

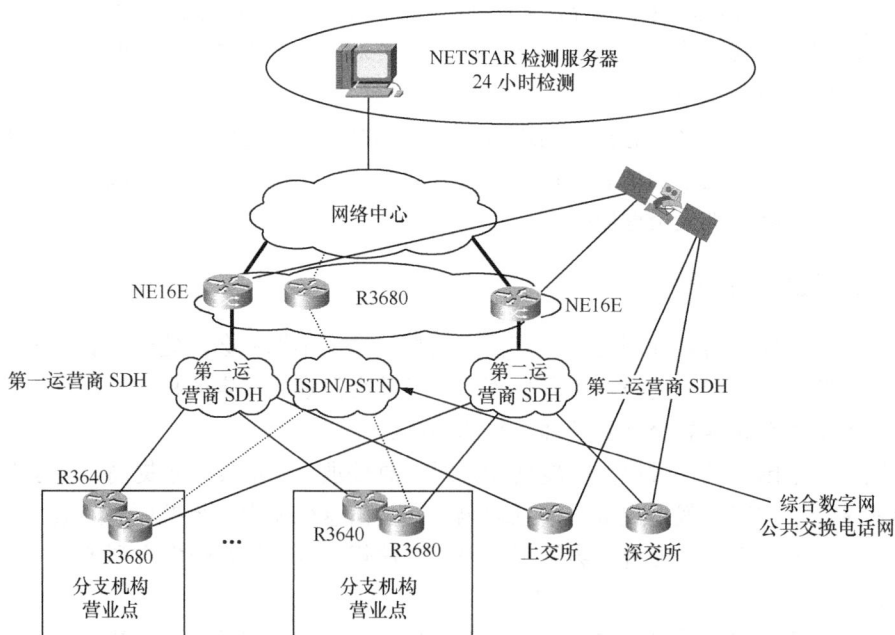

图 12-5　证券公司电子管理系统

4．信息交流促进人类认知水平的提高

古时，用"井底之蛙"来形容人们的见识少。因为一个封闭系统，接收的信息相对较少，

信息交流水平低下，依靠自我的发展，发展周期长。而一个开放系统，很容易接收到对自己来说是新的信息，从而促进系统的升级换代。在一个多系统的大环境中，系统不断接收信息，也不断输出信息，大环境内的所有系统都具有更多的信息交流，促进所有系统的优化。

社会系统也是一样的道理。农业社会，人们识字率不高，交流的人群少，人们的知识水平相对比较低。工业化社会，对劳动力知识水平要求较高，所以人们受教育程度比较高，人群密度也高，人们交往的机会更多，知识水平普遍比较高。

信息的可复制性决定了信息的流动并不损失自己的信息，也就是随着知识的传播，传播者本身并没有损耗掉知识。人群中信息的交流促进整体知识水平的提高。一个社会越是开放，信息交流的量越大，整体的认知水平越高。

我国古代的闭关锁国政策是导致近代落后的一个重要原因。新知识、新思想、新技术等信息不能得到有效交流，妄自尊大的心态从主观上拒绝别人信息，关闭了信息输入通路。改革开放的政策促进了信息交流，很快改变了我国落后的状态，系统快速升级。这证明了开放系统信息交流的巨大作用。

归根结底，人类大脑本身就是一个高质量的信息"处理器"。当输入信息不足时，大幅度影响其信息处理效果。有用的信息输入越多，为其提供的"样本"就多，利用最简单的比较方法，就能够得出优劣的评估。当输入信息不足时，大脑需要大量的时间，消耗大量的能量，才可能得到相同的评估结论。人群中一般只有少数思想者，才具备这种处理能力。

信息交流水平是评估一个社会开放程度的指标，当然也是评价一个社会先进程度的重要指标。人类社会的发展水平，其实也是信息化发展的水平。生物的一个生存原则是获取能量，延续生命，包括生命信息。利用肌体强劲以及信息技术，在获取能量竞争中取得优势，也就取得进化优势；利用集体组织效用，在竞争中获得优势，也称为群体或社会优势；而最能体现竞争优势是信息技术，或者说智慧、知识等，这些因素实际上均是信息的集成。所以信息技术促进人类社会的发展。

12.4　网络

网络是近年来发展出来的技术平台。网络利用电子信息技术，将全球人类个体有效地联系在一个平台上。人们能够借助这个平台，实现远距离、大范围的信息交流，并使信息交流的自由度更大。网络信息平台广泛地应用，使得人类大量的活动已经扩展到这个平台上，构建了一个新兴的网络社会。

1. 电子信息技术推动了社会信息交流模式的进步

自从电子信息技术问世以来，人类在信息交流方式上就不断地进步。

摩尔斯电报利用电流脉冲信号，可以将信息编码以光速传递到远方。改变了以前的用马传送信件的方式，使信息传输效率大幅度提高。电话再次改写了信息传输的历史，利用电子技术，将人类话音信号直接传送到远方，不需要再借助人脑处理编码。远在万里之外的人，利用电子信息技术，可以实现"零距离"沟通。

计算机网络技术的出现，再次改写了人类信息交流模式。覆盖全球信息通信网络能够快速传递各种信息，地球上任何一个地区产生一个热点问题，数分钟内就能够传播到全球。各种数据信息业能够通过网络快速交流。

由电子信息技术带来的网络，极大地提高了信息交流的速度和信息流动的范围，必然带来社会多个方面的变化，不论是社会模式，还是社会文化形态。

2. 电子信息网络改善科学技术发展的差异

人类社会的发展，一般来说，并不是齐头并进的，总是某个地区或者某个领域取得突破性进展，其他地区或者领域学习到这种经验，再取得发展。

由于长期的社会发展不平衡，地区性差异表现十分明显。落后地区的科学技术水平与发达地区比较，有很大差距。科学技术的差距，一般来说，会随着时间的增加而增大。其实，造成这种局面的一个重要原因是信息交流落后所引起的。

在科学技术领域中，原创性的工作往往是很艰难的，主要由少数科技工作者从事。当某个问题被认识清楚，形成相关知识和信息后，在信息不发达时代，这种知识的传播需要很长时间，而现代社会，新知识和技术的推广能够在很短时间内完成。比如，在过去，一项新技术，从出现到广泛应用，往往需要数十年到数百年的历史。而今天，一项新技术的出现到推广应用，可能在 1～3 年内就完成。

摩尔定理就是描述电子信息技术带来革新的一种有效方式。摩尔定理指出，每 18 个月，集成电路的集成密度提高 1 倍，而价格下降 1 倍。几十年科技的发展，证明了集成电路的发展还满足摩尔定理这一规律。

今天，科学技术论文，通过网络能够很快检索到，全世界的科技工作者可以很方便了解自己研究领域的前沿发展水平。在全球范围内，科技工作者可以通过现代信息技术十分方便地交流相关信息。可以看到，世界范围内，凡是网络覆盖的地区，科学认识水平发展的差距在不断地缩小，科学技术的人力资源来自世界范围。现在通信网络技术可以支持人们在不同的地区，共同开展同一个研究课题，从事同一项开发工作。

3. 网络改变人类社会生活方式

网络改变了人类生活方式，主要体现在以下几个方面。

（1）信息交流速度加快

"每 9 个月互联网用户增长 1 倍，信息流量增加 1 倍，线路带宽增加 1 倍"，这被称为新摩尔定理。网络的发展加速了信息的流动。广播、电视、报刊等新闻机构都在网络上设立了门户站点，人们可以通过网络随时了解国内外最新新闻；科技文献、技术报告可以通过网络方便查询；利用网络可以不出家门就游览名山大川、江海湖泊；利用网络查询各类疑难杂症，并得到专家指导；利用网络软件分析股市行情，查询个股资料，获取最新的证券信息；等等，资料更新之快，操作之方便，令人难以想象，甚至有"信息高速公路"的称谓。网络已经彻底改变了人类社会信息获取和传输方式。

（2）网络改变信息物理空间

网络建立了全球平台的信息交流，必然遭遇不同文化的碰撞。世界范围内各种声音，都能够在一个平台上表达，不同文化的信息都有表达的机会。而长期信息不通，文化的发展必然存在认识上的差异，某些差异很可能带来冲突。亨廷顿在《文明的冲突与世界秩序的重建》一书中提出"文明冲突"观点而闻名。

人类生活在同一个地球，网络信息技术的发展，突破了信息的壁垒，各地区的文化，在一定时间范围内，碰撞是不可避免的，也是正常的。随着时间的推移，文化的融合必然会产生。合理的、适应社会的认识观，能够被广泛接受；不合理的，会被淘汰出局。这是自然进化的法则。

（3）网络信息改变人类知识结构和思维模式

网络信息平台的建立，使得人类能够获取更大量的信息，这些信息丰富了个人知识。网络信息的实效性高，个人能够从网络上获得最新的信息，减少了信息流传的过程中的失真和衰减。网络信息的大量输入，可能改变个人大脑的信息处理能力和方式。网络信息改变了人们的处事方式，比如人们采购商品，越来越多地采用网上购物模式，改变了人们习惯从商场购物的方式。也可以说，给人们提供了一种可以选择的新型购物方式。

网络平台的利用，从很多方面改变了人们思考问题的方式，也改变了人们处理问题的思维方式。有了一个新的想法，希望与朋友交流，他可以利用网络交流信息。比如，传送电子邮件，或者利用网络上的公用平台交流。现在人们实际上已经开始利用网络办公，数据文件可以十分方便地借助网络传送。利用网络的视频会议，也可以将全球不同地的多个人，连接在一起，开一个网络上的视频会议。

总之，电子信息技术的一个重要成果，就是建立了一个网络平台，如图 12-6 所示。这个网络覆盖全球，全球的各种信息借助网络平台，实现快速连接。网络已经改变和正在改变人类的生活方式。这就是社会信息的网络化，人类社会的信息化。

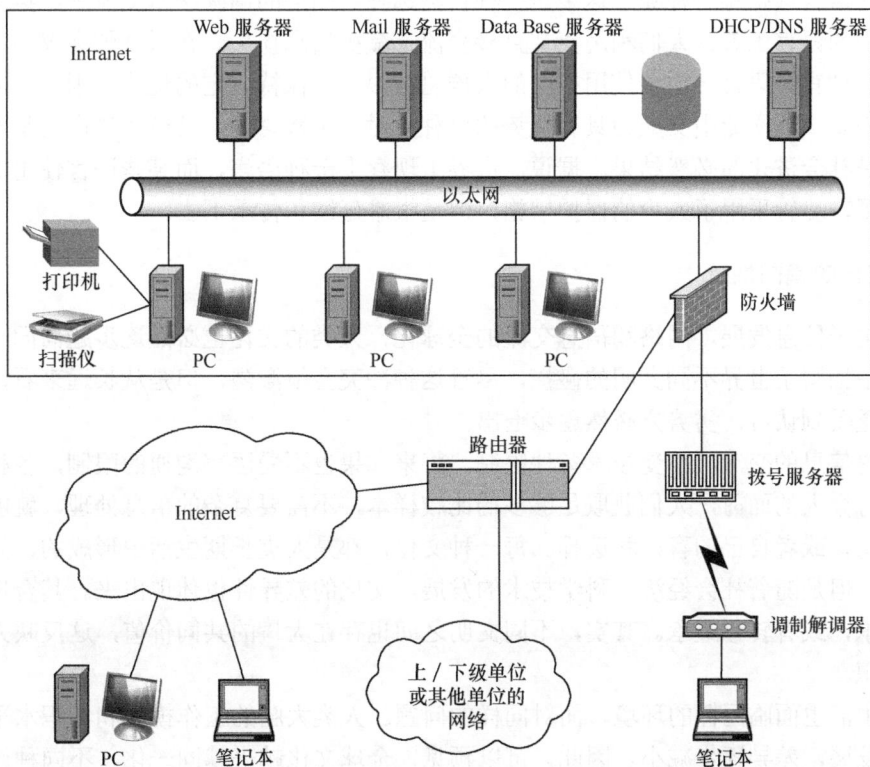

图 12-6 网络信息平台

12.5 地球村

网络信息技术已经将全球联系在一起。信息交流将物理空间缩短，人们的信息交流能够用秒为单位来计算。地球对面的人，能够像邻居一样，在网络空间中，"面对面"交流。地球村的模型已经展现出来。

网络技术的进一步发展，信息通过声音、图像视频等载体能够在全球网络平台上快速流动，必将促进人类信息交流的维度，影响人与人之间交流的障碍不再是网络技术问题，而是语言、文化理解和沟通的问题。

1. 现代信息技术促进语言的统一

人类从群居时代就开始语言交流，随着社会人群的增加，交流的空间扩大。语言诞生在族群内，族群之间交流时，会出现沟通问题。社会发展规模越大，语言的统一范围也越大。

随着信息技术的发展，人类社会交流的空间增大，对语言的规范性要求也在提高。语言规范，必然增加交流人群数量，优势语言生存的空间大，劣势语言被逐步淘汰出局。网络给人类提供了全球交流的平台，但全世界人类利用不同语言交流，仍然有困难。因此，语言的统一化成为必然的趋势。从长远来看，随着电子信息技术的进一步发展，随着时间的延伸，全球语言的统一应该是一种必然趋势。当然，这需要数代人的更新时间。

统一的语言选择哪一种呢？这个是一种自然选择。当今的国际学术交流中，英文已经成为一种通用的语言工具。人们利用英文直接交流，减少信息损失。在联合国会议中，中文也被选择为一种官方语言，由于使用中文的人群总数很大，保持一定的优势。因此，从目前的发展趋势来看，英文或中文成为具有优势的语种。对于少数语种，其淘汰的命运是不可避免的，这也是社会进化的必然结果。据说，世界上现存上千种语言，而某些语言使用的人数已经非常少了，尽管采用了人为的保护措施，但是很难延续和传承下去。

2. 文化的趋同性

随着电子信息发展，网络和信息交流的全球化，人类的文化也必然逐步趋向同一性。文明的冲击中描写了世界不同文明的碰撞，尽管这种冲突会很激烈，但是从长远来看，优势方必然更广泛受到认可，劣势方必然逐步退出。

全球内信息的交流，不受技术条件限制，将来如果也不受语言沟通的限制，各种文化必然呈现到每个人的面前，人们获取足够多的比较样本，不需要复杂的信息处理，就能够评估文化的优劣，或者自己的喜好和选择。每一种文化，都是人类长期生活中形成的，具有存在的合理性，但是随着社会经济、科学技术的发展，文化的差异性也体现出来。其合理的内涵能够被继承，或者转移继承。其实，不同文明之间也存在大量的共同价值，这反映人类文明的共同认识。

人类生活也面临同样的环境，面对同样的问题。人类大脑的工作模式和认识水平随着信息技术的发展，差异逐步减小。因此，可以预见，全球文化越来越同一化，不同种族、不同文化体系之间的差异越来越小。由文明所带来的冲突，将逐步回到理性，社会系统逐步趋于稳定。

3. 科学技术同步发展

电子信息技术对人类发展具有特殊贡献。电子信息科学技术发展不仅是本学科领域的进步，也推动整个科学技术的进步。这是因为，电子信息技术的发展具有延伸人类大脑和神经网络的作用，这个作用对其他科学技术领域的发展提供了动力。

（1）信息技术的发展，改善了信息交流的速度。人们在资料收集与获取方面，依靠电子信息技术，而取得重大突破。

（2）电子计算机广泛应用到各个领域，其强大的计算和分析能力推动了各领域的发展。目前，几乎所有领域都能够看到电子计算机的影子。

（3）自动控制系统领域——智能化的控制方式，依靠计算机的快速处理和准确的控制指令，完成复杂而艰巨的任务。

（4）电子信息技术的发展，还启发和改变了人类对信息的理解。人类对客观世界的认识观念也有信息的视角。

（5）电子信息技术的发展，提高了科学研究和技术开发的效率。过去人们开发一个新产品需要几年时间，现在开发一个新产品，只需要几个月时间。

电子信息技术不仅推动科学技术发展，还促进全世界范围内科学技术水平的同步发展。这是因为，科学技术知识，本身也是一种信息，这种信息能够通过当今的网络快速在全世界传播，并能够被广泛地认知。因此，各地区的科学技术工作者，具备了解和认识科学技术发展的最新成果。最新成果的公开，全世界科学技术工作者，就没有必要重复劳动，会思考和研究更新的问题。

科学技术信息特征明显，电子信息技术发展，为科学技术工作者利用本身大脑接收和处理这些信息提供方便，其认知水平的差距越来越小。

4. 社会管理体系的规范和统一

不论是一个生物组织还是社会组织，组织协调靠信息指令沟通。一旦信息联系的路径失效，组织协调必然出现问题。组织体系越复杂，对于信息通路的要求也越复杂。

社会管理体系也是靠各种信息指令连接，形成一个有机整体。社会组织体系的规模越大，对信息交流的要求也越高。反之，一个高度发达的信息交流系统，必然具备支持一个高度复杂的社会组织管理机构。

电子信息技术的出现，给社会发展和进步带来了更好的机会。首先是支持高速流动的信息交流，比如，现代金融系统，资金的流动很快，传统的管理模式很难支持高速运行的资金流动，而电子信息技术能够提供这种信息流动平台。大型仓库管理系统，利用计算机平台能够很快查找到存储物品。其次是支持巨大的数据容量。现代电子信息网络平台，能够支持很大的信息数据存储空间，海量的数据能够被快速存储和查找。比如，人口信息资料，每个人的信息资料，能够存储在专用网络，当需要的时候，能够在很短时间内提取完整的资料。如果有需要，这种网络系统可以将全球的各种资料统一建立起来。也就是说，从现代电子信息技术层面来说，实现全球的信息资源管理是可行的。如图 12-7 所示的云计算技术，继个人计算机变革、互联网变革之后，云计算被看作第三次 IT 浪潮，它将带来生活、生产方式和商业模式的根本性改变，云计算将成为当前全社会关注的热点。

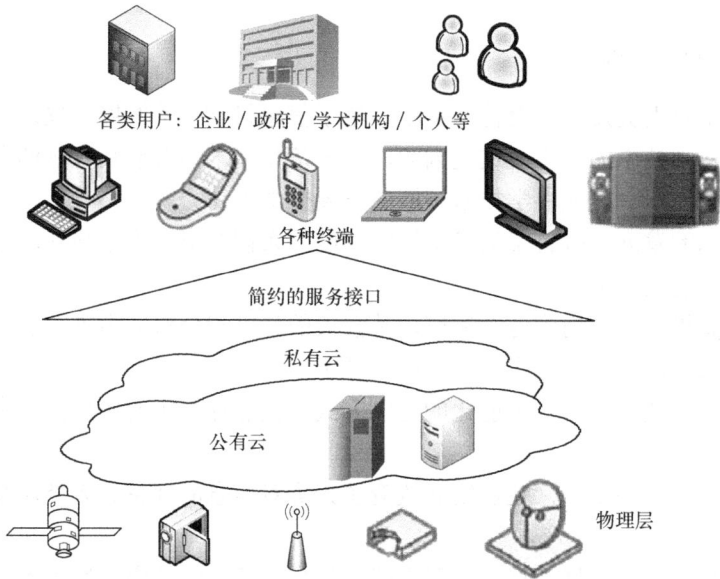

图 12-7　未来云计算技术

因此，可以预测，全球范围的信息资源共享数据会逐步实现。目前，已经有很多信息技术资源平台已经面向全世界开放。比如，部分文化资料可以全球共享，某些信息技术平台也向全球开放。比如，GPS 系统其民用部分已经向全球开放。目前，一些国际组织机构也越来越大，对部分领域的资源分配和共享提供方便。比如，WTO 世界贸易组织，利用关税协调全球 100 多个国家的经济贸易活动，资源和劳动力的分配超越国家，在世界范围内进行。

当今社会，国际化的趋势明显，未来国际化必然在更多的领域进行，信息交流不受地域、民族、国家的限制。地球村正在发展成为一种现实。

编后语

　　本书系统地介绍了电子信息技术发展进程及其基本结构。首先由基本电子学物理现象引出分析、理解这些物理现象的基本原理，介绍电路的基本特性以及测试与观察方法；然后深入分析、介绍电子信息、信号的基本特征、遵循的基本规律以及信息处理技术的发展状况与趋势；在读者建立电子信息基本概念基础上，介绍各类电路系统的基本原理及数学模型，介绍组成各类系统的基本器件及系统结构，以及信号在系统中的传输、转换、编解码基本原理；同时，将生物信息进化、人类进化与电子信息发展做类比，介绍电子信息技术的发展进程与趋势。

　　本书针对刚进入大学学习的学生或电子技术初学者，系统、概要地介绍电子信息技术相关基础知识，浅显易懂；有助于读者对即将深入学习的电子类课程建立宏观概念，明确各类课程间的相互联系；有助于知识的系统学习和宏观体系结构的建立。

　　由于书中内容跨越时空较大，涉及知识面较多，加之我们掌握的资料和编写水平有限，书中错误和遗漏在所难免，敬请广大读者批评指正，以便我们今后及时勘误和补充。

[1] 谢处方，杨显清等. 电磁场与电磁波. 北京：高等教育出版社，2006.

[2] 钟洪声，崔红玲. 工程电路分析基础. 北京：科学出版社，2007.

[3] 钟洪声，等. 电子技术设计基础. 北京：电子科技大学出版社，2011.

[4] 钟义信. 信息科学与技术导论. 北京：北京邮电大学出版社，2007.

[5] 黄载禄. 电子信息技术导论. 北京：北京邮电大学出版社，2009.

[6] 谢嘉奎. 电子线路（第 2 版）. 北京：高等教育出版社，1983 年.

[7] C.A.霍尔特著，魏志源，等译. 电子电路. 北京：人民教育出版社，1981.

[8] 鄂大伟，王兆明. 信息技术导论（第 2 版）. 北京：高等教育出版社，2007.

[9] 施渝萍. 软件开发环境——UNIX 操作系统. 北京：电子科技大学出版社，1994.

[10] 沈伟慈. 通信电路. 西安：西安电子科技大学出版社，2004.

[11] 全子一，等. 电视学基础. 北京：国防工业出版社，1985.

[12] 李哲英. 电子信息工程概论. 北京：高等教育出版社，2011.

[13] 王秉钧. 通信系统. 西安：西安电子科技大学出版社，1999.

[14] 皮亦鸣. 卫星导航原理与系统. 北京：电子科技大学出版社，2011.

[15] 赵国庆. 雷达对抗原理. 西安：西安电子科技大学出版社，1999.

[16] 雷元星. 人类的科学（上、下）. 北京：中国友谊出版公司，2007.

[17] 位梦华. 从宇宙到生命. 北京：知识出版社，2011.